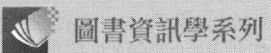
圖書資訊學系列

圖書資訊服務機構管理

張慧銖——主編
張慧銖、林呈潢、邱子恒、黃元鶴——著

Ainosco Press

圖書資訊學系列

總　序

　　為解決圖書資訊學領域因缺乏教科書，導致老師教學或學生學習都缺少可資參考的範本，造成學術傳播障礙與學習困境，編者遂自 2014 年開始，發起共同書寫教科書計畫並獲得多位老師的認同和參與。先後出版了三冊與技術服務相關的教科書，分別是《館藏發展與管理》（2016）、《主題分析》（2016）及《資訊組織》（2017）。這三部書的出版確實在圖書資訊學領域的教學與研究上提供了適用的素材，深受老師與學生們的喜愛，可說是達到當初出版的預期目標。

　　2017 年 8 月我接受了華藝數位股份有限公司常效宇總經理的託付，主持出版部門，擔任總編輯，帶領二十餘名素質整齊的編輯與數據專員共同努力，除協助國內六十餘本學術期刊的編校出版工作，提升期刊品質及其曝光度外，也針對具有學術價值的圖書進行選題並出版繁體中文版。期能透過華藝的出版與數位平臺，讓全世界看見臺灣的學術研究成果。

　　延續之前的理念，今年將於 12 月出版《圖書資訊服務機構管理》一書，內容共分十章，分別從現代管理思想的演進談起，探討規劃、組織、人力資源管理、領導與溝通、控制、預算管理、法規政策、倫理等議題，最後論述 21 世紀圖書館管理所面臨的問題。分別由張慧銖、林呈潢、邱子恒與黃元鶴四位老師執筆。本書撰寫過程歷經老師眼疾與換角等問題，故在時間上有所延宕，但最後終於得以問世，非常感謝幾位老師的貢獻與編校過程中的配合，期待本書能在探討圖書資訊服務機構的管理議題上發揮其參考價值，對圖資領域教學與研究，甚至實務工作上有所助益。

張慧銖 於
華藝學術出版部
2019 年 10 月 20 日

圖書資訊服務機構管理

序　言

　　「這個世界唯一不變的，就是變」，雖然已經是陳腔濫調的一句話，但毫無疑問地我們正處在一個變化劇烈的年代，所有類型的組織都在努力轉型，也意識到這些轉變往往威脅到傳統的做事方式，更體會到不能適應變化的組織將無法生存。2015 年德國企業家 Udo Gollub 對無法迅速適應環境變化的產業，提供了一個有趣的觀點，他以柯達（Kodak）為例，柯達是底片產業的代表性企業，也是數位相機的先驅，1998 年柯達公司有十七萬名員工，擁有全世界 85% 底片市場；但是，在 2012 年卻遭遇企業模式整個瓦解，甚至 2012 年曾在紐約申請破產保護，柯達公司的問題在於反應太慢以致無法改變，以回應數位攝影（Digital Photography）的出現，數位攝影對攝影環境產生極大的變革，這種變化幾乎導致在此一領域領先了百餘年的領導者讓位。Gollub 推測「發生在柯達身上的事件，在未來十年將會發生在許多其他產業身上」，但是，大多數的人都沒有看到這一變革的來臨。Gollub 描述了他認為在幾年內將成為主流的其他轉型變革，這些變革將會對許多現有組織的傳統做法構成和柯達般面臨同樣的威脅，這些都是今天身為管理者需要回應的趨勢。[1]

社會性軟體（平臺）

　　組織將會由社會性軟體（平臺）來定義，而不是一如目前以單純組織本身來定義。社會性軟體發展的原動力明顯區別於傳統的交互過程。以 Uber 為例，Uber 現在是全球最大的出租車公司，而 Airbnb 是全球最大的飯店公司。但 Uber 未擁有任何出租車，Airbnb 也沒有擁有任何飯店或民宿。

---

[1] 相關內容可參考 Moran 與 Morner（2018）。

人工智能

　　計算機的應用正在我們的世界中急遽增長。IBM 公司的超級電腦「華生」（Watson）一直被視為科技界的明日之星，潛力無窮，提供法律和醫療建議的準確性高於人類提供的建議。臉書（Facebook）推出 Moment，這個 App 可以根據日期以及臉部辨識技術，識別人臉，找出相片中人物的身分，對相片進行分類與分享照片。

無人駕駛汽車

　　隨著 Tesla 和 Google 等開始車用電腦的研發，推出無人駕駛汽車，這項創新可能破壞傳統汽車行業。

3D 列印

　　3D 列印設備價格大幅下降，不久後智慧型手機將能夠具 3D 掃描功能。例如，可以掃描自己的腳，並在家裡列印一雙完美的鞋子。在十年內，所有製造的產品中有 10% 將會用到 3D 列印。

工作

　　在接下來的二十年中，大約 70% 至 80% 的現有工作將會消失。也將會有新的工作出現，但卻不太清楚會有什麼新的工作和會有多少新的工作。

農業

　　隨著農業機器人的發展，農民們可免於整天在田裡工作，農業將會產生變化。

貨幣

　　比特幣（Bitcoin）將成為主流，並可能成為公認的儲備貨幣。

教育

　　智慧型手機的普及。幾乎每個人都將擁有一部能夠接收一流教育資訊的智慧型手機。

太陽能

　　太陽能將繼續呈幾何級數地成長。能源價格將大幅下跌，所有煤炭公司將在幾年後停止銷售。

　　上述列出的變革都是推測，雖然它們可能不會在 Gollub 預測的時間範圍內發生，但很可能都會發生，而且其中的部分已經開始發生。今天存在的所有組織，都會感受到這些巨大變化的影響；對管理者而言，會面臨著比以往更多的競爭。當然，組織所面臨的一些轉變是人口和其他變化的結果，但主要原因是由於過去數十年來技術變革的速度所造成。

　　圖書館是蒐集、組織、儲存、創造和傳播知識的社會服務機構，是由館藏、館員、讀者、經費、設備及技術等諸多要素所組成的系統。因此，它的存在自然離不開管理活動。圖書館管理導引人力資源、財務資源、資訊資源和實體資源等進入動態的圖書館系統，以達成圖書館的目標，因而管理對圖書館的價值無庸置疑。

　　古典管理學派的學者費堯（Henry Fayol）認為所有的管理者都執行管理程序中的五種管理活動：規劃、組織、命令、協調與控制。1950 年代 UCLA 教授以規劃、組織、用人、指揮與控制等職能作為管理的程序，基本上本書依此管理程序，並加入圖書館管理實務上需求殷切的知能，包括：預算管理、法規與政策，以及倫理議題，作為本書撰寫的架構。同時，以管理思想的演進，作為建構管理理論的基礎。以 21 世紀圖書館管理，說明執行這些管理職能所需運用的方法和技能。全書共分十章，包括：第一章〈現代管理思想的演進〉；第二章〈規劃〉；第三章〈組織〉；第四章〈人力資源管理〉；第五章〈領導與溝通〉；第六章〈控制〉；第七章〈預算管理〉；第八章〈法規與政策〉；第九章〈倫理〉；第十章〈21 世紀圖書館管理〉。

　　第一章〈現代管理思想的演進〉，瞭解管理者的職能與角色是必要的概念，管理學者普遍認為一般管理者在組織內執行計畫、組織、人員管理、領導和控制等五項主要職能。要有效執行管理任務，管理者必須扮演一些角色。角色可以定義為一系列預期的行為和活動。明茲伯格（Henry Mintzberg）歸納管理者在日常工作中扮演 10 種角色，並將其分為人際關係、資訊，以及決策等三個類別。分配資源是管理者的角色

之一，管理者控制的資源一般大致有四種主要類型：人力資源、財務資源、實體資源，以及資訊資源。若要有效管理各種資源，則有賴具備現代管理者所需的各種技能。管理思想史，對管理理論的建構具有指導和借鑒的意義。今日的管理技術，許多是從早期的做法、原理和研究結果演變而來。檢視管理的歷史可以鑑古知今，提供學習現代管理理念的背景與脈絡。因此，學習管理的技術和理論就不能對管理的先驅過於陌生，他們的想法目前仍然是許多管理技術和理論的基礎。圖書館和其他資訊服務機構，多年來採用了許多源於商業、工業和政府的管理原則。因此，透過對管理思想發展的認識可以作為發展邏輯思維的起點。本章將現代管理思想的演進做一介紹，並將圖書館管理的原理原則貫穿其中，最後從內外部環境，分別說明影響內外部環境的各種因素。

　　第二章〈規劃〉，規劃是管理職能中最基本的一個職能，也是現代圖書館管理程序的重要組成部分。成功的規劃對任何組織都很重要，規劃的工作塑造組織未來，並為所有相關人員提供努力方向。策略性思考並採取行動是圖書館或其他資訊機構規劃成功的關鍵。管理者在規劃過程需要確認圖書館的核心價值及共同的願景，並對使用者需求以及圖書館或資訊機構的內外部環境深入瞭解。規劃可以由不同角度區分其類型，包括：從計畫的本質、時間的幅度、管理的層級、使用的頻繁度，以及計畫的明確度。從本質上區分，計畫可分為策略計畫、營運計畫，以及戰略計畫。策略計畫是一種長期計畫，且內容範疇較廣，本章詳細說明策略規劃的內容要素與程序，並輔以國內不同類型圖書館之實例說明。由於大多數管理者在其職業生涯中，多少都參與了行銷的工作，因此本章將專節討論如何規劃圖書館行銷。由於規劃可以促進資訊服務組織的生存能力，因此本節將重點討論如何促進此過程，包括策略規劃以及圖書館或資訊機構行銷的趨勢和技術。

　　第三章〈組織〉，組織的職能與前一章中所述的管理者的規劃職能密切相關。規劃過程幫助組織定義其目標，一旦規劃完成，管理者就必須執行設計組織結構，以促使目標的達成。組織設計的重點在如何透過設計，建立最適合當前情況，以及最需要的組織架構。亦即將組織內的員工和其他資源進行合理的分配與利用，使機構能成為一個靈活、具協

調性、有效率的有機體，並且使得每位員工都能各盡所能地發揮長才。一般而言，組織的設計與結構有基本原則可資遵循，本章將從統一指揮、專業分工、層級原則，以及控制幅度等原則詳加說明。首先說明圖書資訊服務機構的組織涵義及其基本原則，同時闡述組織的設計方式與結構，最後探討組織文化的定義、層次，以及其在組織管理上功能與應用，並以兩個案例提供思考與討論。

第四章〈人力資源管理〉，圖書館或資訊機構組織設計完成後，下一個職能是人力資源管理。現代人力資源是從傳統人事管理演變和發展而來，兩者之間的差異，在於人力資源管理更強調將員工作為一種具有潛力的資源，強調對組織中人員的激勵與發展。同時，人力資源管理也不只是將人員的管理作為一種單一的職能，而是重視有效的人力資源管理對整個組織營運的支持與配合。人力資源管理不僅需要瞭解組織面臨的競爭環境與組織的需要，還必須掌握現代人力資源管理的原理、觀念、方法與技術。本章分為聘僱、教育訓練、人員績效考核與評估，以及職涯發展等四節。其中聘僱包括：人力規劃、招募、甄選與聘僱等工作，是人力資源管理流程之前期階段，此階段的工作重點是為組織聘僱高品質人力；員工教育訓練，是組織為提升員工執行業務之績效，透過一系列的學習機制來提升員工的知識、技能與態度的相關活動。績效考核與評估是整合目標設定、績效評估與發展之完整系統，確保員工活動與績效表現是與組織策略目標一致，即個人與組織目標達成共識的管理過程。最後，以圖書館員職涯發展說明其相關發展因素。

第五章〈領導與溝通〉，「管理」常見的定義是「一種和他人及透過他人有效能及有效率地完成活動的程序」；但是，這並不容易實現，因為它需要技巧來使人們共同努力，以達成組織的目標。為了實現此目標，管理人員必須依靠「領導」的職能（有時也稱為指揮）。儘管領導和前述人力資源兩種職能，都涉及與組織員工的互動，但它們的不同之處在於所側重與人合作的面向不同。人力資源職能涉及諸如僱用，考核和員工薪酬的任務。領導則是透過協調，指揮，指導和激勵員工來建置人力資源的職能。「領導」是複雜的任務，要做好領導工作，需要管理者瞭解組織中「人」的因素。因此，「領導」的職能應用許多行為科學

的理論去認識個人及其在工作場所的行為。為了使管理有效，管理人員必須知道在特定情況下，哪些獎勵最能有效地激勵員工，哪些領導方法最為有效。他們還必須瞭解溝通方式的重要性，因為每一位員工都是獨立的個體，因此「領導」可能會很複雜且耗時。本章針對管理中的「領導」議題，詳加探討其定義、相關研究、風格、挑戰與修練，並提出兩則案例分析供討論。另針對「溝通」議題，闡述其基本概念、組織溝通與溝通流程。

第六章〈控制〉，問責（accountability）已然成為管理的重要觀念，它向主要利益相關者展示圖書館或資訊機構的運作，是一種衡量組織達成策略計畫目標的方法。同時，也是一種向潛在與目前的捐贈者及支持者，證明圖書館運作良好且值得支持的方式，畢竟圖書館或資訊中心的管理者，最終要對其上級機構和使用者負責。控制和回饋的過程是從定性和定量的角度呈現圖書館和資訊服務機構問責制的最好方式，控制提供服務目標的檢查點與平衡點，是一項持續性的管理職能，主要目的在為管理人員提供定期的反饋資訊，以便及早獲得計畫進程或缺乏實現組織內預期成果的資訊。本章針對管理中的「控制」議題，詳加探討其意義與功能。另從「控制」的步驟闡述圖書館評估的基本概念，以及圖書館績效評估的各種技術，包括：績效指標、成本效益分析和投資報酬率、標竿管理、計畫評核技術、平衡計分卡、LibQUAL+、焦點團體、好用性研究，及其他如新生留校率和學習成就、美國公共圖書館星級計畫等其他圖書館評鑑的例子。

第七章〈預算管理〉，「預算」講述圖書館的真實故事，因為「預算」呈現組織的優先事項，沒有人能對這些報告的數字視而不見。「預算」是一種綜合性的計畫，在此計畫下，組織的管理階層提出對未來發展的預期，以及未來各種環境對組織的影響。換言之，預算是管理單位為配合未來發展及達成組織目標所採取的策略。各類型的圖書館和資訊機構之管理者雖監管的預算金額不等，但相同的是，他們必須對年度預算負責。因此管理人員必須學會使用財務數據來反映優先順序，並為圖書館的各種政策辯護。有鑑於圖書館經費來源的多元化，以及經費預算在圖書館實務工作上的重要性，本章以理論和實例並重的方式，詳細介紹圖

書館預算的管理。從我國《預算法》及預算制度的演進說明預算的類型、項目，並且以圖書館實例說明預算編製技巧，以及預算的執行與評估；圖書館之募款，包括募款活動類型、捐款人關係管理等。本章所提供之例說，將有助於編列預算與管理評估預算績效的工作。

第八章〈法規與政策〉，圖書館一直以來，都受公共政策以及民眾對公共政策認知的影響，但隨著對圖書館服務需求的增加，外界對圖書館服務的支持度並未同步增加。民眾及政府對公共圖書館服務的價值都有高度認同與重視，但卻未能瞭解圖書館提供哪些具體服務，也未能將圖書館價值反映在相關政策。因此，如何使圖書館價值實在反映在相關政策，認識相關法規與政策是圖書館實務不可或缺的一環。本章檢視相關法規的發展，同時探討政策的內容要項及其內涵。

第九章〈倫理〉，「倫理」是管理所有類型組織的重要元素。管理人員在工作過程中經常會遇到許多必須確定是否用了正確或合乎倫理方式處理問題。本章提供過去和最近，管理者所使用的激勵理論的資訊，並檢視管理者如何選擇最合適的激勵方法。以往，組織中的許多管理者都假設所有管理者和員工都會遵守倫理規範。然而，在過去的幾十年中，這一假設受到嚴格的考驗。從 2000 年初期的安隆公司（Enron Corporation）到 2016 年的富國銀行（Well Fargo），這些反覆發生的醜聞，使人們對企業界的完整性失去信心。這些都導致包括圖書館在內之各種組織的管理人員，對如何保持組織誠信度越來越感興趣。本章所介紹之倫理議題，側重於工作場所的倫理，除檢視圖書館管理者常見的倫理議題，應提供有關如何在圖書館中建立道德工作環境的資訊。

第十章〈21 世紀圖書館管理〉，圖書館作為一個服務機構，正處在巨大的變革之中。我們無法確定其未來。但是，可以肯定的是，未來的圖書館將不同於過去和現在的圖書館。要成功駕馭從現在到未來的旅程，需要有才華的圖書館管理者的參與和努力。擔任管理職務的個人，必須面對許多挑戰，他們不僅要專注於個人績效，還應負責幫助他人完成任務。換言之，他們的視野必須擴大。新任的管理者必須學習如何授權，以及如何贏得部屬的信任和尊重。對於許多個人而言，「管理」可以成為一種能實現個人職涯抱負的選項，特別是對喜歡承擔責任並喜歡與人合作的人而

言，的確是一個不錯的選擇。管理職位雖然辛苦，但通常會有較高的薪水和聲譽，以及個人成就感作為回報。本章主要內容，包括：現代圖書館組織與挑戰、圖書館相關專業組織，以及管理人員與管理技能。

　　圖書資訊服務的變化明顯可見，圖書館及其外部環境都反映此等變化。本書的特色之一，是在各章節中穿插實際案例，提供讀者與作者彼此互動並參與管理相關練習的機會。全書介紹了圖書館及資訊服務機構管理中所有最重要的功能，不僅適用於圖書資訊學系所學生，也適用於對投入圖書資訊服務有興趣的初學者。本書在撰寫過程，大量引用了專家、學者的研究成果，個人僅代表全體作者向這些專家學者表示由衷的敬意。

　　本書共有四位老師參與撰寫，分別是張慧銖、邱子恒、黃元鶴及林呈潢四位教授，他們都是在圖書資訊學系所擔任圖書館（或資訊服務機構）管理課程多年的教師，也都曾在圖書館實務界工作及擔任圖書館館長等職務，擁有豐富的實務經驗，可謂適當的撰稿人。感謝幾位老師在繁忙的教學與服務工作之餘，熱心參與本書的撰寫，由於他們的努力付出，使本書得以順利完成，本人有幸參與撰寫本書深感榮幸，僅對三位學者致上最深的謝意。由於出版時間緊湊，文中疏漏之處在所難免，尚祈專家學者不吝指正。

林呈潢

2019 年 11 月 7 日

目 錄

總　序／張慧銖	i
序　言／林呈潢	iii

第一章　現代管理思想的演進／林呈潢　1
　　第一節　資訊服務機構管理概論　3
　　第二節　管理思想的演變　14
　　第三節　管理的環境　28

第二章　規劃／黃元鶴　37
　　第一節　規劃的意義與功能　39
　　第二節　策略規劃　41
　　第三節　計畫與資訊服務機構　49
　　第四節　行銷觀念　56
　　第五節　行銷策略與組合　62

第三章　組織／張慧銖　71
　　第一節　組織涵義與基本原則　73
　　第二節　組織設計與架構　76
　　第三節　組織文化　83
　　第四節　案例分析與討論　89

第四章　人力資源管理／黃元鶴　93
　　第一節　聘僱　95
　　第二節　教育訓練　105
　　第三節　人員績效考核與評估　109
　　第四節　職涯發展　114

第五章　領導與溝通／張慧銖　123
　　第一節　領導的定義　125
　　第二節　領導的相關研究　128
　　第三節　領導風格　129
　　第四節　領導的挑戰與修練　135
　　第五節　溝通概說　139
　　第六節　組織溝通　142
　　第七節　溝通流程與管道　144

第六章　控制／林呈潢　153
　　第一節　控制的意義與功能　155
　　第二節　控制的流程與類型　156
　　第三節　協調與控制工具　163
　　第四節　監控與問責　175

第七章　預算管理／邱子恒　181
　　第一節　預算之意義、功能與原則　183
　　第二節　預算之類型　186
　　第三節　預算之編製　194
　　第四節　預算之執行與管考　201
　　第五節　圖書館之募款　205

第八章　法規與政策／邱子恒　213
　　第一節　我國法律之名稱與位階　215
　　第二節　各國的圖書館相關法規　220
　　第三節　我國圖書館設立之相關法規　224
　　第四節　我國圖書館經營相關之法規政策　232

第九章　倫理／黃元鶴　　　　　　　　　　　　　257
　　第一節　倫理的意義與功能　　　　　　　　259
　　第二節　專業倫理　　　　　　　　　　　　262
　　第三節　工作倫理　　　　　　　　　　　　271

第十章　21世紀圖書館管理／林呈潢　　　　　　281
　　第一節　現代圖書館的組織和挑戰　　　　　283
　　第二節　圖書館相關專業組織　　　　　　　300
　　第三節　現代圖書館員與管理技能　　　　　310

中文索引　　　　　　　　　　　　　　　　　　321
英文索引　　　　　　　　　　　　　　　　　　332

圖 目 錄

圖1-1	競爭優勢的元素	4
圖1-2	圖書館管理層級示意圖	6
圖1-3	明茲柏格的管理角色	8
圖1-4	古典管理學派示意圖	18
圖2-1	策略規劃為一持續的進程	42
圖2-2	整體行銷的構面	61
圖3-1	圖書資訊服務機構組織部門設計方式示意圖	78
圖3-2	矩陣式組織示意圖	81
圖3-3	組織文化的層次分析圖	85
圖4-1	工作特性模式	101
圖4-2	美國的圖書館專業工作層級	116
圖5-1	管理者與領導者之差異	126
圖5-2	由Blake和Mouton整理的五種領導風格	132
圖5-3	Fiedler的領導權變模式	134
圖5-4	溝通的模式	141
圖6-1	計畫評核技術以雙路徑顯示一個任務的計畫時間表	168
圖6-2	四條路徑PERT 圖可用於說明複雜多事件的關鍵路徑	168

圖7-1　美國研究圖書館組織會員圖書館館經費發展趨勢　202
圖9-1　倫理決策規範架構　261

表目錄

表1-1	2015和2020年職場成功所需之最重要技能示意	12
表1-2	X理論和Y理論的假設	23
表2-1	圖書館規劃評估矩陣樣本	45
表2-2	圖書館策略計畫範例	50
表2-3	高雄市立圖書館2018年營運計畫（摘錄第4項次）	53
表2-4	高雄市立圖書館2018年營運計畫預定工作進度表	54
表2-5	高雄市立圖書館2018年績效評鑑指標（摘錄第3項內容）	55
表3-1	組織採集中式與分散式的優缺點比較表	79
表4-1	美國與臺灣的圖書館人力資源類型	97
表4-2	工作分析方法類型與用途	98
表4-3	美國圖書館員職位名稱	99
表4-4	圖書史料檔案與文教行政等二大職系說明書	103
表4-5	圖形評級量表範例	111
表4-6	圖書館行銷推廣與公共關係行為錨定評級案例	112
表4-7	教學目標與評估方法	119
表7-1	費用項目預算示意表	190
表7-2	績效預算示意表	192

表7-3	設計計畫預算摘要表	193
表7-4	臺北醫學大學圖書館命名致謝標準一覽表	208
表8-1	經立法院通過、總統公布之「法律」名稱用語表	217
表8-2	法律授權之「法規命令」名稱用語表	219
表8-3	內部規範之「行政規則」名稱用語表	220
表8-4	各國國家圖書館之法定任務	221
表8-5	各類型圖書館設立及營運基準發布及廢止日期一覽表	226

第一章
現代管理思想的演進

作者簡介

林呈潢

(lins1028@mails.fju.edu.tw)

天主教輔仁大學
圖書資訊學系
退休助理教授

學習目標

研讀本章內容之後，學習者應能夠：

- 瞭解管理理論演變及其對現代管理者的重要性
- 瞭解各管理學派的主要思想及其影響
- 瞭解現代組織之間主要的不同，以及各種不同觀點的發展
- 瞭解最好的管理方式不是只有一種
- 可以參與討論你認為將來流行的管理學派為何

本章綱要

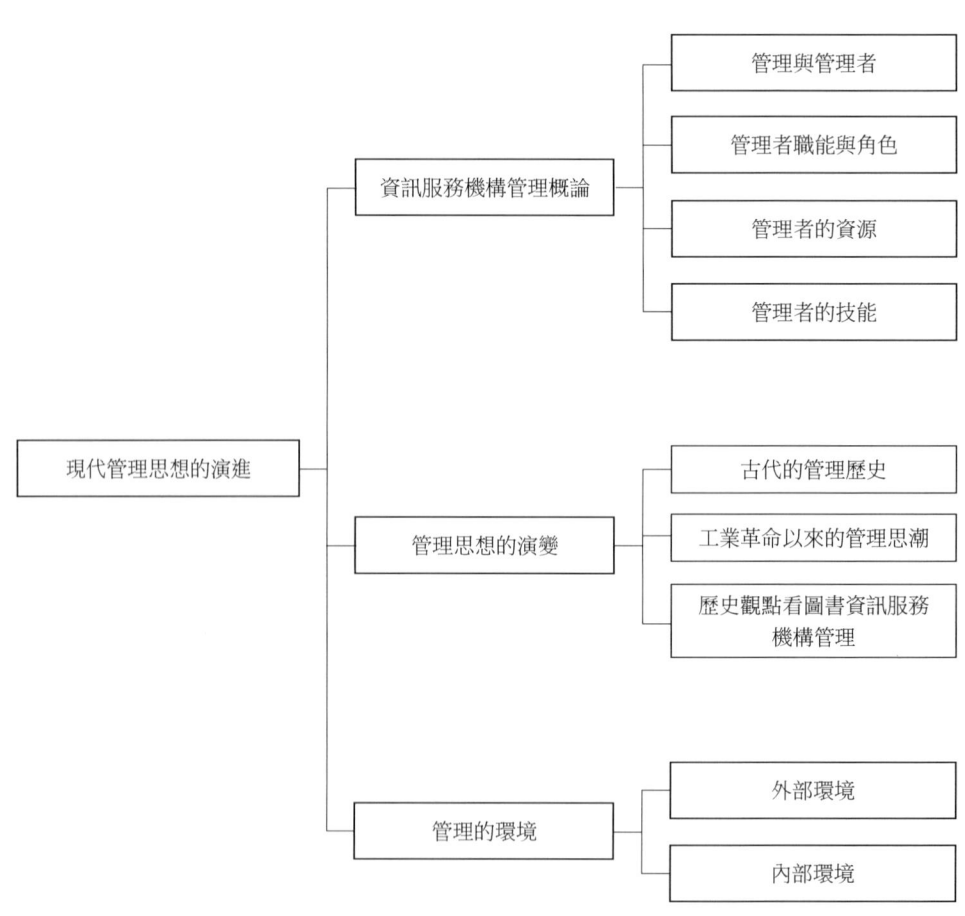

第一章
現代管理思想的演進

圖書館已有數百年歷史，在資訊時代依然保持著其重要地位。縱觀歷史，它們都具有一個明確的特徵，也就是「提供紀錄在各種媒體資訊的使用」。多年來，媒體從莎草紙（papyrus）、棕櫚葉（palm leaves）到牛皮紙（vellum），從捲軸（scrolls）到手抄本，再從印刷紙張到互動式電子和多媒體資源，都發生了變化。很容易想像古代圖書館員所感到的憂心，因為捲軸被新的書籍技術所取代。此種憂慮仍然存在現代圖書館員身上，現代的複合式圖書館（hybrid libraries）用電子圖書補充或取代傳統的印刷資源。然而，對於圖書館員來說，記錄資訊的形式遠不如讀者能夠有效地檢索和使用這些資訊來的重要。為了使檢索和使用盡可能順利，圖書館員需要透過適當的管理方法來創造合適的環境。

第一節　資訊服務機構管理概論

圖書館和其他資訊服務機構多年來採用了許多源於商業、工業和政府的管理原則。圖書館管理者為使其組織更為成功，通常從其他行業借鑒已建立的管理原則。當然，大多數圖書資訊服務機構都不是營利組織，而且幾乎所有圖書館都是非營利組織。儘管無論是營利還是非營利性組織，都必須向客戶提供產品、提供始終如一的高效能服務，為員工和雇主提供幸福感，營造一個富有吸引力的健康環境；但，一個管理良好的圖書館更能夠完成這些目標。

有效的組織不能依靠過去的成功；相反的，必須關注品質和客戶滿意度；必須迅速應對外部環境的變化；必須具有創造性和創新性；並且必須致力於不斷學習。為了面對第四次工業革命（Fourth Industrial Revolution）挑戰，圖書館需要持續變革。

最有效率的組織會利用其可用資源來維持競爭優勢。過去，圖書館幾乎完全壟斷了資訊提供，同時也因為被視為「公共財」，而獲得資助；然而，在當今的

環境下,圖書館必須與眾多其他非營利組織競爭,以爭取民眾的支持。此外,私人經營的資訊機構的日益增長,也侵蝕圖書館的地位。因此,圖書館不得不愈來愈像營利機構。在私人企業,個別公司習慣以超越競爭對手來求生存;競爭優勢是公司在為組織和股東創造更大價值方面優於競爭對手的優勢條件。儘管圖書館通常不必與其他圖書館競爭,但它們確實需要利用一切可能的手段來證明能夠為其利益相關者的投資創造價值;圖書館通常以產品的品質、效率、對顧客的回應,以及持續對市場新需求作出反應的創新來評估競爭優勢(Line, 1994)。

基本上,競爭優勢的元素包括品質、創新、效率和顧客(圖 1-1)。今天,圖書館提供的產品品質不斷提高;數位化使圖書館能夠提供前所未有的產品,而這些產品對圖書館顧客具有很強的吸引力;許多圖書館正在進行創新,提供以前沒有的服務和產品;當圖書館使用較少的資源提供它們的產品或服務時,它們會提高效率;資訊技術的變革提升了所有工作人員的生產力,圖書館預算的減少也導致各級人員的責任和工作量增加。大多數圖書館的效率比以往更高。圖書館顧客導向的服務,對顧客的需求非常敏感,所以。圖書館員經常進行市場調查,找出其顧客對服務和館藏的需求。

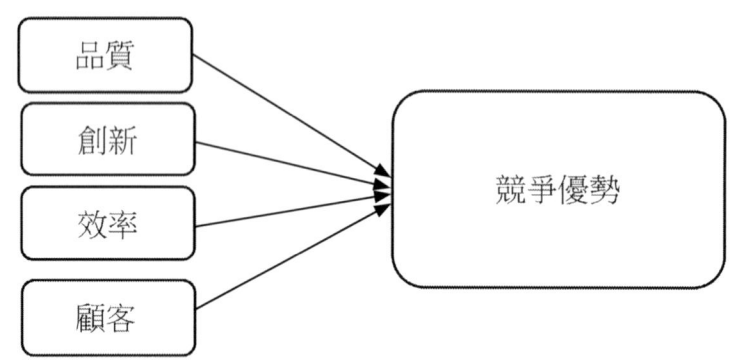

圖 1-1　競爭優勢的元素

資料來源:Moran 與 Morner(2018, p. 8, Fig. 1.1)。

然而,任何一位優秀的管理者都知道,圖書館無法一次勝任所有這些元素。提高組織績效的壓力是有益的,因為它確實會迫使組織重新考慮其優先事項和業

務。但是，提高效率的壓力太大也可能是有害的，效率的壓力可能導致員工工作焦慮，也可能導致管理人員試圖以任何可能的方式來遏制成本。正如 Line（1994）所指出：「生產力和服務的提高幾乎不可能會永遠持續下去，這像是運動紀錄：紀錄一再被持續打破，但破紀錄的幅度愈來愈小，頻率愈來愈低……產業本身和員工也會愈來愈精疲力盡。」

如果預算削減導致圖書館工作人力繼續萎縮，那麼，無可避免的，將導致圖書館提供的服務品質和數量，以及對顧客需求的回應下降。圖書館有必要在各個競爭優勢要素之間取得平衡。

多年來，隨著圖書館規模愈來愈大，管理的重要性也相應增加。大型的國家、公共和學術圖書館在許多方面與大型營利組織有許多相似處；圖書館館長，會變得宛如企業界的執行長，要負責龐大的預算；此外，圖書館主管還負責員工和許多大型設施的管理工作，這些任務都需要其他不同的技能。

一、管理與管理者

20世紀初期，瑪麗‧佛萊特（Mary P. Follett）描述管理的特性是「透過他人完成事情的藝術」（Moran & Morner, 2018），她的觀察仍然適用於今日，因為依據定義，任何人都無法單獨完成管理的任務。管理者需要依賴他人的技能和協力工作來達成任務，對他們而言，人際關係的技能是非常重要。此外，所有管理人員必須執行規劃、組織、人員管理、領導和控制的職能。這些職能都將在本章後面更深入地介紹。

管理者是組織內的人員，負責並支援其他人的工作。在垂直的層級組織架構中，管理者的類別可以用多種不同方式區分。包括圖書資訊服務機構在內的一般典型的組織，管理者可以分為三個不同層次：

（一）高階管理人員，通常指圖書館館長、副館長，負責組織的整體運作。多數情況，最高階的管理者負責建立整個組織的政策，其領導風格對整體組織具有影響力。

（二）中階主管，負責組織的特定部門或職能。以圖書資訊服務機構而言，各部門主任（或組長）擔任中階管理人員。

（三）第一線主管，是管理層級中最低級別的人員。負責領導員工為實現組織目標而進行的日常活動，他們負責產品生產或服務的提供。這些管理人員落實程序和流程，使他們的單位能夠有效地工作。

　　傳統的管理階層請參考圖1-2，注意的是，任何負有監督、輔導或帶領他人工作的人員都屬於所謂的管理者。

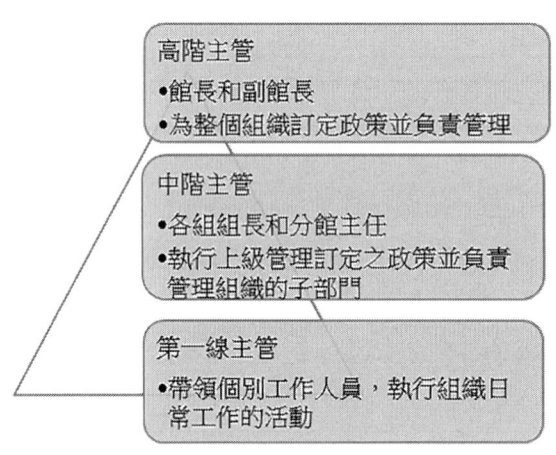

圖1-2　圖書館管理層級示意圖

資料來源：Moran、Stueart與Morner（2013, p. 8, Fig. 1.2）。

　　正如本書即將討論的，此種傳統的管理層級正受到現代職場變化的影響，常見的變化是採用了基於團隊的組織架構，導致了管理金字塔的扁平化和一些中階管理職位的消失。今日，包括圖書館在內的大多數組織，管理階層所負的責任比以往更廣泛。

二、管理者職能與角色

　　管理者通常有多元的任務，工作時間經常是片斷的。但幾乎要在同一時間處理許多任務，有些是例行性業務，有些是不定期的。因此，很難界定一個管理者的管理日常工作的架構，一般會從二個基本的方法觀察管理者做些什麼：（一）依管理者所執行的管理職能；（二）依管理者所扮演的角色。以下分別說明。

（一）管理職能

將管理視為一種流程或職能是常見的方式，如果執行得當，可以提高組織的效能和效率。管理職能是管理者在其職位執行任務的一部分。這些職能可以用各種不同的方式分類。但是，管理學者普遍認為一般管理者在組織內執行五項主要職能：規劃（planning）、組織（organizing）、人員管理（staffing）、領導（leading）、控制（controlling）。

1. 規劃

定義組織之目標，建立起達成目標的整體策略，以及發展一套完整的計畫來整合及協調各種活動。管理者必須先思考他們要需要做些什麼？如何去做（做的方法）以完成組織的目標。

2. 組織

組織是管理的第二個職能，管理者建立正式的權力結構，透過這種權力分配員工之間的工作。他們必須先將每個人的才能以及完成工作所需的職能相結合，再在部門之間建立溝通管道，亦即組織包括了決定所必須完成的任務、執行者人選、任務編組方式、報告體系，以及決策點位置。

3. 人員管理

通常稱為人力資源或人事管理，包括任用、訓練、獎懲與為達成組織目標的人員在職訓練等，缺少有效率的員工，任何組織都不會成功。

4. 領導

領導涉及在組織內創造共同的文化和價值，向員工傳達目標，激勵各級人員。本類別下的所有子功能都關注組織中的人際因素。這種人際因素非常重要，因為員工的態度，感知和人格屬性會影響他們的工作績效。

5. 控制

控制意味著監督組織的活動，以確保它在正確的方向上實現其目標，控制需要分析組織的運作，然後使用該資訊瞭解計畫過程。透過這種方式，組織可以根

據當前的資訊，不斷檢查和更新其目標。控制是規劃的借鏡。在規劃中，管理人員確定組織的目標，而在控制時，評估是否達到了這些計畫的目標。換句話說，計畫允許管理者決定組織的目的地；控制讓他們知道是否已經到達目的地。

所有管理者都執行這五項職能。當然，不同層級和不同部門的管理者在投入的時間和執行的深度上會有所不同。像大多數其他管理教科書一樣，本書也以此五大職能為核心分章說明。

（二）管理者的角色

要做好管理工作，管理者必須扮演一些角色。角色可以定義為一系列預期的行為和活動。明茲伯格（Henry Mintzberg）在 1973 年的經典著作《管理工作的本質》（*The Nature of Managerial Work*）中，透過觀察 5 位執行長的實際工作內容，歸納出管理者在日常工作中扮演的 10 種角色（managerial role），並且劃分為 3 個類別（楊修，2015；Mintzberg, 1973）（圖 1-3）。

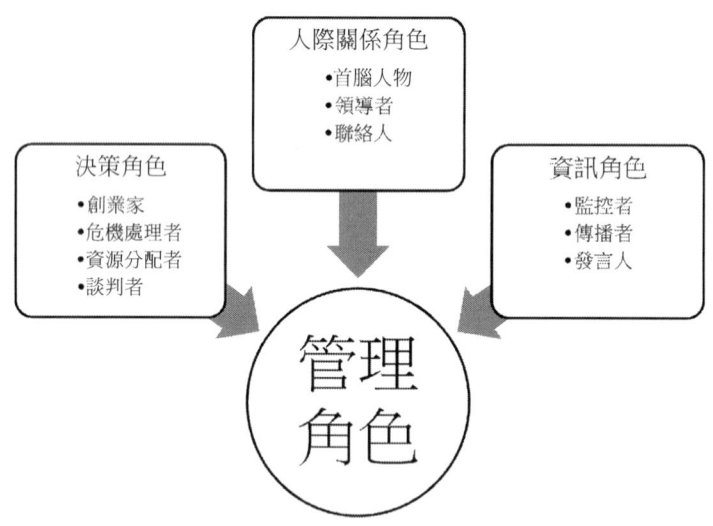

圖 1-3　明茲柏格的管理角色

資料來源：Moran 與 Morner（2018, p. 14, Fig. 1.4）。

1. 人際關係角色（interpersonal roles）

此一類角色涉及與人合作，明茲伯格將此類管理者分為三種角色：

(1) 首腦人物（figurehead）：高階管理人員通常擔任組織的首腦，雖然這個詞略帶貶義，但是通常指的是像高層管理者一樣的人，他們花大量時間代表他們的組織走向外部世界，是組織的象徵。有義務執行一些法定的或社交的例行性業務。如，歡迎訪問者、簽署法律文件等。

(2) 領導者（leader）：管理者也扮演著領導者的角色。他們執行諸如激勵、溝通和鼓勵部屬等功能。並負責用人、訓練與其他相關任務。

(3) 聯絡人（liaison）：管理人員通常充當員工之間或員工與顧客之間的聯絡人，將組織內部和外部的資訊聯繫起來。所以，成功的管理者需要成為優秀的網路工作者；事實上，當他們擔任聯絡人的角色時，他們正在組織內部或組織與外部世界之間建立必要的網路。

2. 資訊角色（Informational roles）

在以資訊為基礎的組織中，資訊角色比以往更加重要。明茲伯格定義資訊的角色為監控者（monitor）、傳播者（disseminator），以及發言人（spokesperson）三種：

(1) 監控者：監控者從組織內外部尋找資訊，並開發系統來追蹤單位的績效。他們監督資源的使用。

(2) 傳播者：作為組織資訊尋求者的角色，管理者也扮演資訊傳播者的角色。管理者不僅要收集資訊，還要與他人分享資訊。這種傳播或由本人親自傳播資訊、透過電子郵件或其他傳播媒體進行。隨著組織成員參與組織活動愈來愈普遍，參與程度愈來愈深，管理人員需要分享的資訊也比以往更為廣泛。

(3) 發言人：管理者在資訊角色最後扮演的是發言人。確切而言，管理者將組織的計畫、政策、作為及結果透過演講、電子郵件、通訊等方式，將組織的資訊傳遞給大眾。如發布新聞給媒體。

3. 決策角色（decisional roles）

決策是基本的管理角色。策略、財務或人際關係都須要做出決策。

(1) 創業家（entrepreneur）：管理者在職場上扮演企業家的角色，他們必須決定

哪些新思維值得引進組織,並確保組織進行必要的變革,以保持其競爭力。所以管理者需要具有變革管理和解決問題的技能。
(2) 危機處理者（disturbance handler）：組織面臨重要與未預期的困擾時,管理者需要負責提出改正行動,如組織策略與評估會議,以處理困擾。
(3) 資源分配者（resource allocator）：作為資源分配者的角色,管理者花大量時間決定如何在組織內分配各種資源,比如時間,預算和人力。管理者需要做出關於資源分配的決策,特別是在組織缺乏資源時
(4) 談判者（negotiator）：同樣,管理人員經常扮演談判者的角色,他們代表組織或部門爭取資源,如預算,設備或其他形式的支持。管理人員也經常參與館藏採購的議價。

　　明茲伯格管理角色的概念,為傳統管理職能的觀點,提供了一種實用的替代方法,此一概念已成為管理領域的基礎（Schippmann, Prien, & Hughes, 1991）。

三、管理者控制的資源

　　管理者有時有權分配組織資源。明茲伯格指出「管理角色之一是資源分配」。管理者控制的資源有四種主要類型（Moran & Morner, 2018）：

（一）人力資源（human resources）

　　所謂人力資源是指組織內的所有員工。雖然這些員工的技能,經驗和教育程度不同；但,每個人都是組織達成目標之基本成員。以圖書館而言,典型的圖書館聘用專業圖書館員（professional librarians）、輔助專業人員（paraprofessionals）、事務人員（clerical works）、技術專家（technical specialists）以及各種兼職人員,如學生助理（student assistants）和工讀生（pages）。管理者監督所有這些人力資源的分配。

（二）財務資源（financial resources）

　　財務資源是組織經費的來源。對營利性組織,經費來源主要是顧客,顧客以錢來換取商品或服務。非營利組織,經費通常來自各級政府組織、捐贈、補助款

和類似的來源。無論何種領域的組織，管理者擔負募集組織財務資源的責任愈來愈重。在非營利組織中，管理人員往往需要爭取補助或參與募款。

（三）實體資源（physical resources）

實體資源是組織的有形資產或物質資產，小自辦公室的設備，大至辦公大樓都屬之。一般而言，圖書館建築通常歸屬其上級單位，圖書館很少擁有自己的建築。儘管如此，館長仍然需要負責對建築物進行適當的管理，以及建築物內部的維護。實體資源的管理非常耗時，除了維護之外，還包括購置和更換圖書館設施和設備。大型圖書館通常授權各級主管負責，但昂貴資源仍由高層管理人員做決策，便宜的物品（如各種用品）則授權低階主管人員負責。

（四）資訊資源（information resources）

資訊資源在所有管理環境中愈來愈重要。當然，資訊資源的管理一直是圖書館的主要職能之一。對圖書館而言，管理者所控制的是與組織日常職能相關的資訊資源。以往資訊被儲存於紙上，集中於組織內的檔案櫃，自電腦出現以來，大多數圖書館都將員工、資源以及其他管理職責相關的數據利用資料庫儲存及維護。員工可以透過組織內部網路操作資訊。同時，管理者還必須保護某些資訊，以確保相關資料的隱私和機密性，尤其是電子資源。

四、管理者的技能

不同管理階層的圖書館員需要不同的技能。卡茨（Robert Katz）在一篇文章中指出三種基本的管理技能：技術、人際關係和概念的技能（Katz, 1974）。技術技能（technical skills），是與特定職能和任務相關的技能，第一線管理者需要具有比中階及高階管理更強的技術技能。要成為有效的主管，必須瞭解工作所包含的過程。例如，資訊組織部門的負責人，如果缺乏編目和分類的知識，很難指導抄錄編目人員。另一方面，圖書館館長可能擁有這些分類編目的技能和知識，但是他可能不需要應用到此類技能，尤其是在詮釋資料（metadata）等更先進方面的能力；相反的，高階管理者需要更多概念化的技能（conceptual skills）和他

們觀察組織全局的能力；人際關係的技能（human skills）是與人有效互動的能力，對各個階層的管理者都很重要。

卡茨從較廣泛的角度描述管理技能，其他管理專家則更詳細地訂定關鍵技能。伊凡斯（G. Edward Evans）針對圖書館員、檔案管理員和資訊管理人員提出一個通用的管理核心知識，分別是：規劃、人力資源、財務管理、創新、激勵、溝通、領導力、量化方法、倫理、決策、授權和行銷等十二項核心知識（Evans, 1984）。他所提出的核心知識，仍然為當今的管理者所採用。

儘管大環境經歷一些變化，但過去需要的許多技能，仍列在當前所需技能清單中。2016年，*Library Journal* 的編輯針對美國重要的圖書館館長進行調查，詢問他們對於「新進館員最重要的技能」的看法。受訪者提到的技能包括：倡導／政治、合作、溝通／人際技能、創造力／創新、批判性思維、資料分析、彈性、領導力、市場行銷、專案管理和技術專長（Schwartz, 2016）。圖書館員所需的管理技能與其他所有知識工作者所需要的管理技能，並沒有很大的不同。表1-1是《世界經濟論壇》（*World Economic Forum*）提出的2015年和2020年面對第四次工業革命所需的10項技能。

表1-1　2015和2020年職場成功所需之最重要技能示意

Top 10 skills 2015	Top 10 skills 2020
Complex problem solving 解決複雜的問題	Complex problem solving 解決複雜的問題
Coordinating with others 與他人協調	Critical thinking 批判性思維
People management 人員管理	Creativity 創造力
Critical thinking 批判性思維	People management 人員管理
Negotiation 談判	Coordinating with others 與他人協調
Quality control 品質控制	Emotional Intelligence 情緒商數
Service orientation 服務導向	Judgement and decision making 判斷與決策
Judgement and decision making 判斷與決策	Service orientation 服務導向
Active listing 積極聆聽	Negotiation 談判
Creativity 創造力	Cognitive Flexibility 認知彈性

資料來源：Schwab 與 Samans（2016）。

雖然訂定對所有管理者適用的核心技能仍屬可能，但管理者所需技能會因職位和組織類型而有所不同，很難確定所需的確切能力，加上因國家、社會、文化和經濟條件的不同，要定義全球一致的技能愈形困難；但是儘管如此，下面所列各項技能對於大多數當代管理人而言，已證明是不可或缺的技能：

（一）政治技能（political skills）

一如其他職場，圖書館和資訊服務的機構是極度政治性的組織。為了適應時下氛圍，管理者不僅需要創造願景，還需要促使他人相信組織存在的必要性。管理者必須營造有利於職場氛圍的策略和行動方案。組織內部作業以及組織與外部之間關係都是產生政治議題的來源，因此，如何保持組織平衡、彈性和承擔風險的意願是重要的。

（二）分析的技能（analytical skills）

管理人經常扮演帶動變革的角色，因此必須善於進行批判性思考和分析。依靠敏銳觀察力或直覺的決策方式難以獲得政策的支持；但清楚易懂、理性，有充分明證的分析是管理人決策的厚實基礎。

（三）解決問題的技能（problem-solving skills）

解決問題是管理人最重要的日常工作。解決問題通常涉及組織內變革。管理者需要對以積極態度面對變革管理，一如前述，彈性對成功至關重要。

（四）社交技能（social skills）

每一個人都有不同的特點，所以管理人不可避免地要處理所有各種問題。處理問題，最重要的技能就是溝通、衝突解決和人際關係技巧。管理者經常需要負責協調團隊的行動。因此，需要瞭解團隊的管理技巧，並瞭解如何指導和帶領其部屬。學習透過他人的眼光來看待事情，可以促進合作並減少衝突。管理者應該致力於對其部屬的關心，幽默感是融入部屬的催化劑。

（五）財務技能（financial skills）

所有管理人員都需要對其組織的財務結構中有所瞭解。他們應該知道經費來自何處？去了哪裡？以及如何獲得經費。這些技能還應包括行銷知識，因為行銷可能是獲得經費的關鍵因素。此外，在政府對減少圖書館預算的時代，募款的責任已經顯現出來，尤其是對高層管理人員而言。募款是費時費力的工作，但它帶來的經費通常可以支付圖書館預算中的額外費用。

（六）系統技能（system skills）

基本上，所有的圖書館的管理者都需要熟悉計算機的資訊系統，但此處所謂的系統技能，遠遠超出計算機。畢竟所有的系統不僅包括技術性的系統，還包括各種業務的排程與設計。今天的圖書館通常是上級組織系統的一部分，管理者需要知道圖書館在這些大系統中的地位。

總之，由於管理者工作的複雜性和多元性，管理者需要具備「硬技能」（如技術和特定的企業知識）和「軟技能」（如上述的人際能力）。沒有任何管理者能夠完全掌握所有可能有用的技能。但優秀的管理者知道，成功與否取決於他們的技能和知識，因此，他們會在整個職業生涯中，不斷學習和發展技能。

本節概述了管理人員的工作和必須具備的技能。下一節將探討管理理論的發展。

第二節　管理思想的演變

「這個世界唯一不變的，就是變」。這句話雖然已經是陳腔濫調，但毫無疑問，現代的組織正處在一個變化劇烈的年代，各種不同類型的組織都在努力保持轉型，他們意識到這些變化往往威脅到傳統的做事方式，也體會到不能適應的組織可能無法生存。

正如各種組織在 18 世紀工業革命出現後的轉變一樣，現代組織正在進入一場新的工業革命。這個新時代被賦予了各種各樣的名稱，包括所謂的數位革命、第二次機器時代（Brynjolfsson & McAfee, 2014）和第四次工業革命（Davis, 2016），但不管如何稱呼，這個新時代的出現對我們生活和工作帶來了根本的變

化。第一次工業革命是在 1700 年代中期，因蒸汽機的出現而引發，蒸汽機帶來許多手工業機械化；第二次工業革命大約在 100 年後，電力開始應用在推動產品的大規模生產；第三次工業革命始於 1960 年代後期，以電子技術為基礎，提供了生產、處理和共享資訊的新方法；第四次工業革命被描述為「虛實融合系統」（cyber-physical systems）的出現，涉及人和機器的全新功能。與前幾次不同的是，第四次工業革命非基於單一技術，而是多種技術的結合；這種技術的融合，模糊了實體、數位和生物領域之間的界限（Schwab, 2015）。正如《世界經濟論壇》（World Economic Forum）的報告所述：遺傳，人工智能，機器人技術，奈米技術，3D 列印和生物技術等的發展，它們都互相建立在彼此的技術之上，互相依賴、共同成長。這些勢將為我們前所未見的完整革命奠定基礎。一些智能系統，將有助於解決從供應鏈管理到氣候變遷等各種問題（Schwab & Samans, 2016）。

　　早期組織的管理者，除了個人經驗之外，沒有足夠的資源來學習如何管理。19 世紀後期，一些管理者和管理理論家開始有系統地反思他們的經驗和觀察力量，希望找出最有效的管理方法。這些最有效的做法通常被稱為原則或管理指南，而不是科學事實（Wren & Bedeian, 2009, p. 409）。近幾十年來，管理學研究的進展大幅成長，管理理論不斷擴大，各種管理學派也都透過其主張，提供最好的管理方法。

　　今日的管理技術許多是從早期的做法、原理和研究結果演變而來。檢視管理的歷史可以鑑古知今，過去的結果可以提供學習現代管理理念的背景與脈絡，並避免在未來出現已知的錯誤。因此，學習管理的技術和理論就不能對管理的先驅過於陌生，他們的想法目前仍然是許多管理技術和理論的基礎。雖然正式的管理研究不到 200 年（Moran & Morner, 2018, p. 26），但管理技術早在這些管理原則提出前就開始就被廣泛使用。本節將介紹從古代到現在的管理思想與實踐的演變。最後，簡短的說明圖書館員如何將一般管理原則和理論應用到工作的職場。

一、古代的管理歷史

　　早在西元前 3000 年，蘇美人（Sumerians）就已經利用泥板（clay tablets）做為保存紀錄的工具，其中許多關於管理實務的紀錄都遵循巴比倫國王漢摩拉比（Ur. Babylonian king Hammurabi）所頒布的 282 條《漢摩拉比法典》，該法典有許多關於商業行為的規範，包括會計、薪資與費用的監管（Wren & Bedeian,

2009, p. 13）。從聖經《舊約》則可以看出希伯來人對階級的認識，以及瞭解授權的重要性。例如：《出埃及記》：「並要從百姓中揀選有才能的人，就是敬畏神、誠實無妄、恨不義之財的人，派他們做千夫長、百夫長、五十夫長、十夫長，管理百姓。他們各自管理和審判他們的族人，困難的事則帶給摩西（Moses）處理」（出埃及記 18：25-26）。

西元前 2560 年左右，吉薩大金字塔（Great Pyramid of Giza）花不到 23 年的時間完工，估計有 2 萬到 3 萬工人參與（Penn State University, 2008）。同樣，3 千年前的中國也有類似紀錄，當時中國人已經建立了一個有層級組織的政府（Wren & Bedeian, 2009, p. 13）。大約在西元 1 年左右的一個古老的飯碗上刻有一個銘文，顯示飯碗是從一個專門的政府工作坊製作的，該工作坊分為三個部分：會計，安全和生產部門（Wren & Bedeian, 2009, p. 15）。至於希臘，雖然從早期的歷史紀錄無法洞悉具體的管理事實；但是，雅典聯邦（Athenian Commonwealth）有議會、公民法庭、執政官員和將軍委員會，顯示他們瞭解各種管理職能。著名的希臘哲學家蘇格拉底（Socrates）曾寫了公共管理與私人管理的差異，他的學生柏拉圖（Plato）寫了關於專業化的論述（Wren & Bedeian, 2009, p. 18）。

在古羅馬，調動軍隊到帝國的各個區域是複雜的，必須有先進的管理技術進行分配。事實上，羅馬帝國的成功大部分源自羅馬人組織工作和人力資源管理的能力。許多其他管理概念的例子都可以從古代和中世紀時期開始，也是現代許多現代技術的起源。然而，隨著工業時代的到來，工廠大規模僱用員工，管理者開始面臨與前所不同的問題（Wren & Bedeian, 2009）。

二、工業革命以來的管理思潮

18 世紀末，新技術的發展導致了工業革命。分工，使每一個工人只需要具備日常所執行任務的專業知識，不需要對工作過程有全面的瞭解。隨著這些新組織的發展，許多現在為人熟悉的管理概念開始出現。例如，亞當・史密斯（Adam Smith）著名的《國富論》（*The Wealth of Nations*）描述分工（division of labour）以及時間動作研究（time and motion studies），同一時期其他學者，

包括歐文（Robert Owen）和迪潘（Charles Dupin），都檢視了工廠管理的問題；巴貝奇（Charles Babbage），英國數學家也是現代電腦先驅，他試圖將軍隊和其他組織的資料以表格方式呈現，他研究了一些製造公司，1832 年出版 *Economy of Machinery and Manufacturer*，主張高技能工人不應該在低於其技能水準的職務上工作（Babbage, 1832, as cited in Moran & Morner, 2018）。

工業革命期間隨著工廠體系規模和複雜性的增加，管理層的興趣愈來愈廣泛。隨著工作場所遇到的問題不斷增加，解決方案的需求以及對管理人員的人數的需求不斷增加。此時，管理學研究愈來愈系統化、正式化，各種方法或所謂的管理學派開始形成。這些學派的理論架構是建立在對人和組織不同的假設之上。各個學派都在反映那個時代的問題，以及當時最有效的解決方法。

因為專家們以不同的方式劃分和細分學派，所以對管理學派數量，並沒有一致的看法。此外，許多文獻作者經常對屬於某個學派的思維、理論或觀察持不同意見。許多學派之間相互關係的複雜性曾被稱為「管理理論叢林」（Koontz, 1961），有時這些學派的理論又密不可分。本章簡單描述幾個重要學派的思想及其主要觀點。

（一）古典管理學派的觀點

時代不同會產生不同的管理問題，而衍生出適合不同年代的管理理論。在同一時期，某些管理概念成功解決組織問題後，被其他組織爭相仿效，因而形成管理典範；但管理典範會隨著時間及環境的變化而改變。一般將最早期的管理學派歸類為「古典」學派。在這些古典觀點出現之前，大多數管理決策大都是憑感覺。管理者往往依靠過去的經驗來管理工人，很少有人試圖找出一種更好的工作方式。雇主們幾乎沒有想過找具有和任務需求技能相同的工人，也從來沒有想過讓新進工人得到訓練，完全缺乏系統化，也沒有標準化的工具和作業程序。

隨著組織不斷的成長和增加，管理學者不斷試著採取更加系統化的管理方法，提出更有效率和效能的作業方式。如圖 1-4，古典管理學派（classical perspective）最重要的是科學管理學派、官僚學派以及一般行政學派，本節將分別描述這些學派。這些古典的觀點雖然出現在不同的地方，但它們卻具有許多共同的特徵。

```
                    ┌─────────────┐
                    │  古典管理學派  │
                    └──────┬──────┘
          ┌────────────────┼────────────────┐
  ┌───────────────┐ ┌─────────────┐ ┌─────────────┐
  │   科學管理學派   │ │   官僚組織   │ │   行政原則   │
  │     代表人物    │ │   代表人物   │ │   代表人物   │
  │Frederick W. Taylor│ │  Max Weber  │ │ Henri Fayol │
  │Frank and Lillian  │ │             │ │             │
  │    Gilbreth       │ │             │ │             │
  │  Henry L. Gantt   │ │             │ │             │
  └───────────────┘ └─────────────┘ └─────────────┘
```

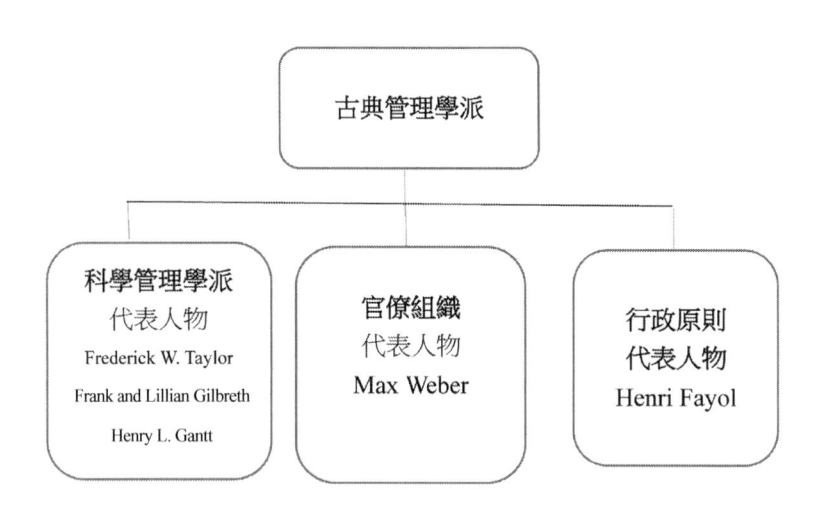

圖 1-4　古典管理學派示意圖

資料來源：Moran 等（2013, p. 23, Fig. 2.2）。

1. 科學管理學派

　　泰勒（Frederick W. Taylor）是科學管理運動最重要的倡導者。科學管理學派的基本假設是：工人的主要動機是金錢，如果他們在經濟上獲得獎勵，他們會盡最大努力工作。「效率」是泰勒的中心思想，他提出使用科學方法找出執行某特定工作的最好方法。他認為只有透過強制標準化才能保證作業的高效率；標準化的操作方法，採用最佳的指導方法，衛生工作條件和任務合作。這種方法強調以規劃和標準化任務，取得最大量的產出，並著重在消除浪費和低效率。1911 年 Taylor 出版《科學管理原理》（*Principles of Scientific Management*）一書，提出科學管理的四項原則（Robbins & DeCenzo, 1998/2002）：

(1) 為每個人工作的每一細節發展出一科學的方法以取代傳統的經驗原則。
(2) 科學化的選拔、訓練、教育與發展員工。
(3) 誠摯地與工人合作，以確定工作在符合所發展出的科學方法下完成。
(4) 將工作和責任平均分攤在管理與工人之間。管理階層應負責比其所有員工適合的工作（在過去，幾乎所有的工作和大部分的職責都交由工人負擔）。

　　與泰勒同時其代表人物，包括法蘭克與莉莉恩‧吉爾布雷斯（Frank and Lillian Gilbreth），都關心生產效率的提升，並試圖找出最好的工作方法，他們認

為疲勞或浪費等人為因素可能成為高效率執行任務的障礙，同時要取得作業的高效率，以實現高工資與低勞動成本相結合的目的（Gilbreth & Gilbreth, 2002）。

大約在同一時期，美國機械工程師和管理學家甘特（Henry L. Gantt）提出與泰勒激勵獎勵制度類似的任務獎金制度（task-and-bonus system），甘特的制度先設定產出率，如果組織超過這些生產率，工人就會獲得獎金；使甘特聞名於世的另一個成就是他發展出來的甘特圖（Gantt chart），甘特圖一直到現在仍是專案管理的重要工具，同時它被用於許多圖書館和資訊系統，來繪製和計算員工的工作時程（Moran & Morner, 2018）。

科學管理學派早期發展，較少注意到對組織的外部環境，也不太重視工人的需求，而是把重點放在生產的結果之上。

2. 官僚組織

大約在美國科學管理學派正在發展的同時，官僚組織（bureaucratic school）的概念正在歐洲形成。韋伯（Max Weber）是此一學派的主要代表人物，他是德國社會學家。他描述一個理想的組織，「是一個以分工、明確界定層級、詳細的法律與規定，以及無私人關係為特色的系統」。韋伯意識到現實世界中並不存在這樣「理想的科層組織」，但是仍然代表了一個對現實世界的選擇重新建構（Robbins & DeCenzo, 1998/2002）。

韋伯是第一個闡明組織權威結構理論，區分權力和權威，區分強制行動和自願反應的組織。他關注整個組織結構，而不是個人的工作風格。他的大部分著作和研究都涉及工作專業化的重要性、法規和程序的價值，以及科層架構在組織測的優點。韋伯理想組織結構是（李華偉，2004）：

(1) 專業分工：將各項勞動及工作按專業性質予以明確劃分。
(2) 層次分明：將一般職位按照等級納入組織，使低層次接受高層次的指揮與控制。
(3) 公開甄選：員工的選用及分配是按照各人的學識、技術、經驗、能力及工作的需要，經過正式甄選的方式來處理。
(4) 循章辦事：員工的工作及行動應該按照組織的規章及決定以達到一致性的要求。

(5) 不講人情：在執行上儘量避免人情的考慮及私心的因素。
(6) 掌握方向：按組織的目標及計畫行事，以求達到最好的成果。
所謂官僚（bureaucratic），是指這種組織的成員是專門化的職業管理人員而言，並不含有一般語境中使用「官僚」一詞的貶義。為了避免誤解，有些學者把韋伯的官僚組織，改稱科層組織。

3. 一般行政理論

與官僚組織同時，在法國，另一場運動開始形成。這一思想學派旨在建立一個概念架構，他們應用某些科學管理方法，確定管理原則，並在此基礎之上建立理論。行政理論學派有時稱為古典學派或一般管理學派，最早提出的是法國實業家費堯（Henri Fayol）。

費堯採用了科學的方法，主張由上而下檢視組織的行政，關注管理者在規劃、組織和控制的角色。他認為管理者需要一套基本原則來運作，並強調各個階層日常行政的重要。他設計了一套原則（李華偉，2004，頁 24-25）：

(1) 專業分工（division of work）：可使員工對自己的工作熟能生巧，增進效率，提高生產力。
(2) 職權（authority）：根據職位的不同，每位員工應有明確的責任及相應的權力。
(3) 紀律（discipline）：組織的規定，必須大家遵循，並切實執行。並以組織利益為最大前提。
(4) 指揮統一（unity of command）：每位員工只接受一位主管的命令。
(5) 指導統一（unity of direction）：或稱方向統一，組織中有共同目標的單位應受同一主管及同一計畫所指導。
(6) 團體利益至上（subordination of individual interest to the general interest）：個人利益必須服從整個組織的利益。
(7) 酬勞公平（remuneration of personnel）：薪資應根據每人工作難易及多寡而定。
(8) 集中化原則（centralization）：集中化是部屬參與決策的程度，決策是集中或分散必須針對狀況，找到兩者的平衡點。
(9) 層級節制（scalar chain）：重視從上層主管到基層員工的指揮鏈（chain of command）又稱指揮鏈原則。

(10) 秩序（order）：一切作業要按照計畫執行，井然有序。
(11) 公正（equity）：經理人對待部屬應該關心及公平。
(12) 穩定的人事（stability of tenure of personnel）：高流動率會導致低效率，人員編制任用應求穩定。
(13) 主動的原則（initiative）：在工作的計畫與執行時，允許員工有創造進取的精神。
(14) 團隊精神（esprit de corps）：以促進員工的合作及向心力。

費堯也是首先將「規劃」、「組織」、「指揮」、「協調」及「控制」，當做一個連貫的管理程序來解釋管理工作的五個主要職能。

以上三個古典學派的觀點都強調一致性、效率和明確的規則，工人的需求要從屬於組織的需求。他們很少甚至不關注外在環境的因素。一般對這些早期學派最大批評是：過分強調組織的形式，完全忽視個人、非正式群體、組織內部衝突，以及決策過程對正式組織結構的影響和抵制變革。然而，這些學派的理論同時提供了一種有效組織和管理大型組織的方法。包括圖書館在內，許多組織仍然依賴於這些古典理論。

（二）人本學派

1930年代，管理理論開始關注組織內工作的個人。工人不再被視為僅僅是生產成本。當理論在衡量如何讓工人融入工作環境時，研究開始著重在個人以及正式組織中的非正式群體。

1. 瑪麗・佛萊特

瑪麗・佛萊特（Mary P. Follett）是最早探討組織人文因素的社會學家之一，是組織行為領域的先驅。她和泰勒及費堯在相同年代，但她的思想與泰勒及費堯有很大的不同。佛萊特強調管理層和工作人員的互動，充分表現人本的觀念。

她認為「權力」不是將自己的意志強加於他人意志的「控制權」，而是由一種經過協議構成的，可以用共同發展的力量（power with），而不是強制的力量（power over）來發展權力的概念，真正的力量只能增長，否則就會從試圖掌握它的每一隻手中滑落（Follett, 1941）。

她對領導力的想法也有遠見，因為她相信領導「並不意味著任何形式的強制」。一個人可以提供他人的最大服務是增加他的自由，亦即可以自由活動和思想的範圍，以及他的控制權（Follett, 1941）。

瑪麗・佛萊特是管理史上的重要人物。她是最早提出替代古典管理學派的人之一。雖然她的思想在多年後才能被重新發現，但她現在是被公認 21 世紀許多管理理論的創始人（Moran & Morner, 2018）。

2. 人際關係學派

人際關係經常被用來描述管理者與員工間互動的方式。當「員工管理」激發更多更好的工作時，組織就會產生有效的人際關係；當士氣和效率惡化時，人們的人際關係被認為是無效的。人際關係運動源於早期嘗試有系統地去找出發現能夠創造有效人際關係的社會和心理因素。

人際關係學派（humanistic approach）關注的是個人在組織中的行為和生活品質，以及個人、群體和組織的需求、願望和動機。基本的假設是，如果管理階層能夠讓員工滿意，那麼就會產生最佳績效。

這個學派的支持者，從 Elton Mayo 和芝加哥西屋電器霍桑工廠（Western Electric Hawthorne）一組工業心理學家進行的研究中，吸取了他們的許多想法。1929 年代後期的霍桑（Hawthorne）研究，是首批證明組織人性化重要性的研究之一。這些研究始於科學管理的精神，他們研究的主旨在透過改變工廠工人的照明來找到提高效能和效率的方法。當照明增加時，產能增加了；但是，當照明降低時，產能依然增加。甚至當照明完全沒有改變時，生產率也同樣的提高。Mayo 發現，原因並不在於改變的工作條件，而在於對工人的關心。實驗結果，這些以前漠不關心的員工融合成了具有大量集體自豪感的融洽、團結的團體。這有助於滿足工人對從屬關係，能力和成就的渴望，從而提高了工作效率。霍桑的研究顯示：
(1) 與用經濟手段激勵比較，社會獎勵和制裁，可以使工人得到更多的激勵。
(2) 個別工人的行為會受到群體的影響。
(3) 在任何正式組織中，都存在正式和非正式規範。

霍桑研究是管理研究的一個里程碑，他們是第一個將組織描述為社會系統，認為工人的生產力不僅取決於實體環境因素，還取決於人際因素。Mayo 的結論

與泰勒的結論形成鮮明對比，泰勒認為工人的動機只有金錢。Mayo 堅持認為，工人的主要動機是團結，他們渴望在團隊中獲得個人認可。總之，人際關係學派認為，如果組織讓員工滿意，就會獲得充分的合作和努力，從而達到最佳效率。

3. 自我實現的運動

自我實現的運動（self-actualizing movement）與人際關係學派有密切關係，但與人際關係學派不同的是，其主要觀點並不在於管理人員應該認識到工人的重要性，並試圖讓他們開心；而是強調工作的設計，要讓工人能夠滿足更高層次的需求，並充分利用他們的潛能。心理學家馬斯洛（Abraham Maslow）是這一學派的早期代表人物。馬斯洛的需求理論假設人類有需求層次結構；從對食物，住所和衣服的基本生活必需品開始，他的五個上升層次延伸到自我實現和無形需求的滿足。

Douglas McGregor 是這學派另一位有影響力的思想家。1950 年代，McGregor 提出了兩套關於工人的假設，他稱這套假設為 X 理論和 Y 理論（McGregor, 1960）（見表 1-2）。他的第一套假設 X 理論反映了傳統管理者對工人的看法。McGregor 懷疑 X 理論的工人，是否適合生存在勞動人口生活及教育水準不斷提高的民主社會中。他認為在大多數工作場所，員工並沒有發揮他們的潛能，所以，他提出了另一套關於人性和人力資源管理的理論，他稱之為 Y 理論。Y 理論對工人提出了更為積極的描述，但構成這一理論的假設給管理者帶來了更多挑戰。

表 1-2　X 理論和 Y 理論的假設

X 理論的假設	Y 理論的假設
一般人的本性是懶惰的，工作愈少愈好，可能的話會逃避工作	人們在工作上體力和腦力的投入和在娛樂與休閒上的投入一樣，工作是很自然的事，大部分人並不抗拒工作。
大部分人對集體（公司，機構，單位或組織等）的目標不關心，因此管理者需要以強迫、威脅處罰，指導，金錢利益等誘因激發人們的工作源動力。	即使沒有外界的壓力和處罰的威脅，他們一樣會努力工作以期達到目的：人們具有自我調節和自我監督的能力。
大部分人喜歡被指揮，不希望負太大責任，最重要的是要求安全。	在適當的條件下，人們不僅會接受工作的責任，還會尋求負更大的責任。
大部分人自我中心強，且不喜歡改變	許多人具有相當高的創新能力去解決問題。

資料來源：Moran 與 Morner（2018, p. 39, Table 2.2）。

這是一對完全基於兩種完全相反假設的理論，X 理論認為人們有消極的工作源動力，而 Y 理論則認為人們有積極的工作源動力。這些假設意味著人性是動態的，而非靜態的。人類有成長和發展的能力。因此，Y 理論主張管理者有責任創造一個促進員工積極發展的環境，（主張 Y 理論的）管理者不需要對員工施加外部控制和指導；相反的，管理者應允許他們自我管理。McGregor 的主張使許多管理者意識到他們忽略了個別工人本身的潛力。這個學派的另一個支持者是彼得・杜拉克（Peter Drucker），他在 1950 年代引入了目標管理（management by objectives，簡稱 MBO），主張用更具參與性的方法取代傳統威權的風格（Moran & Morner, 2018）。

人文學派質疑「員工僅僅是組織工具」的觀點，他們的想法迫使管理者考慮工作場所的人際關係，並將工人視為寶貴的資源。儘管批評者指責對工人性質和個人複雜性過於簡單化，但他們的想法仍然具有很大的影響力。

（三）量化學派

第二次世界大戰期間，科學家、數學家和統計學家透過努力解決與軍事目標有關的後勤問題，對戰爭有很大貢獻。戰爭結束後，美國和其他一些國家的企業管理人員採用了許多這些數學技術，希望能夠創造更好、更複雜的管理工具。這種管理運動被稱為量化方法。量化學派（quantitative perspective）的思想家試圖將複雜的數學、統計和經濟模型應用於民間組織，使管理人員可以做出更準確的預測，從而做出更明智的決策。定量觀點與早期的科學管理方法類似（Simon, 1965）。

管理科學（management science）、決策理論（decision theory）和運籌學（operations research）等都是量化研究的領域。管理科學家將科學分析應用於管理問題，分享提高管理者決策能力的目標，此一學派高度重視經濟有效性標準，並依賴數學模型和使用計算機（Hodgetts, 1975, p. 113）。

（四）系統學派

系統學派（systems approach）側重以系統觀點考察組織結構及管理基本職能。把組織當作一個系統架構分析開始於 1960 年代中期，支持系統學派的學者認為組織是由各種相關要素組成，包括個體、群體、態度、動機、正式結構、互動關係、目標、職位以及職權等。管理者的工作在於確保組織中每一部分能夠相互支援，密切配合，以達成組織的目的和目標。除了體認到組織內部各項活動的

相互依賴性，系統學派還強調組織與外在環境的互動關係（李華偉，2004）。今日，當我們說組織是一個系統時，我們意指組織是一個放系統，也就是我們認為組織與其所在內外環境持續地互動（Robbins & DeCenzo, 1998/2002）。

（五）情境學派

情境學派（contingency approach）或稱為權變學派，開始於 1970 代，情境學派認為：因為人類社會及生活的複雜性及多變性，所以沒有一個單一的原則能放諸四海皆準。權變觀點對管理者而言，直覺上是合乎邏輯的，因為組織會因規模、目標、任務等各有不同。換言之，這一學派認為常見的權變因素（李華偉，2004；Robbins & DeCenzo, 1998/2002）：

1. 組織規模及複雜性：組織成員的人數是管理者作為的主要影響因素。
2. 任務結構的例行性：組織為達成目標，期必須使用科技，一級組織需進行一項將投入轉換為產出的程序。例行性的科技所需要的組織結構與非例行性科技所需的科技不同。
3. 環境不確定性：政治、經濟、社會文化與經濟變革所引起的不確定性會影響管理程序。
4. 個人差異：個人就其成長需求、自主、對模糊的容忍度以及期望上有所差異。

（六）學習型組織

1990 年代又出現了另一種有影響力的管理方式：學習型組織（learning organizations）。美國學者彼得·聖吉（Peter M. Senge）在《第五項修煉》（*The Fifth Discipline*）一書中提出此管理觀念，彼得聖吉認為在面對變化劇烈的外在環境，企業應建立學習型組織，組織應力求精簡、扁平化、彈性因應、終生學習、不斷自我組織再造，以維持競爭力（Senge, 1990）。此種管理方法的基本原則集中五項核心主題：

1. 第一項修煉：自我超越（personal mastery）個人有意願投入工作，專精工作技巧的專業，個人與願景之間有種「創造性的張力」，正是自我超越的來源。
2. 第二項修煉：改善心智模式（improving mental models）組織的障礙，多來自於個人的舊思維，例如固執己見、本位主義，唯有透過團隊學習，以及標竿學習，才能改變心智模式，有所創新。

3. 第三項修煉：建立共同願景（building shared vision）願景可以凝聚組織上下的意志力，透過組織共識，努力的方向一致，個人也樂於奉獻，為組織目標奮鬥。
4. 第四項修煉：團隊學習（teaming learning）團隊智慧應大於個人智慧的平均值，以做出正確的組織決策，透過集體思考和分析，找出個人弱點，強化團隊向心力。
5. 第五項修煉：系統思考（systems thinking）應透過資訊搜集，掌握事件的全貌，以避免見樹不見林，培養綜觀全局的思考能力，看清楚問題的本質，有助於清楚瞭解因果關係。

上述之管理學派與管理觀念，只是概念性的介紹。圖書館與資訊機構的從業人員應該更關心的是這些管理理論在圖書資訊服務業的應用，本節接下來將討論圖書資訊機構如何應用這些管理理論。

三、歷史觀點看圖書資訊機構管理

圖書資訊服務機構與其他類型機構並沒有明顯的不同。因此，管理學文獻中討論的管理趨勢、理論和技術很容易被應用在圖書資訊機構；但是，對圖書館員而言，通常比營利機構較晚採用特定的管理方法，雖然最終幾乎還是會嘗試引入企業的管理方法到圖書資訊機構的領域。

20世紀初之前的圖書館管理仍處於發展的早期階段，並沒有一套公認的最佳圖書館管理方法。管理技術對規模較小的圖書館而言並不重要，但隨著這些組織的發展，圖書館需要瞭解管理員工數量和更複雜之組織的最佳方式。

19世紀末和20世紀初期，一些圖書館員開始改變傳統的圖書館實務，試著提高圖書館的效率，例如：杜威（Melvil Dewey）、麥卡錫（Charles McCarthy）和克特（Charles Cutter）在美國實驗如何將高效率和標準實現在圖書館中；1887年，克魯登（F. M. Cruden）提出：「圖書館館長的職責與公開合股公司經理的職責，本質上並沒有不同……企業界的方法也許對圖書館員是有用的」；1891年，Arthur E. Bostwick在紐西蘭圖書館學會（New Zealand Library Association）演講，鼓吹運用企業效率的方式到圖書館的營運；1902年開始，英國牛津大學的圖書館員尼克森（E. W. B. Nicholson）製作了 *Bodleian Staff Kalendar*，後來，從每年必須執行的工作計畫表，變成為Bodleian圖書館的工作手冊（Moran & Morner, 2018）；威廉森（Charles C. Williamson）撰文強調將產業方法應用到圖書館的

價值，指出「沒有人試圖全面的處理圖書館服務或圖書館管理的原則和理念」（Williamson, 1919），威廉森寫這篇文章時，科學管理學派正在發展中，它的理論已經應用於許多產業領域，但尚未應用於圖書館。直到 1930 年代，科學管理才開始應用於圖書館。科尼（Donald Coney）強調這種新的方法：科學管理為圖書館提供一種有用的工具（as cited in Moran & Morner, 2018, p. 47）。1940 年代末期及 1950 年代初，蕭爾（Ralph R. Shaw）開始對圖書館作業的科學管理進行具有里程碑意義的研究（Shaw, 1954）。

1930 年代初，人際關係學派對圖書館和資訊服務的影響開始增加；與圖書館工作人員相關的問題開始受到關注；同時，圖書館管理者的訓練，也開始強調人際關係的技能。1930 年代中期，丹頓（J. Periam Danton）強調管理的人際關係的趨勢，認為人事管理對圖書館組織的民主化至關重要（Danton, 1934）；赫伯特（Clara W. Herbert）在 1939 年關於圖書館人事行政管理的文章中進一步闡述丹頓的觀點，他建議「人們應該更關心人事管理、更關注基本組織，特別是針對簡化和協調活動，並加強員工發展以及建置更好的工作環境」（Herbert, 1939）。

量化學派也在 1960 年代末，對圖書館的作業產生影響。圖書館管理者在決策中應用運籌學。1960 年代，由麻省理工學院（Massachusetts Institute of Technology，簡稱 MIT）的菲利普·莫爾斯（Philip Morse）領導的一組研究人員以及後來由普渡大學（Purdue University）萊姆庫勒（Ferdinand Leimkuhler）領導的一個研究小組，利用作業研究探討圖書館作業問題。1972 年，賓夕法尼亞大學沃頓學院（Wharton School at University of Pennsylvania）完成了設計和開發大學和大型公共圖書館資訊系統管理模型的研究（Moran & Morner, 2018）。

管理理論繼續發展，圖書館員持續將發展中的準則和原則應用於圖書館。圖書館員採用了系統概念，權變管理和學習理論的觀點。圖書館現在被視為受大環境影響的開放系統。隨著權變管理被廣泛接受，圖書館管理者尋求最適合每個特定環境需求的具體管理方法。許多圖書館員狂熱地採用學習型組織理論，這並不奇怪，因為近年來發表了許多文章，描述各種類型圖書館採用 Senge 學習型組織的概念（Moran & Morner, 2018）。

上述這些方法是現代圖書館管理中許多發展的基礎。但是，管理流程正在不斷發展，以面對不穩定環境的需求。圖書館管理者面臨的挑戰是重塑管理，以應對當前和未來組織面臨的問題。

第三節　管理的環境

　　任何組織都是在一定環境中從事活動；任何管理也都要在一定的環境中進行，這個環境就是管理環境。所有的組織都存在影響其工作和他們如何工作的因素，當然每一個組織也會產生一些個別的內在環境，這些環境會影響其工作的情境和組織如何運作，這些環境因素都帶給組織許許多多變數，亦即管理環境變化，管理的內容、手段、方式與方法就需要隨之改變。本節強調的是管理者為了達成合理的決策，需要盡可能蒐集廣泛資訊的重要性。

一、外部環境

　　所謂外部環境（external environment）是組織之外，客觀存在的各種影響因素的總和。它不以組織的意志為轉移，是組織管理必須面對的重要影響因素，包括所有組織無法控制或難以控制的所有每一件事，例如：政治環境、社會文化環境、自然環境、技術環境、市場環境等（Pymm, 2000）。

（一）政治環境

　　政府政策與政治環境息息相關，所謂政府政策，指政府為實現目標而訂立的計畫。政策包含一連串經過規劃和有組織的行動或活動。推行政策的過程包括：瞭解及制定各種可行方案，訂立時程或預算優先順序，然後考慮它們的影響來選擇要採取的行動。各級政府的政策都能直接影響圖書資訊機構的作業，例如：1. 政府預算削減、增加稅收和提高服務費（如增加郵費、開徵貨物和服務捐）；2. 提供或撤銷對特定產業的支持。例如，美國國會圖書館縮減編目服務。3. 政府部門人員編制的額度限制或凍結。例如，行政人員規模刪減；4. 社會的法令和政策直接影響組織。例如，著作權法規修改、政府採購法等，都影響圖書館的資訊傳遞服務和採購；5. 基本服務觀的改變，如使用者付費的觀念提高，例如，博物館、美術館收取參觀費等。

　　圖書館和資訊中心的經費，大都直接或間接的受政府的支援。例如，公立圖書館或資訊中心經費直接來自政府。私立大學校院圖書館間接受到政府經費影響

（因為政府對母機構的經費補助減少，圖書館間接受到影響）。因此，政策的改變對圖書館以及資訊中心的本質和他們提供資訊服務的能力會有很大的影響。

（二）社會文化環境

　　社會的價值觀和興趣一如社會流行風氣，持續不斷在變化，這些價值觀因為經常是個人的絕對看法，而且受個人教育以及生活背景影響；因此，很難以預測和監控。但無論如何，如果社會文化的影響是可以評估，同時，組織能夠處理這些變化，那麼，某些議題的客觀考慮是必要的。這些議題例如：1. 消費偏好，某些產品或服務的需求會隨著時間的推移而受影響。因此，圖書館的服務不能一成不變；2. 由於高品質、高價位產品的曝光，提升了觀眾的素養。例如，**轟動的藝術或博物展覽也許會使得相關的地方性的歷史博物館缺乏吸引力**；3. 興趣和生活方式的改變，會使得圖書館傳統開放和服務的時間需要調整；4. 壓力團體特殊需求的成長，例如，環保團體也許會設立一個資訊服務中心去支持某特定議題，民眾資訊需求的改變、個人化服務、對資料要求的新穎與快速。

（三）自然環境

　　自然環境，包括地理位置、氣候條件、人口結構以及資源狀況。地理位置是影響組織活動的重要因素，人口結構改變也會影響組織的改變。這些改變包括：1. 交通方式的改變影響過往的人潮，組織的營運就會受到影響；2. 新的設備環境會轉移人口的活動；3. 原建設落後之區域的再開發，會影響其人口結構。公共圖書館也許會發現讀者群改變；4. 族群改變一個區域的特色。例如，新移民增加的區域，圖書館需要不同語言館藏；5. 人口數量及其增長趨勢，例如，人口減少的郊區可以發現其公立學校的關閉、圖書館被圖書巡迴車取代。

（四）技術環境

　　快速的技術變革已經大大影響圖書館傳遞其服務和產品。網際網路的開放，使得圖書館可以使用大量以往無法獲得的資料，同時改變了資訊傳遞給使用者的方式，這些改變包括：1. 從圖書館外透過地區網路或國際網路查尋圖書館目錄，

可能導致對館藏需求的增加（透由館際合作）和因此對人員和資源的需求的增加；2. 資源的種類和複雜度逐漸增加，複雜的授權合約和不同的資訊檢索介面，使得館員必須具備更熟練的技術；3. 實體館藏逐漸被線上資料取代，也許造成館內讀者使用困難，同時增加圖書館更大量、更快速電腦的需求；4. 讀者對網路資源的熟悉，可以想見讀者需求的層次會高於往昔；5. 館藏資源類型、網路服務方式都因技術環境在改變，服務人員的教育訓練方式和內容都會受到影響而改變。

（五）市場環境

圖書資訊服務的市場可能在沒有預警下改變。這些市場環境，可能包括各種傳統環境以及市場的競爭環境。這種改變對組織的主要影響難以預測，但是卻必須視為正常的業務去思考。各種可能發生的情況包括：1. 一個服務政府機關的圖書館，也許會發現，在政府重新改組之後，如果要生存，它們必須回應不同使用群的不同需求；2. 網際網路的使用和終端使用者的檢索也許會減少對特定傳統資源的需求，也可能減少對圖書館參考諮詢服務和使用實體圖書館的需求；3. 在某些特定業務外包的原則下，內部的特定領域不再保留專業人員。例如，在外包編目或按件計酬的原則下，圖書館可能不再聘用特殊語文的編目員。

技術的進步和讀者期望的快速增加以及需求改變的速度，將會倍速於往昔。關注和洞燭這些變化是管理者職責的重要部分。當然，政府為了降低成本提高生效率，鼓勵競爭。對管理人員而言，它代表用傳統方法處理業務的挑戰。

二、內部環境

一如外部環境，在任何組織都有其正式的與非正式的內部環境；這些環境都會影響組織的運作，內部環境是指組織內部的各種影響因素的總和。它是隨組織產生而產生的，在一定條件下內部環境是可以控制和調節的。

和外部環境不同的是內部環境是可以由組織本身影響和形成。但是，並非每件事都是組織所能直接控制。來自正式的環境（組織希望發展的方向）和非正式環境都只有很少的控制力，這種組織無法直接控制的力量是基於人員的利益、價值和關心所形成。所有這些力量的產品就是我們所周知的組織文化。

（一）管理規劃系統

管理規劃系統必須包括發展策略規劃和作業規劃的人力，將所有圖書館人員包含在規劃中，就能夠使人員提早瞭解規劃，也可以達成他們的目標；此外，鼓勵員工提出他們的意見及願景，這些意見和願景都將有助於長程目標的成功達成。

（二）政策與實行程序

政策和程序，在確保組織依一定的綱領和標準完成工作。某些政策是較為實務導向的，也許包括一些實務性的議題，比如開館和閉館時間、期刊是否流通、流通期限、特定期刊的收藏等。更廣泛的議題，包括人員的任用策略、館藏發展政策，以及館藏安全評估。

（三）組織結構

組織的結構和種類受整個組織資訊流程的影響，不論是功能部門化（如參考、技術服務）或地區部門化（如中部辦公室）都將影響工作方式。與一位遠離工作場所的管理者相比較，接近涉及日常工作的管理者更可能影響那個地區。

（四）服務與產品

產品的本質或服務的傳遞直接影響組織的結構和工作環境。因此，一個簡單產品的大量生產（如麥當勞的漢堡）需要工作人員遵守明確定義的一套規則，這些規則使個人沒有創意的空間。這種情形和大學圖書館的參考服務大不相同，參考服務人員有程序和指引幫助他們從事日常的工作；但是，他們工作的本質需要利用其個人的經驗以及在此領域的知識，做出判斷、主動、決策和選擇優先順序。

（五）管理風格

高階管理者所採用的風格影響組織的內部。一個正式的，也就是傳統的和結構化的管理模式通常會影響自發性的創造力和提出見解的欲望。相反的，一個較非正式的、分散式的管理方式，可以鼓勵主動創造和意見的提出，但同時，也可能導致組織的危機。

（六）招募和人事政策

人員的招募、訓練和發展政策會直接影響同仁同化吸收組織文化的方式。這些政策是影響人員適應新環境，以及建立對組織忠誠度的主要因素。正向的政策（例如，員工和職務的結合，聽他們關心的議題和利益，真正關心他們的職涯發展），可以幫助建立員工對組織全力以赴，也能提供員工熟練的工作力做為提升產能和產品的基礎

（七）館員的能力

人員擁有的技術是工作績效品質的保證。因此，經驗和訓練是確保組織從其人力資源得到最大利益的保證。

（八）技術

組織的技術發展能影響它的環境，從簡單的層面觀察，技術也許只能影響特定工作的完成以及執行業務需要的做法和程序；但是，在一個較為複雜的階段，靠著：1. 改變工作方法；2. 創造更多獨立的任務；3. 需要某些工人的發展不同的技術；4. 結合傳統知識和電腦工作，可以使組織改變得更多元。

（九）預算

經費分配到特定項目的方式將會直接影響組織的活動，也因此影響其組織文化。例如，也許決定減少圖書費用到期刊的訂購費用中，或者為了學校建築而縮編圖書館預算。

影響組織的各種內外部環境持續存在，也不斷成長和變化，管理者必須面對的是確認其存在，並將負面的環境帶至正面的環境，這是管理者一項艱辛的工作。

總之，過去發展出來的各種管理理論：科學管理、人際關係、量化、開放系統、情境理論和學習環境等，正在應用於今天的圖書資訊機構。這些理論和技術的繼續使用、發展和完善應能夠提供更有效能和效率的圖書資訊服務。

關鍵詞彙

管理角色 Managerial Role	技術技能 Technical Skills
人際關係技能 Human Skills	概念化技能 Conceptual Skills
政治技能 Political Skills	分析的技能 Analytical Skills
解決問題的技能 Problem-Solving Skills	社交技能 Social Skills
財務技能 Financial Skills	系統技能 System Skills
第四次工業革命 Fourth Industrial Revolution	古典管理學派 Classical Perspective
人際關係學派 Humanistic Approach	量化學派 Quantitative Perspective
系統學派 Systems Approach	情境學派 Contingency Approach
學習型組織 Learning Organizations	外部環境 External Environment
內部環境 Internal Environment	

自我評量

- 請選擇一個你熟悉的圖書館，說明哪些外部環境因素可能影響，以及如何影響該圖書館提供其服務？
- 某大學新近成立南部校區，準備招聘下列人員：圖書館總館長、南部校區圖書館館長，以及南部校區的圖書館系統資訊組長。請回答下列問題：學校應賦予這三位主管哪種責任？這三位主管應各自具備哪些技能？
- 試述費堯的管理的十四點原則。

- 何謂學習型組織？
- 試述管理的主要職能為何？

參考文獻

Robbins, S. P., & DeCenzo, D. A.（2002）。現代管理學（林建煌譯）。臺北市：華泰。（原著出版於 1998 年）

李華偉（2004）。現代化圖書館管理。臺北市：三民。

楊修（2015）。扮演好這十種角色，你才算是懂管理！檢索自 https://www.managertoday.com.tw/articles/view/50947

Babbage, C. (1832). *On the economy of machinery and manufactures*. London, UK: Charles Knight.

Brynjolfsson, E., & McAfee, A. (2014). *The second machine age: Work, progress, and prosperity in a time of brilliant technologies*. New York, NY: W.W. Norton & Company.

Danton, J. P. (1934). Our libraries: The trend toward democracy. *The Library Quarterly*, *4*(1), 16-27. doi:10.1086/613380

Davis, N. C. (2016). What is the fourth industrial revolution? *World Economic Forum*. Retrieved from https://www.weforum.org/agenda/2016/01/what-is-the-fourth-industrial-revolution/

Evans, G. E. (1984). Management education for archivists, information managers, and librarians: Is there a global core? *Education for Information*, *2*(4), 295-307. doi:10.3233/EFI-1984-2404

Follett, M. P. (1941). *Dynamic administration: The collected papers of Mary Parker Follett*. London, UK: Pitman.

Gilbreth, F. B., & Carey, E. G. (2002). *Cheaper by the dozen*. New York, NY: Perennial.

Herbert, C. W. (1939). *Personnel administration in public libraries*. Chicago, IL: American library Association.

Hodgetts, R. M. (1975). *Management: Theory, process and practice*. Philadelphia, PA: W. B. Saunders.

Katz, R. (1974). Skills of an effective administrator. *Harvard Business Review*, *52*(5), 90-102.

Koontz, H. (1961). The management theory jungle. *Academy of Management Journal*, *4*(3),

174-188. doi:10.5465/254541

Library of Congress. (2017). *Fiscal 2016 budget justification.* Retrieved from https://loc.gov/portals/static/about/reports-and-budgets/documents/budgets/fy2016.pdf

Line, M. B. (1994). The pursuit of competitive advantage in libraries leads ... where? *New Library World, 95*(6), 4-6. doi:10.1108/03074809410065472

McGregor, D. (1960). *The human side of enterprise.* New York, NY: McGraw-Hill.

Mintzberg, H. (1973). *The nature of managerial work.* New York, NY: Harper & Row.

Moran, B. B., & Morner, C. J. (2018). *Library and information center management* (9th ed.). Santa Barbara, CA: Libraries Unlimited.

Moran, B. B., Stueart, R.D., & Morner, C. J. (2013). *Library and information center management* (8th ed.). Santa Barbara, CA: Libraries Unlimited.

Penn State University. (2008). How were the Egyptian Pyramids built? *Science Daily.* Retrieved from http://www.sciencedaily.com/releases/2008/03/080328104302.htm

Pymm, B. (2000). *Learn library management* (2nd ed.). Canberra, Australia: DocMatrix.

Schippmann, J. S., Prien, E. P., & Hughes, G. L. (1991). The content of management work: Formation of task and job skill composite classifications. *Journal of Business and Psychology, 5*(3), 325-354. doi:10.1007/BF01017706

Schwab, K. (2015). Will the fourth industrial revolution have a human heart? *World Economic Forum.* Retrieved from https://www.weforum.org/agenda/2015/10/will-the-fourth-industrial-revolution-have-a-human-heart-and-soul/

Schwab, K., & Samans, R. (2016). Future of jobs report. *World Economic Forum.* Retrieved from http://reports.weforum.org/future-of-jobs-2016/preface/

Schwartz, M. (2016). Top skills for tomorrow's librarians. *Library Journal, 141*(4), 38-39.

Senge, P. M. (1990). *The fifth discipline: The art and practice of the learning organization.* New York, NY: Doubleday/Currency.

Shaw, R. R. (Ed.). (1954). Scientific management in libraries. *Library Trends, 2*(3).

Simon, A. H. (1965). *The shape of automation for men and management.* New York, NY: Harper & Row.

Taylor, F. W. (1911). *Principles of scientific management.* New York, NY: Harper & Row.

Williamson, C. C. (1919). Efficiency in library management. *Library Journal, 44*(2), 76.

Wren, D. A., & Bedeian A. G. (2009). *The evolution of management thought* (6th ed.). Hoboken, NJ: John Wiley & Sons.

第二章
規劃

學習目標

研讀本章內容之後，學習者應能夠：

- 瞭解規劃的意義與功能、計畫的類型與功能

- 知曉策略規劃步驟與內容要素，參考各類型圖書館規劃案例並具備實際規劃的能力

- 瞭解目標市場、市場區隔、品牌、整體行銷、創意行銷等重要的行銷觀念，知曉圖書館行銷之必要性，可靈活應用行銷策略與組合於圖書館

作者簡介

黃元鶴

(yuanho@lins.fju.edu.tw)

天主教輔仁大學
圖書資訊學系教授

本章綱要

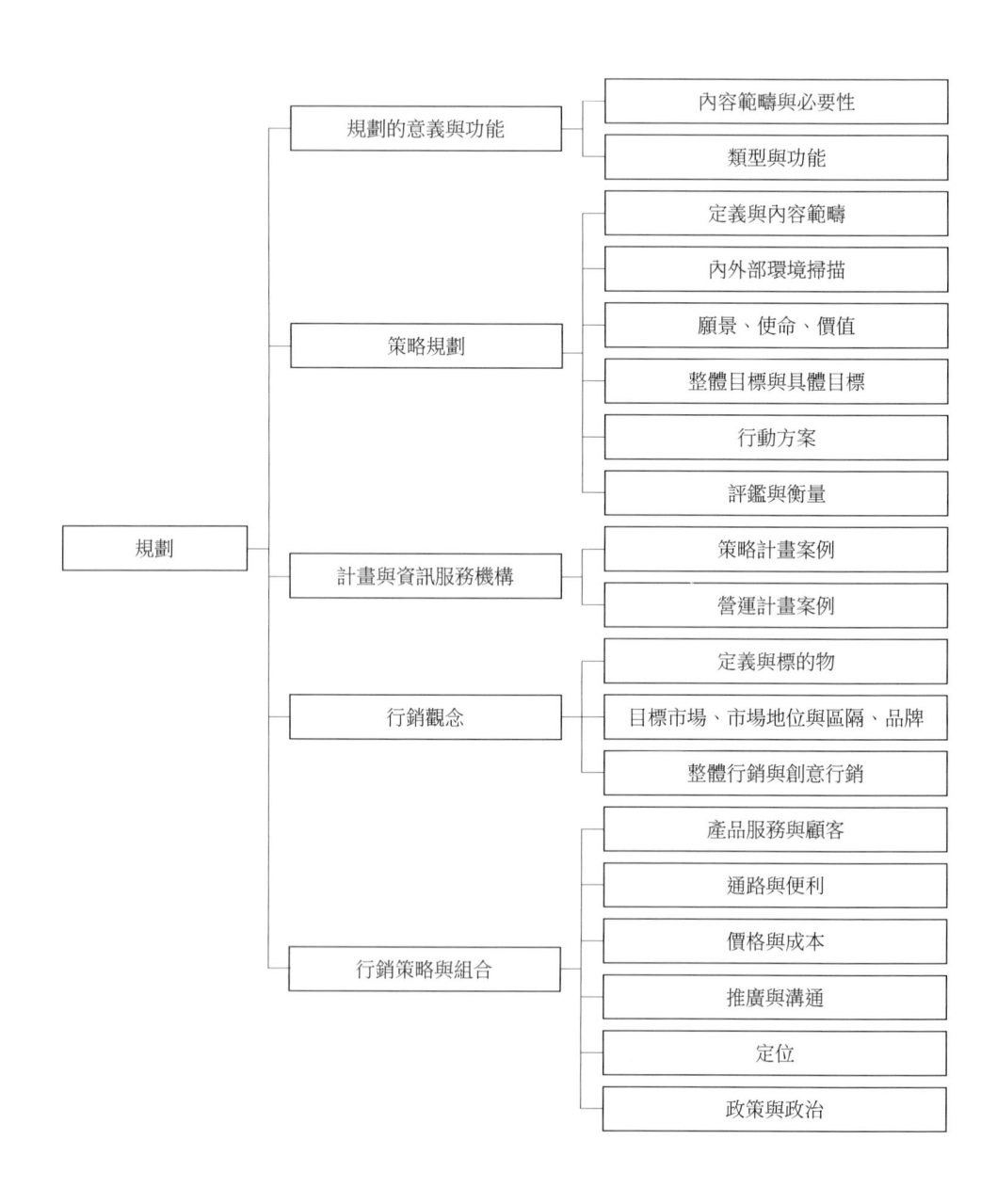

```
規劃 ─┬─ 規劃的意義與功能 ─┬─ 內容範疇與必要性
      │                    └─ 類型與功能
      │
      ├─ 策略規劃 ─┬─ 定義與內容範疇
      │            ├─ 內外部環境掃描
      │            ├─ 願景、使命、價值
      │            ├─ 整體目標與具體目標
      │            ├─ 行動方案
      │            └─ 評鑑與衡量
      │
      ├─ 計畫與資訊服務機構 ─┬─ 策略計畫案例
      │                      └─ 營運計畫案例
      │
      ├─ 行銷觀念 ─┬─ 定義與標的物
      │            ├─ 目標市場、市場地位與區隔、品牌
      │            └─ 整體行銷與創意行銷
      │
      └─ 行銷策略與組合 ─┬─ 產品服務與顧客
                          ├─ 通路與便利
                          ├─ 價格與成本
                          ├─ 推廣與溝通
                          ├─ 定位
                          └─ 政策與政治
```

第二章
規劃

第一節　規劃的意義與功能

規劃（planning）是管理四項功能（規劃、組織、領導、控制）之首要功能，首先需為組織預先設定目標，排定相關活動與方案，執行並檢視其成效。規劃是相當基礎且重要的管理功能，不論何種機構都需妥善預擬前瞻計畫（plan），以因應內外部環境之未來變化，才能發揮管理功能。

一、規劃之內容範疇與必要性

規劃是在開始工作之前，預先決定要做什麼、由何人、在何時與何地、如何去做特定活動的過程。藉由檢視內外部環境，設定合理的目標，建立達成目標的策略，發展系統性的計畫，擬定各項行動方案並做最佳決策，整合與協調組織中的各項活動（盧秀菊，1995；Robbins & Coulter, 2014/2015）。

規劃有其必要性的原因如下：（一）提供組織全體成員努力的方向，全體成員朝著設定的目標，共同為達成目標而協力合作，避免因個人、部門、組織間目標不一致而影響組織成效；（二）減少不確定性的風險，藉由檢視內外部環境的變化，預擬目標，為組織規劃較周延的行動方案；（三）減少資源的重複與浪費，經由規劃過程來整併組織資源，檢視影響組織經營效率的缺失而加以改善；（四）建立作為控制之用的目標，經由規劃過程，具體提出計畫，始能發揮管理的控制功能（Robbins & Coulter, 2014/2015）。

二、計畫的類型與功能

以下由不同角度來區辨計畫的類型與功能（Griffin, 2008; Pride, Hughes, & Kapoor, 2010; Robbins & Coulter, 2014/2015）：

（一）計畫的本質

1. 策略計畫（strategic plan）：由高層管理者規劃組織的長期政策與 5 年以上的計畫，內容包含內外部環境檢視、組織的願景（vision）、使命（mission）、價值（value）、目標、控制系統、執行計畫等項目，將於第二節中詳細說明。
2. 營運計畫（operational plan）：通常由較中低層管理者制定短期或至多 1 年的計畫，內容關於組織每日例行的業務，基於過去的經驗來規劃工作細節，通常包涵組織的生產、財務、人力資源等業務。
3. 戰術計畫（tactical plan）：指達成策略目標如何實現的細節計畫，內容包含如何整合各部門的資源，以運用於未來各個較短時期內的行動方案，詳細規劃實施策略計畫之每日執行細節。

（二）時間幅度

長期計畫（long term plan）通常是時間在 3 年以上的計畫，內容往往是組織的使命願景與政策。短期計畫（short term plan）是指 1 年以下的計畫，通常是例行工作計畫。中期計畫（intermediate plan）之時間介於長期與短期計畫之間，未明確規範，介於 6 個月至 2 年間都有可能，內容通常是關於如何執行策略計畫的相關特定活動。

（三）管理的層級

高層計畫（top level plan）是關於組織的目標、預算、政策等，往往是長期計畫。中層計畫（middle level plan）是指部門級的計畫。低層計畫（lower level plan）是工作場域中的執行計畫，往往是短期計畫。

（四）使用頻次

單一型計畫（single plan）是僅針對特殊事件所訂定的一次性計畫，如國家圖書館南部分館暨聯合典藏中心之計畫。經常型計畫（standing plan）則是提供重複活動的指引，包含政策、規則、程序等。

（五）明確度

特定性計畫（specific plan）是定義清楚，目標明確的計畫。方向性計畫（directional plan）是為保有彈性，以因應未來的不確定性而建立準則的計畫，規劃方向，但不包含執行細節。

第二節　策略規劃

策略計畫為長期計畫且內容範疇較廣，本節詳細說明策略規劃的內容要素與程序。策略規劃是關於圖書館員為圖書館與資訊服務機構實踐重大決策與衡量實施成效之思考過程的系統性成果。策略規劃必須基於顧客導向的思考，策略性思考問題包含如下：一、我們是誰（Who are we）？此問題可確認組織的願景與使命（mission）；二、我們已到何處（Where are we now）？可由優勢、劣勢、機會、威脅（strengths, weakness, opportunities, threats，簡稱 SWOT）分析檢視組織現況；三、我們設想的目的地為何（Where do we want to be）？需要瞭解願景的要素與設定目標；四、我們如何到（How do we get there）？需要發展相關財務、溝通計畫與行動方案。五、我們如何做（How are we doing）？需要時常檢視計畫，瞭解成功與缺陷之處，再思並改進計畫（Moran, Stueart, & Morner, 2013）。圖 2-1 顯示策略規劃為一持續進行的過程，由個人開始評估內外部環境資源、為組織相關因素做決策、設定不同主題計畫、執行與評量執行成效，回饋資訊給下一周期的計畫。

圖 2-1 策略規劃為一持續的進程

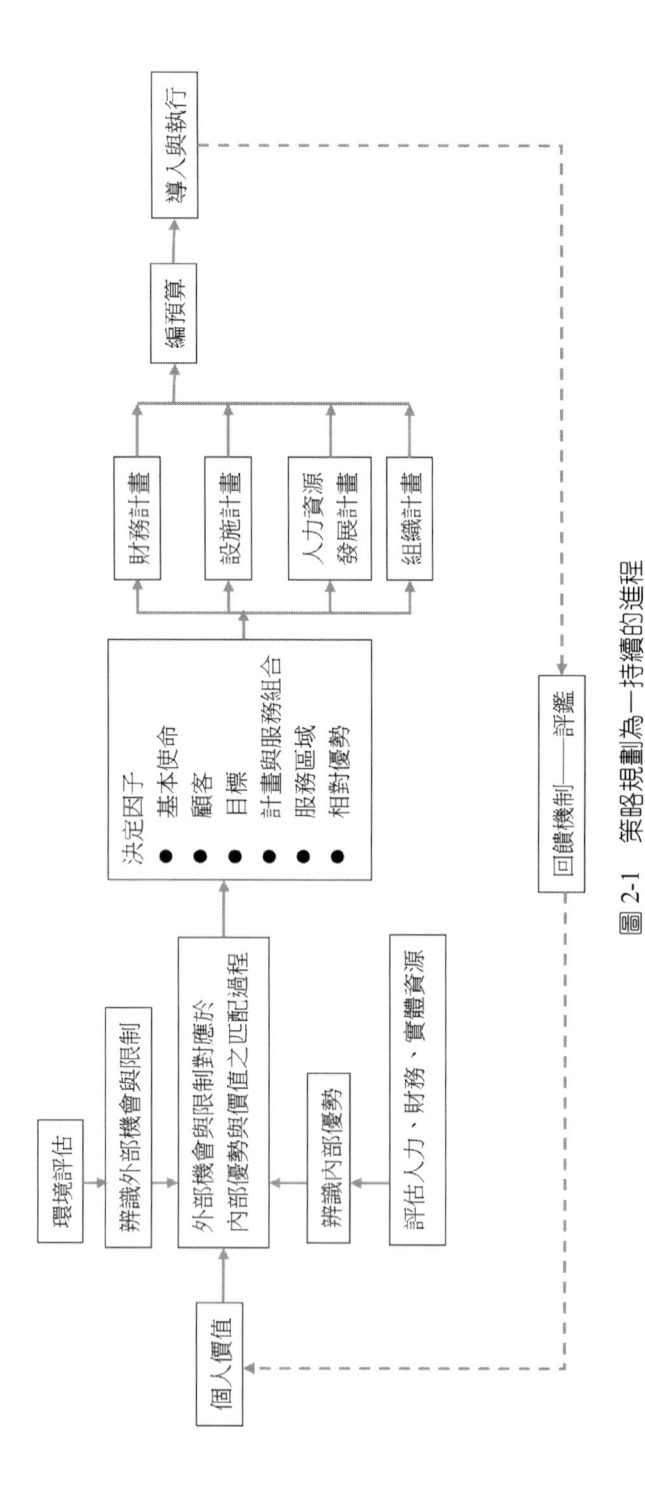

資料來源：譯自 Moran 等（2013, p. 68, Fig. 4.1）。

一、策略、策略規劃與策略管理的定義與內容範疇

　　策略、策略規劃與策略管理之概念彼此相關，但不完全相同。策略是組織為改善其定位與達成目標而擬定長期而詳細的計畫與一系列的行動方案。策略是關於如何達到圖書館使命的內容，策略本身並非僅指一項計畫，但當規劃關於組織的使命、願景、策略等項目時，即為策略規劃。策略管理是決定組織長期績效的管理決策與行動，策略管理往往包含二種層面，其一為策略立場，描述組織的定位，以及如何與外部環境互動的內容；其二為策略行動，是組織為達成策略立場所採取的詳細步驟（Evans & Christie, 2017; Robbins & Coulter, 2014/2015）。

　　策略管理包含三項要素：（一）差異化（differentiation）：組織與其他機構之不同特性，即使相同類型圖書館，如公共圖書館，仍可由服務對象的人口特性來區辨其差異；（二）競爭優勢（competitive advantage）：由辨識的差異化特色來轉成競爭優勢，如學校之圖書館暨媒體中心，主要服務對象是學生與教師，潛在的競爭優勢是學生家長來協助倡導其相關活動；（三）定位考量（positional considerations）：組織如何善加利用其情勢來定位，即瞭解組織本身可掌控的資源，對圖書館而言，獲取資源以善加利用機會，如找到強有力的捐贈者或圖書館之友，是一項具挑戰性的任務（Evans & Christie, 2017）。

二、策略規劃步驟與內容要素

（一）策略規劃步驟

　　策略規劃步驟如下（Jordan, 2013; Moran et al., 2013）：
1. 辨識組織任務、文化與價值。
2. 內外部環境掃描。
3. 創建願景宣言。
4. 形塑使命宣言。
5. 策略建模，辨識組織面臨的策略議題，設定若干情境模擬並評估績效。
6. 發展長期與具體目標，經公眾論壇與聽證。
7. 發展行動方案。

8. 執行與管理。
9. 評鑑與檢討未來改進措施。

以下內容分述策略規劃內容要素之細節。

（二）內外部環境掃描

策略規劃的前期工作即是環境掃描，以掌握組織內部資源與外部環境變動資訊。大學與研究圖書館學會（Association of College & Research Libraries，簡稱 ACRL）為美國圖書館學會（American Library Association，簡稱 ALA）的分支，每 2 年發表高等教育環境掃描報告，收集分析相關資訊提供大學與學術圖書館參考，以因應環境變動而調整計畫。以 ACRL 2017 年報告為例，內容包含高等教育預算與成本、招生趨勢、學術圖書館之實證決策、資訊素養、開放科學、開放資料、研究資料庋用、學術傳播、開放存取與館藏管理、館藏評鑑、學術評鑑與衡量、圖書館空間規劃與設計等議題（ACRL Research Planning and Review Committee, 2017）。

通常由 SWOT 分析來檢視組織能力，可由人員、預算、實體設備、活動、組織結構與文化、額外資金（如捐贈與獎助）、科技與技術、服務社群關係等層面來評析組織能力（Evans & Christie, 2017）。可分別將圖書館營運中之不同重點分別以 SWOT 分析如表 2-1，館員可運用該範例表為圖書館檢視內部各面向之優缺以做為規劃前期的準備工作。機會與威脅方面除了檢視組織內部能力之外，亦需整合考量外部因素，除了技術改變、政府規章皆對機會與威脅的分析有所影響之外，尚可由市場行銷分析來瞭解組織的機會；而威脅另亦可能來自於外部競爭、內部人員士氣等（盧秀菊，1995）。

此外，現有的館藏設備等資源，以及組織氣候如人員士氣、面臨變革的氛圍、工作需求、競合狀態、員工參與模式、部門間相互依存的狀態等因素亦需加以考量（Moran et al., 2013）。

外部環境掃描包含如下各種面向：政治、經濟、社會、科技、法律、環境（political, economic, social, technological, legal, environmental，簡稱 PESTLE）（Evans & Christie, 2017; Moran et al., 2013）。由不同面向掌握外在環境的變化，才能周延地為組織策略規劃。聯合國於 2015 年發布了「翻轉我們的世界：2030 年永續發展方針」（Transforming our world: The 2030 Agenda for Sustainable Development），其內容包含「經濟成長」、「社會進步」與「環境保護」等三大面向之 17 項目標：

表 2-1　圖書館規劃評估矩陣樣本

主題	優勢	劣勢	機會	威脅
圖書館管理				
圖書館員工				
社區關係				
財務				
合作與聯盟				
社區政治				
社區人口背景				
科技				
圖書館活動				
圖書館服務				
圖書館支援團體				

資料來源：譯自 Evans 與 Christie（2017, p. 106, Table 6.1）。

終結貧窮、終結飢餓、健全生活品質、優質教育、性別平權、潔淨水資源、人人可負擔的永續能源、良好工作及經濟成長、工業化與創新及基礎建設、消弭不平等、永續城鄉、負責任的生產消費循環、氣候變遷對策、海洋生態、陸域生態、公平正義與和平、全球夥伴關係等，共計 169 項追蹤指標，可做為跨國合作的指導原則（臺灣好室，2016；United Nations, 2015）。國際圖書館協會聯盟（International Federation of Library Associations and Institutions，簡稱 IFLA）為呼應聯合國永續發展之 17 項目標，亦於 2016 年成立國際倡導計畫（International Advocacy Programme，簡稱 IAP），主要目的有二，其一為提升圖書館工作人員對於該永續發展目標的認識並有所貢獻，其二為促進圖書館學會與公共圖書館代表參與地區或國家層級之宣傳工作，藉由圖書館服務來確保公眾自由獲取資訊（International Federation of Library Associations and Institutions [IFLA], 2018b, 2018c）。

（三）願景、使命、價值

　　願景（vision）是啟動規劃程序的驅力，內容關於具遠見的行為，概述組織未來樣貌，是勵志且永恆的話語（Moran et al., 2013）。良好的願景宣言應包含如下要素：未來導向、符合組織的價值觀、反映專業標準、激發熱誠、獨

特性、理想性、符合使命、闡明組織的方向、短而易於瞭解、具挑戰性（Evans & Christie, 2017）。如 IFLA 2016–2021 策略計畫之願景宣言如下：「IFLA 為全世界圖書館與資訊機構所信賴。我們致力於讓所有人獲取資訊、知識和文化，為社會注入自主權和靈感，從而支持發展、學習、創造性和創新活動」（International Federation of Library Associations and Institutions Governing Board, 2015, 2017）。國內大學圖書館扮演領頭羊角色的國立臺灣大學圖書館，其願景宣言為「打造華人頂尖世界一流的知識服務中心，提供優質圖書資訊服務環境」（臺灣大學圖書館，n.d.）。

使命（mission）是一段簡潔有力的敘述，聚焦於組織成立的目的，存在的理由，以及希望實現的要項，使命宣言需回答以下三大問題，服務對象為何？服務內容為何？如何提供相關活動（Moran et al., 2013）？良好的使命宣言的組成要素如下：該機構專屬特點、闡明利害關係人群體、反映機構價值、反映機構能力、闡明機構目的、簡短而易於瞭解、辨識機構利益、有助於解決問責制（aids in addressing accountability）（Evans & Christie, 2017）。茲以大學圖書館為例，國立臺灣大學圖書館之願景與使命之敘述為「打造華人頂尖世界一流的知識服務中心，提供優質圖書資訊服務環境」，四大使命如下（臺灣大學圖書館，n.d.）：
1. 致力於國家文化保存的策略領導地位。
2. 確保館藏資源與服務居華人頂尖地位。
3. 提供使用者創新優質的學術研究環境。
4. 建構永續性的校際圖書資源整合架構。

價值（value）是組織之必要且長久的原則，可提供員工行為準則（Moran et al., 2013）。良好的價值宣言的組成要素如下：表達組織真實的價值觀、易於瞭解、反映組織特性、清楚而明確的說明、反映組織的信念、直接而坦率的說明、激發正向行為、闡明專業價值、全體員工行為的指引、可見於組織各項行動方案（Evans & Christie, 2017）。價值的陳述經常包含如下內容：尊重人群、誠實與正直、社會責任與組織多元工作型態的承諾、融入創新、提供卓越服務等（Moran et al., 2013）。IFLA 2016-2021 策略計畫之核心價值如下：
1. 自由存取（freedom of access）與言論自由原則。
2. 相信人民、團體和組織需要全面而平等地獲取資訊、思想和想像作品，以實現社會、教育、文化、經濟和民主的發展。

3. 堅信提供高品質的圖書館和資訊服務能夠保障上述對資訊的獲取。
4. 讓聯盟的所有成員參與並獲益於其活動。

（四）整體目標與具體目標

　　為落實組織的願景、使命與價值，需建立目標來實踐。整體目標（goals）是較廣義而方向性的目標，具體目標（objectives）則是將整體目標劃分為較細的工作目標，分階段完成目標。如以下某圖書館關於整體目標與具體目標之敘述（Evans & Christie, 2017）：

　　整體目標1：在西元2020年以前，電子書比例占圖書館藏50%。
　　具體目標1：在西元2017年，電子書費用增加10%。
　　具體目標2：在西元2018年，電子書費用增加5%。
　　具體目標3：在西元2019年，電子書費用增加5%。
　　具體目標4：在西元2020年，電子書費用增加5%。

　　目標管理（management by objectives，簡稱MBO）是將組織的總體目標轉為組織單位各部門及個人的特定目標，由美國管理大師杜拉克（Peter Drucker）所倡導，是利用目標來激勵而非作為控制的工具。目標管理之基本精神包含提高效率與提高個人能力，其目的就是引出個人最高能力。目標管理的要素包含目標特定性、由上司與部屬共同參與決策、明確期限、績效回饋等四項（俞依秀，1995）。

　　建立目標可依循SMARTER準則，包含明確的（specific）、可衡量的（measurable）、可接受的（acceptable）、實際的（realistic）、有時效的（time-based）、可擴展的（extending）、獎勵（rewarding）。遵循前述準則來建立目標，可展現問責制，管理者向相關社群表明真心要實踐的目標（Evans & Christie, 2017）。

　　目標設定的步驟如下（Robbins & Coulter, 2014/2015）：
1. 回顧組織的使命。
2. 衡量現有資源。
3. 參考他人意見來設定目標，以使所有部門目標一致。
4. 寫下目標並傳達給所有相關的人。
5. 檢查結果以確認目標，若目標未達成，則需修正。

Moran 等（2013）建議資訊服務機構之目標設定應包含以下要素：
1. 顧客：區辨哪些是或不是目標客戶。
2. 服務：哪些新的服務需求？哪些現行服務需保留？哪些需刪除？
3. 人員資源：需要哪些專業技能來支援未來的服務？
4. 科技資源：需要哪些必要的科技？
5. 社區責任：圖書館有義務成為社會服務機構。

（五）行動方案

需掌握組織預算與資源狀況，才能發展各項行動方案，包含調整政策或工作流程等，以實現組織設定的目標。

（六）評鑑與衡量

需搭配有效的評鑑計畫才能獲得良好的績效，以下四項原則提供參考（Moran et al., 2013）：
1. 為確保所有員工都瞭解策略規劃目標，應設計易於檢視與衡量績效的表單以利各項任務可順利進行。
2. 確認各工作單位間彼此合作順利，才能促進綜效，以達成策略計畫的目標。
3. 持續溝通是相當重要的，可確認組織全體成員瞭解策略計畫的內容，以及員工如何影響組織使命。
4. 策略計畫與預算連結，才能確保計畫持續進行。

通常在執行策略計畫的後期階段與起始新階段為啟動正式評鑑的時機，相關因素如計畫成功與否、效率、效益、成本等都需一併考量。需廣泛收集資訊，來自於員工、客戶與相關利害關係人的意見都很重要。績效衡量指標需環扣於計畫本身並具備其合理性，理想上各單位可同時執行若干子計畫，執行次序是依照先前設定的優先序。具體清楚的目標可促進工作士氣，才不致因員工不瞭解目標而無法掌握工作重點。總之，回顧策略、修改優先順序、再評估計畫、確保讀者滿意等皆重要（Moran et al., 2013）。

第三節　計畫與資訊服務機構

　　計畫類型多元，已在第一節論述各種類型計畫與功能，茲以策略計畫、營運計畫、特定性計畫等三種類型計畫之資訊服務機構實務案例呈現於本節。

一、策略計畫：國家圖書館、臺北市立圖書館、國立臺灣師範大學圖書館之案例

　　綜整國家圖書館、臺北市立圖書館、國立臺灣師範大學圖書館等三機構之策略計畫於表 2-2，三所機構策略計畫時間長度約在 4 至 6 年，國家圖書館肩負著國家資訊資源典藏的責任，扮演全國公共圖書館的領頭羊角色，亦藉由館藏資源與國際相關機構之交換，擔負文化外交的責任，因此任務與目標特別多元。

二、營運計畫：高雄市立圖書館 2018 年營運計畫

　　營運計畫是關於組織每日例行的業務，至多規劃 1 年，以「高雄市立圖書館 2018 年營運計畫」為例，茲摘錄要項如下（高雄市立圖書館，n.d.）：

（一）年度工作目標

1. 建置多元館藏，豐富圖書資源。
2. 完善閱覽流通，提升在地化與國際化館藏利用。
3. 促進多元族群參與，提供多樣化閱讀體驗。
4. 數位資源與智慧化系統服務研究開發。
5. 建立優質圖書館營運設備環境空間。

表 2-2 圖書館策略計畫範例

	國家圖書館 2015 至 2020 年策略計畫	臺北市立圖書館 2016 至 2020 年策略計畫	國立臺灣師範大學圖書館 2018 至 2021 年策略計畫
願景	成為國家文化知識及全球華文資源的保存與服務中心。	提升全民閱讀構築知識殿堂與卓越的知識殿堂，成為具前瞻性與國際影響力的大學圖書館典範，創造城市競爭力。	構築優質與卓越的知識殿堂，成為具前瞻性與國際影響力的大學圖書館典範。
價值	未來努力方向：卓越化、專業化、數位化、國際化、多元化、人性化。	• 重視知識保存、閱讀自由及資訊之公平取用。 • 重視所有讀者個別、多元的資訊需求。 • 重視數位科技之應用，提供便捷的資訊服務。 • 重視研究、創新與持續專業成長。	• 重視使用體驗。 • 鼓勵創新思維。 • 促進協同合作。 • 追求卓越服務。
任務／使命	策略方向： 1. 打造國家圖書館成為文化、社會、經濟、科技的影響力量。 2. 強化全民國家圖書館服務，成為知識經濟時代、全民的學習、生活中心及提升國家競爭力的重要力量。 3. 運用豐富的漢學資源、臺灣學資料及中文館藏，進行國際交流與國際合作，成為華文世界舉足輕重的圖書館。	以多元館藏豐富學習資源。 以資訊科技帶動數位閱讀。 以優質團隊推展加值服務。 以創意行銷建構品牌形象。 以綿密據點打造書香城市。	使重視文化傳承、致力知識的創造、應用、傳播與保存，進而成為推動學術與教育的核心力量。

表 2-2　圖書館策略計畫範例（續）

	國家圖書館 2015 至 2020 年策略計畫	臺北市立圖書館 2016 至 2020 年策略計畫	國立臺灣師範大學圖書館 2018 至 2021 年策略計畫
目標	4. 推動全國閱讀風氣，促進民眾養成良好閱讀習慣，並具備良好閱讀能力。 5. 推行圖書館社會價值運動，帶領民眾重新認識新時代圖書館功能和價值。 6. 推動全國圖書館振興運動，推動公共圖書館建設，充實各類型圖書館館藏及提升服務水準。 1. 提升圖書資訊事業發展品質，促進專業知能之成長。 2. 打造卓越精實國圖團隊，強化願景實踐之能力。 3. 推動全民閱讀風氣，引導更多民眾培養閱讀習慣。 4. 促進圖書事業研究能量，呈現整體圖書館發展趨勢。 5. 建置臺灣成為國際漢學研究重鎮及服務樞紐。 6. 促進圖書資源合作交流，為書目合作網絡注入新能量。 7. 促進圖書資訊於大數據時代之再利用，發掘圖書館資訊組織新價值。 8. 推動數位典藏與加值運用，支援學術研究。	1. 提供多元及資量兼具的館藏資源，滿足讀者之資訊需求。 2. 拓展國內外館際交流與合作，提升圖書館能見度及影響力。 3. 提供不同讀者群之終身學習資源，提升終身學習能力。 4. 精進讀者服務品質，提升全民閱讀力。 5. 強化圖書館服務與民生活之連結，以行銷建立品牌形象。 6. 擴大資訊科技應用層面，建構友善行動閱讀暨多媒體、數位學習環境。	1. 發展質量俱優的館藏，滿足使用者多元知識需求。 2. 建構彈性複合的空間，塑造圖書館成為使用者的第三場域。 3. 提升學術研究資訊服務，支持學術傳播與研究生命週期。 4. 強化資訊素養與全人閱讀，培育人文與科學融通之領導人才。 5. 庋用校史及特藏資料、傳承與加值國家重要文化資產。 6. 增進優質文創及出版效量，彰顯本校多元創意。

表 2-2　圖書館策略計畫範例（續）

國家圖書館 2015 至 2020 年策略計畫	臺北市立圖書館 2016 至 2020 年策略計畫	國立臺灣師範大學圖書館 2018 至 2021 年策略計畫
9. 掌握使用者需求，確保圖書資訊服務品質。	7. 拓展圖書館網絡，運用社區資源，提升服務效益。	7. 導入創新數位科技，建構智慧圖書資訊服務。
10. 化知識服務，提供客製化資訊素養培訓。	8. 提供優質無障礙的閱讀軟硬體環境。	8. 深化夥伴關係，提升圖書館能見度與影響力。
11. 優化出版品國際編碼作業服務平臺，成為讀者、圖書館與出版者橋樑。	9. 塑造館員專業、便民及高效率之服務形象。	9. 推動圖書館空間服務國際化，提升國際化校園氛圍。
12. 創新新書出版資訊服務內容，以提供最新穎完整之臺灣出版資訊服務。		10. 落實績效評估與專業發展機制，追求服務品質卓越。
13. 加強圖書館國際交流合作，擴大臺灣影響力。		
14. 推廣館藏特藏精華與獻文加值。		
15. 營造優質特藏學術研究與閱覽服務。		
16. 建構永續特藏文獻典藏環境與數位保存。		
17. 擴展古籍研究資源國際合作與網絡。		
18. 建構安全資安環境與優質網路服務。		
19. 提升資訊系統穩定性、可用度與即時性。		
20. 推動國家文獻數位化、永久保存與利用。		
21. 強化海內外華文資源徵集、充實館藏文獻多元性及完整性。		
22. 規劃及協助公共圖書館充實館藏，提升館藏質量及利用。		

資料來源：國家圖書館（2015）、臺北市立圖書館（2016）、國立臺灣師範大學圖書館（n.d.）。

（二）工作計畫說明（依年度工作目標，共計五大項次，僅摘錄第 4 項次）

表 2-3　高雄市立圖書館 2018 年營運計畫（摘錄第 4 項次）

項次	工作目標	工作計畫	工作內容	預期效益	經費（千元）
4.	數位資源與智慧化系統服務研究開發	1. 系統軟硬體維護升級及資訊教育訓練	(1) 建置智慧化系統服務，包含「閱讀隨身GO」APP 及官網全球資訊網 RWD 響應式及主題改善設計。 (2) 電腦機房管理及資訊系統升級規劃。 (3) 強化資訊安全管理及辦理員工資訊教育訓練，提升資訊專業能力。	推廣本市數位閱讀，提供系統化閱覽服務及各式主題網站維運，提升資訊專業能力。	15,496
		2. 數位閱讀推廣	(4) 購置電子書、電子資料庫，豐富數位資源典藏。 (5) 結合各分館積極推廣「臺灣雲端書庫@高雄」等數位資源平臺，提升市民數位知能。		

資料來源：高雄市立圖書館（n.d.）。

（三）預定工作進度表

表 2-4　高雄市立圖書館 2018 年營運計畫預定工作進度表

工作項目 \ 月分	1	2	3	4	5	6	7	8	9	10	11	12
1. 圖書及非書資料之購置	■	■		■	■		■	■		■	■	
2. 閱覽流通、館藏利用、汰換及管理維護		■	■	■	■	■	■	■	■	■	■	■
3. 進行與西雅圖、釜山等國外圖書館 MOU 計畫						■	■	■				
4. 嬰幼兒閱讀禮袋發放					■	■	■	■	■	■	■	■
5. 世界書香日閱讀推廣活動				■								
6. 繪本工作坊		■										
7. 圖書館利用教育與活動推廣（講座、主題書展、藝文展演）		■	■	■	■	■	■	■	■	■	■	■
8. 數位資源與智慧化系統服務研究開發		■	■	■	■	■	■	■	■	■	■	■
9. 李科永分館開館營運								■	■	■	■	■
10. 旗山分館開館營運			■	■	■	■	■	■	■	■	■	■

資料來源：高雄市立圖書館（n.d.）。

（四）高雄市立圖書館 2018 年績效評鑑指標

　　共計「一、年度執行成果之考核」、「二、營運績效及目標達成率之評量」、「三、年度自籌款比率達成率」、「四、經費核撥之建議」等四大項，僅摘錄其中第 3 項內容如下：

表 2-5　高雄市立圖書館 2018 年績效評鑑指標（摘錄第 3 項內容）

評鑑指標	評鑑指標說明	
（一）館藏利用及活動參與率	各項活動參與人次	各項閱讀推廣、演講、展覽、故事說演等參與人次成果。
	人均擁書率、借閱率及館藏滿足讀者之使用成果	館藏成長及使用率之成果，能夠滿足讀者資訊需求之程度成果。
	特殊及弱勢族群資源使用分配	發揮圖書館公益性目的，特殊或弱勢族群之知識取用服務規劃之成果。
（二）活動規劃與創新設計	活動多元創新程度與創造延伸價值的成效	活動推廣媒體關注、讀者參與度及擴大圖書館能見度、市民認同感之辦理成果。
	閱讀推廣活動在地化與國際化之成果	發展高雄地方藝文特色與閱讀紮根，並與國外圖書館或專業人士交流互動之辦理成果。
	文創商品開發及營收成果	開發販售書館特色文創商品，並評估增加營運投資項目，創造經濟效益之成果。
（三）館藏徵集、保存、展示之管理與推廣	圖書徵集及特色館藏之建立	評估各分館館藏主題重心，建立符合營運目標之館藏政策之辦理成果。
	圖書資料資源的組織與管理	編目量之正確、一致及快速，縮短讀者資料查找的時間之成果。
	館藏淘汰與盤點	妥善保存圖書，盤點具典藏價值及高雄地方文獻以妥為保存之辦理成果。
（四）周邊社區營造與異業合作成果	圖書館與社區資源整合，共同推動閱讀成果	建立社區和圖書館合作模式，劃入社區營造之一環。社會力志願能力開發，挹注圖書館人力支援及服務品質辦理成效。
	圖書館跨域合作與異業結盟	圖書館利用能與多方專業領域結合，創造多元運用圖書資源等成果展現。
	經費、資源募集整合與事業投資之情形	規劃異業合作與企業勸募等，並配合本館各項業務開發，增加自償收益等各類資源募集項目成果。

資料來源：高雄市立圖書館（n.d.）。

三、單一型特定性計畫：「國家圖書館南部分館暨聯合典藏中心」新建計畫

　　由於國家圖書館目前所在位置之館藏容納量已不敷使用，為精進服務內容，提升服務品質，「國家圖書館南部分館暨聯合典藏中心」將於雲嘉南地區的臺南市新營區興建，行政院院長已於 2017 年 2 月 14 日至本案預定地進行視察，並期許於最短時間內完成（國家圖書館，n.d.）。摘錄國家圖書館曾淑賢館長之規劃簡報內容如下：

(一) 目標：打造知識服務殿堂、提供完善的典藏環境、建構創新專業服務、創造附加價值帶動發展。

(二) 新設南部分館提供公共服務及聯合典藏中心，包含國家圖書館南部分館、全國聯合典藏中心（自動倉儲典藏中心、數位物件保存中心）。

(三) 新營文高 11 用地之基地特色：交通便利、區位適中、公共設施齊備、鄰近大專院校、土地取得容易。

(四) 規劃構想：翻轉數位閱讀及學習，創造新興服務模式；構築圖書博物館、發揮文化創意能量；強化多媒體視聽資料典藏及服務，供給多元閱讀養分；順應新興科技，發展讀者服務；設置研究及小組討論空間，翻轉圖書館機制；建構全國數位物件保存中心，保存珍貴電子資源；引進自動化倉儲系統，以科技提升服務效能；因應多元社會需求，提供客製化設施及服務；打造文創及景觀空間，帶動地方發展榮景。

第四節　行銷觀念

　　行銷觀念在 1950 年代中期形成，主要是以顧客為中心，強調行銷的工作不是為你的產品找到適合的顧客，而是為顧客找到適合他們的產品（Kotler & Keller, 2011/2012）。

一、行銷定義與標的物

依據美國行銷學會（American Marketing Association，簡稱 AMA），行銷定義如下：「行銷是為了創造、溝通、傳達與交換對於顧客、客戶、夥伴、社會之最大核心價值的產物，其相關的活動、制度與程序（American Marketing Association [AMA], 2013）。」為了達成前述交換的程序，行銷管理即有其必要性，行銷管理大師科特勒（Philip Kotler）提出定義如下：「行銷管理是一種藝術與科學，主要任務在於選定目標市場（target market），透過創造、傳達與溝通卓越的顧客價值，以維繫顧客，並培養與顧客的關係」（Kotler & Keller, 2011/2012）。

行銷研究是藉由資訊連結消費者、顧客、一般大眾，行銷人員辨識與界定市場的機會與問題，產生、精煉與評估行銷方案，監控行銷績效，促進對行銷程序的瞭解（AMA, 2004）。行銷研究相關活動包含界定問題、發展假設、決定如何測試、收集資料、彙整與解釋、決策等。可幫助圖書館探查讀者資訊需求，瞭解讀者在服務、系統、活動、和資源中獲得的效益為何？才能擬定正確的決策（曾淑賢，2005）。

行銷人員所行銷的標的物包含如下十種類型（Kotler & Keller, 2011/2012）：

（一）實體商品。
（二）服務：如圖書館之參考諮詢服務。
（三）事件：如藝術表演活動、百貨公司週年慶、圖書館週系列活動、世界書香日活動。
（四）經驗：藉由產品與服務的組合，可創造與行銷經驗，如迪士尼世界提供顧客參觀夢幻王國的體驗，近年國內若干圖書館提供夜宿圖書館的活動，如國立公共資訊圖書館之夜宿圖書館活動內容包含尋書遊戲、自由閱讀、與機器人互動遊戲、睡前說故事、最佳裝扮或布置獎勵、與書本共眠、晨餐共讀等系列體驗活動（國立公共資訊圖書館，2018）。
（五）人物：自我品牌的行銷，使之成為名人。
（六）地點：各個城市或區域會彼此競爭以吸引更多觀光客，或引進更多商業活動，如公司進駐等。北京奧運、高雄世運、上海世博、臺北花博等案例皆是結合大型活動打開國際知名度之城市行銷。

（七）所有權：所有權是實體財產（不動產）或金融財產（股票或債券）等無形物的擁有權，前者如房屋仲介的行銷活動，後者如投資公司與銀行之行銷活動。

（八）組織機構：組織機構會主動執行一些工作，以提升其組織形象，如玉山銀行之「玉山黃金種子計畫」（玉山志工基金會、玉山文教基金會，n.d.）為全國偏遠地區小學打造舒適、溫馨的圖書館，以提升學童閱讀品質與風氣，不僅偏遠學校之學童受惠，也提升其企業形象。此外，非營利型組織亦試圖透過行銷的力量，提升其公眾形象，以利募款與支持。

（九）資訊：資訊的生產、包裝與配銷是一種產業，如圖書館引進各學科領域之索引摘要與全文資料庫，學術資源資料庫廠商需行銷其內容，以利圖書館引薦給讀者。

（十）理念：每個組織都有其經營理念，需行銷其理念，如圖書館扮演知識保存與服務之角色，在社會上有其不可或缺的地位，在數位時代，更需時時將核心理念向大眾傳達。

　　圖書館為一非營利型組織，為何需要行銷？網路普及後，圖書館已不再是唯一的資訊資源，如何辨識圖書館的優勢，創造民眾來館的理由呢？圖書館需要行銷的理由如下（姜義臺，2010；曾淑賢，2005；Moran et al., 2013）：（一）去除傳統圖書館的刻板印象，認為圖書館僅提供老舊的實體資源，需使讀者瞭解圖書館為跟上時代潮流所引進的優質資訊資源；（二）社會變遷與資訊科技進步，滿足讀者資訊需求的管道相當多元，圖書館需持續收集與分析讀者資訊需求，改善服務方法與管道，向讀者宣傳創新服務；（三）若圖書館隸屬之母機構不瞭解圖書館提供資訊服務的重要性，將導致圖書館預算短缺、人力不足，因此，需持續向母機構溝通並證明圖書館不可或缺的角色，爭取社會大眾的認同與支持。此外，需提升圖書館能見度，使民眾瞭解圖書館重要性，並期望來自個人或社會團體的捐款，以利圖書館提供更好的服務。

　　自1990年代開始，許多圖書館面臨預算下降的危機，愈多文獻關於圖書館倡導（library advocacy）的議題，意圖提高圖書館於公眾之形象，以及社會發展之重要角色，圖書館倡導往往需由上而下，伴隨著遊說（lobbying）行為（Evans & Christie, 2017），專業學會如美國圖書館學會設有專頁介紹圖書館倡導行動方案之相關資源（網址：http://www.ala.org/united/advocacy），IFLA 則配合聯合國發展國際倡導計畫（IFLA, 2018c），IFLA於2018年會之衛星會議即以 "Advocacy in Action! Success for library advocacy worldwide"為題,分享各國圖書館倡導的經驗(IFLA, 2018a),可見圖書館倡導的重要性。

二、目標市場、市場地位與區隔、品牌

每人喜歡的事物不同,並非所有人適用同一套行銷策略,應先收集市場資訊,區辨不同群體的消費者,以人口統計資料、人格特徵與行為來分群。結合組織目標,選定最有機會的市場,即為目標市場,針對選定的目標市場發展行銷策略(Kotler & Keller, 2011/2012)。近年圖書館服務對象多元,新移民人口增加的趨勢,成為目標市場的潛在對象。各類型圖書館的目標對象(target audiences)均包含其機構員工、一般民眾、大眾媒體、圖書館之友、捐贈者、繳稅者、館員、志工等。公立學術圖書館的目標對象包含政府部門、縣市議員、立法委員、學院主管、教職員、學生等。私立學術圖書館的目標對象包含學院主管、教職員、學生、贊助機構等。公共圖書館的目標對象是縣市政府長官、兒童、青少年、社區民眾等(Velasquez, 2013)。

為組織的產品或服務辨識其差異化特色,需先掌握競爭對象,以思考組織本身的競爭優勢。以公共圖書館而言,競爭者如下:(一)國內外之各類型圖書館,彼此在服務上追求創新與卓越,是良性的競爭對象;(二)大型書店與網路書店,既競爭,也合作。希望愛閱讀的人,常到圖書館借書,也會買書;(三)線上圖書代理商提供書目資料與推薦書單等,是民眾與非圖書資訊單位獲得資訊的管道;(四)網際網路社群,免費的網路資源如「Yahoo奇摩知識⁺」為圖書館參考諮詢服務之競爭者,圖書館應提供更專業、便捷的即時諮詢服務;(五)其他同屬為民服務的單位,如教育局下的社教機構,經常一起被評核服務品質、顧客滿意、行銷作為等項目,為良性競爭,參考彼此做法,可提升服務品質(曾淑賢,2005)。

品牌(brand)是一個名稱、詞彙、標誌、符號、設計,或是前述有形與無形產物的組合。建立品牌往往可為其產品或服務增加價值,品牌是以顧客為導向,著重於服務與經驗的營造,任何組織都需重視品牌經營策略,培養顧客忠誠度。公共圖書館品牌經營策略包含如下要素:(一)以願景使命定位圖書館的專業資訊服務;(二)以服務價值傳遞圖書館品牌特性;(三)以服務策略實現品牌承諾,如聖荷西圖書館依顧客區隔概念,擬定服務策略,將圖書館讀者區分為

尋求者、探索者、享受者、社區營造者等，再依此四種類型設計服務策略；（四）以實體設備營造品牌環境；（五）以資訊資源展現品牌表現；（六）以服務人員發揮品牌關鍵影響力（莊馥瑄，2004）。美國圖書館學會推出 "@your library" 為圖書館的標誌（logo），以做為圖書館的品牌辨識，提供各類型圖書館舉辦任何型式的推廣活動之用（Evans & Christie, 2017）。

三、整體行銷與創意行銷

（一）整體行銷

　　行銷不僅是對組織外的行銷活動，應以整體行銷（holistic marketing）觀點來經營管理，其定義是基於發展、設計與執行相互倚賴的行銷方案、程序與活動。整體行銷的四個元件：內部行銷（internal marketing）、整合行銷（integrated marketing）、關係行銷（relationship marketing）、績效行銷（performance marketing），相關構面呈現於圖 2-2，以下分述其概念（Kotler & Keller, 2011/2012）：

1. 內部行銷：其任務是僱用、訓練與激勵員工，確保組織中每一成員都能認同組織的行銷理念與原則。
2. 整合行銷：整合組織中的行銷方案，為顧客創造、溝通與傳遞價值，且整體傳遞價值比各個行銷活動傳遞的總和高，即為整合行銷的概念。因此，組織各部門間需維持良好的溝通，可相互支援或資源互補。
3. 關係行銷：其目標是與關鍵伙伴建立長久的滿意關係，最終結果是為組織建立獨特的行銷網絡（marketing network），包含組織本身與支持它的所有關係人—顧客、員工、行銷伙伴（通路商、供應商、配銷商、經銷商、代理商）等。圖書館為非營利型組織，政府部門、母機構相關單位、捐款人等，亦是關鍵伙伴，需重視關係的經營。館員經常接觸讀者或社區民眾，正向社區關係有助於圖書館活動的推廣，每位館員都有責任要做好公共關係（public relations）（Evans & Christie, 2017）。
4. 績效行銷：檢視與分析行銷計畫帶給組織之財務或非財務型的利益。檢視行銷計分卡來分析市占率、顧客流失率、顧客滿意度、產品與服務品質，以及其他衡量指標變化的原因。

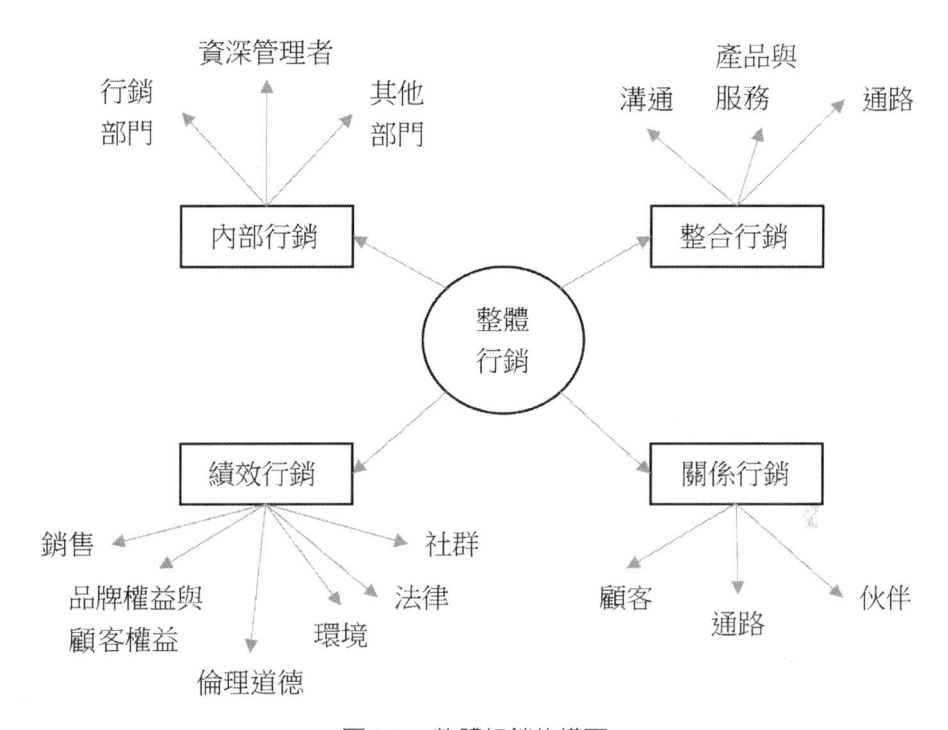

图 2-2　整體行銷的構面
資料來源：Kotler 與 Keller（2011/2012，頁 20，圖 1.3）。

（二）創意行銷

　　圖書館持續推出創意行銷活動與創新服務以求新求變，網路興起後，習慣閱讀數位資訊之讀者比例愈來愈高，圖書館應用數位內容策展（digital content curation）來推廣與行銷，可吸引網民注意後，連結到圖書館豐富的資源網站來使用，數位內容策展方法與呈現包含以下數種模式（阮明淑，2018）：

1. 匯集（aggregation）：匯集特定主題資訊於一處，如部落格文章。
2. 精萃（distillation）：聚集於最精華的概念，依專題定期摘錄於特定網址。
3. 洞察（elevation）：策展人由日常心得累積而成的評論文章。
4. 混搭（mashup）：合併同一主題的不同內容，創造新觀點，常透過社群媒體。如 LinkedIn、Twitter、臉書、Google+ 等分享策內容。
5. 時間年表（chronology）：依時間表策展特定主題的歷史發展與演變。目前坊

不同種類之數位內容策展工具平臺，圖書館可加以應用，增加視覺化的資源服務，擴大使用者的數量與參與度，並與使用者共創價值，促進圖書館的影響力。

各類型圖書館也經常提供創意行銷活動，以下分別就不同類型圖書館說明其實例：

1. 公共圖書館：臺北市立圖書館「Open Book」智慧圖書館，結合社會資源，家樂福公司提供免費賣場空間，運用自助借還系統與 RFID 技術，縮短盤書與尋書的時間，位置選在市民生活最便利的地點，並經數家媒體的報導（曾淑賢，2005）。
2. 專門圖書館：國立臺灣美術館資料中心致力於國內外美術相關資源之收集、組織整理、保存並提供利用，期許能由豐富的美術資源，激發國民美術素養。為拓展館藏利用率，該中心於 2016 年與紙風車文化公司，結合裝置藝術與繪本主題閱讀，營造戲劇與故事情境，營造舒適空間的「紙風車繪本館」，使孩童愛上閱讀，並規劃一系列活動，如故事百寶箱、每月主題書展、說故事場、插畫家現身說法之插畫展、磚雕 DIY 等活動（邱明嬌，2007）。
3. 大學圖書館：靜宜大學蓋夏圖書館為提供更多元化的讀者服務，迎合 e 世代的年輕人資訊使用習慣，設置圖書館部落格與臉書，在社群媒體上推廣行銷圖書館之各項資源，可增加其互動性（姜義臺，2010）。世新大學推出「真人圖書館」，首創將校內教授的個人嗜好、專長列入「館藏」，開放學生「借閱」，為了讓老師展現深藏不露的「第二專長」，平均一學期提供三至四名「真人書單」（Library Views 圖書館觀點，2015）。

第五節　行銷策略與組合

依據組織設定的目標，擬定行銷策略，綜合各學者的觀點並融入圖書館工作場域的特性，行銷組合（marketing mix）包含 7P（product, place, price, promotion, positioning, policy, politics）與 4C（customer, cost, convenience, communication），其中 4C 對應於 4P（product, price, place, promotion），以下分述其概念（曾淑賢，2005；Velasquez, 2013；Walters, 2004）。

一、產品服務（product and services）與顧客（customer）

　　產品通常是實體的物件，以及其伴隨的服務。圖書館提供的產品，基本上是其所提供的資訊資源、設備設施、服務及活動所組成。資訊資源包含實體的圖書、媒體、電子館藏；近年許多新館的設備與設施都著重於外觀設計具豐富的人文意涵，而室內設計則兼具美感與實用；服務內容常需客製化，如參考諮詢服務是依不同顧客需求來調整內容，活動設計則常具新意。產品與服務提供顧客各種解決方案，顧客考量服務所帶來的效益（benefits）來做決策，為滿足顧客需求，以圖書館而言，相關因素如便利、知識與資訊、好奇心、舒適、娛樂、自我實現、省錢、可得性、滿足感等都可能影響讀者認定的效益。下列六項品質因素，將為讀者產生效益：

（一）效能（performance）：圖書館提供付費型的文獻遞送服務，圖書館應保證準時送達。
（二）特色（features）：付費型的文獻遞送服務亦提供急件服務，圖書館引進新科技可使讀者自助借書，24小時開放之特色等。
（三）可靠（reliability）：要獲得讀者高度滿意的評價，來自於服務的可靠與穩定度，必須要兌現承諾的交件或回覆時間。
（四）耐久度（durability）：圖書館設備與設施應具備耐久度。
（五）美學（esthetics）：關於讀者愉悅的感受，文獻遞送的包裝是否簡潔美觀？館舍環境與圖書資源陳列方式如何？是否會使讀者產生愉悅的感受呢？
（六）感受的品質（perceived quality）：當讀者高度滿意服務時，他將會轉介其個人經驗給其他潛在讀者。

二、通路（place）與便利（convenience）

　　通路是連結顧客與產品或服務的空間或管道，著重其便捷性，圖書館通路包含實體與虛擬空間，內容包含實體的圖書館與分館所在位置、圖書館網站、提供讀者服務的遞送管道，以及與圖書館供應商、資料庫廠商間的傳訊系統，亦包含館際合作間的文獻遞送系統等。所有相關系統的建立，都是為了使讀者更簡便地獲取他們所需的產品或服務。成功的通路策略需考量如下原則：

（一）需求（demand）：是否在最佳地點或通路提供正確資料？如何預估需求量以透過適當管道來提供服務？
（二）價格（price）：是否在最低成本考量下發展通路策略？
（三）顧客服務（customer service）：讀者欲取得資源是否簡便？是否會太過複雜呢？

三、價格（price）與成本（cost）

　　組織為其產品或服務之定價，顧客需付費以取得產品或享有服務，任何機構均需經費來支援其營運，商業組織需考量為其產品與服務訂定一個顧客願意付費的合理價格。圖書館為一非營利型組織，主要目標並非賺錢，而是追求發揮圖書館的功能，公立圖書館經費來源多來自政府稅收所編列的預算，私立圖書館經費來自母機構，部分圖書館之部分經費來自募款。經營圖書館的成本中，較高比例經費投入於人力成本，約僅 10% 至 20% 比例之經費用於購置圖書等資源。民眾總認為他們對於資源使用已付過錢（繳稅、繳學費、母機構負擔成本），因此圖書館之服務多不再另行收費，僅有少許收費項目，如逾期罰款、影印費、特定租借項目、館際合作相關郵電費等，部分圖書館提供付費型的加值服務，針對個人的專題需求提供文獻代檢服務，則需思考其定價。

　　定價策略多元，各有其適合的情境，舉例如下數種：
（一）成本加成定價（cost plus pricing）：即由成本再往上加特定比例金額來定價。
（二）競爭定價（competitive pricing）：考量市場上同質性產品或服務之價格而定價，以爭取在市場上的競爭力，需時時關注競爭對手的價格來調整。
（三）折扣定價（discount pricing）：以較低價格來刺激消費，以快速進入市場。如網路書店經常以折扣價來刺激買氣。
（四）加值定價（premium pricing）：提高產品或服務品質，可採取高價格策略，以滿足不在乎價格，但重視品質的目標族群。圖書館提供的付費型加值服務或額外的文獻遞送費等，即屬於此類型的定價。

四、推廣（promotion）與溝通（communication）

　　圖書館推廣主要在使顧客獲知他們可得的產品與服務，由潛在讀者成為實際讀者，藉由互動式行銷（interactive marketing）來強化溝通，進而提升讀者利用圖書館的忠誠度。推廣需投入創意與系統性的規劃，內容多元，如公共關係、刊登於各種媒體之付費廣告、網頁設計等。圖書館推廣活動與企業推廣不太相同，主要目的是激發讀者參與動力，可能是小禮物、比賽、經驗分享或特別的活動事件。如推廣夏日閱讀活動，以提供免費的餐券或免費的遊樂園券來吸引讀者參與。

　　除了對目標讀者設計相關推廣活動之外，圖書館需對經費來源機構或單位維持良好溝通，如縣市級公共圖書館需向縣市政府相關單位說明經營理念與辦理活動的績效；大學圖書館則需與學術單位主管溝通資源分配的適切性，以獲取支持；專門圖書館更需持續向母機構報告其成效，以證明其存在的價值。

五、定位（positioning）

　　定位是將自身產品或服務設定於顧客心中的位階，聲譽或形象是影響定位的重要因素。企業通常在推出新產品時，發展定位策略，若新推出糖果棒產品，是要定位於巧克力棒產品如 Snikers，還是健康食物呢？以圖書館而言，定位是指圖書館所在社區讀者對於圖書館的印象與感受，是否擔任文化機構的領導角色呢？或是提供社區讀者的重要服務呢？影響圖書館定位的讀者包含如下類型：決定圖書館預算的政府官員、捐贈者、尋求各式資源的讀者、社區中不同年齡與不同職業背景的讀者。良好定位的關鍵因素是溝通、廣告與推廣。

六、政策（policy）與政治（politics）

　　有別於商業機構，圖書館在行銷組合中多加入政策與政治因素，由於公共圖書館常需與政府相關部門交涉，而學術圖書館則需與其母機構，如大學或研究機構之行政部門溝通，公部門的政策往往會影響圖書館預算與相關活動，圖書館政

策亦需與其隸屬之母機構政策一致。行銷規劃的首要步驟是找出目標市場，辨識支持圖書館發展的重要人物，並維繫良好關係。

七、行銷管理（marketing management）與評核（assessment）

　　Kotler 與 Keller（2011/2012）另提及當代行銷管理的 4P（people, process, program, performance），說明如下：（一）人員（people）：員工是行銷成功關鍵因素，強調內部行銷的重要性；（二）程序（process）：為了行銷管理所需的創造力、規範與結構。正確的程序，才能使行銷活動與計畫順利進行。（三）方案（program）是指消費者導向的活動，無論是實體或線上、傳統或非傳統，需整體評估方案執行效益；（四）績效（performance）：是整體行銷中的一系列的成效，包含財務或非財務（如品牌與顧客權益）以及組織之社會責任、法律、倫理等相關議題。

　　清楚瞭解組織的願景與使命才能提出良好的行銷策略，並達成行銷的成效。導入行銷策略後的評鑑是必要的過程，行銷目標是提高顧客滿意度，但往往難以衡量其成效，尤其不同類型圖書館的讀者背景多元，具多樣化資訊需求，也常因資訊科技的進展而有所變動，因此，衡量成效的指標亦需時時檢討並修改內容，才能符合時代潮流，達成客觀評量行銷成效，有助於改善行銷策略。

關鍵詞彙

策略計畫 Strategic Plan	營運計畫 Operational Plan
願景 Vision	使命 Mission
價值 Value	整體目標 Goals
具體目標 Objectives	優勢、劣勢、機會、威脅 Strengths, Weakness, Opportunities, Threats, SWOT

競爭優勢 Competitive Advantage	環境掃描 Environmental Scanning
目標管理 Management by Objectives, MBO	圖書館倡導 Library Advocacy
目標市場 Target Market	目標對象 Target Audiences
品牌 Brand	整體行銷 Holistic Marketing
內部行銷 Internal Marketing	整合行銷 Integrated Marketing
關係行銷 Relationship Marketing	績效行銷 Performance Marketing
行銷組合 Marketing Mix	

自我評量

- 請說明規劃有其必要性的原因為何？
- 請說明計畫包含哪些類型與其功能為何？
- 請說明策略規劃的步驟與內容要素。
- 請說明圖書館 SWOT 分析。
- 請說明整體目標與具體目標的意涵，並區辨其差異。
- 請說明行銷的定義為何？行銷標的物包含哪些類型？
- 請說明如何建立圖書館品牌？
- 請說明整體行銷的相關構面。
- 請論述圖書館行銷組合之 7P 與 4C。

參考文獻

International Federation of Library Associations and Institutions Governing Board（2015）。國際圖連戰略計畫 2016-2021。檢索自 https://www.ifla.org/files/assets/hq/gb/strategic-plan/2016-2021-zh.pdf

Kotler, P., & Keller, K. L.（2012）。行銷管理學（十四版）（駱少康編譯）。臺北市：東華。（原著出版於 2011 年）

Library Views 圖書館觀點（2015）。〔新聞亮點〕世新大學真人圖書館。檢索自 https://libraryview.me/2015/01/10/9914/

Robbins, S. P., & Coulter, M.（2015）。管理學（林孟彥、林均妍譯）。臺北市：華泰文化。（原著出版於 2014 年）

玉山志工基金會、玉山文教基金會（n.d.）。玉山黃金種子計畫。檢索自 https://www.esunfhc.com.tw/volunteer/

阮明淑（2018）。數位內容策展行銷在圖書館之應用。佛教圖書館館刊，63，50-64。

邱明嬌（2007）。變與不變之間——專門圖書館如何因應讀者需求規劃館藏發展策略與創新服務行銷。臺北市立圖書館館訊，24(4)，81-98。

俞依秀（1995）。目標管理。在圖書館學與資訊科學大辭典。檢索自 http://terms.naer.edu.tw/detail/1682924/

姜義臺（2010）。圖書館的創新服務與行銷。臺北市立圖書館館訊，28(2)，22-36。

高雄市立圖書館（n.d.）。高雄市立圖書館 107 年營運計畫。檢索自 https://www.ksml.edu.tw/df_ufiles/a/107%E5%B9%B4%E5%BA%A6%E7%87%9F%E9%81%8B%E8%A8%88%E7%95%AB.pdf

國立公共資訊圖書館（2018）。臺灣閱讀節【不閱不睡】邀您與家人到圖書館夜宿探索。檢索自 https://www.nlpi.edu.tw/ActivityInfoDetailC001200.aspx?Cond=04489c1f-e46f-4a55-b714-1825a99f8fab

國立臺灣大學圖書館（n.d.）。願景與使命。檢索自 http://www.lib.ntu.edu.tw/node/2964

國立臺灣師範大學圖書館（n.d.）。2018-2021 策略計畫。檢索自 http://www.lib.ntnu.edu.tw/about/strategic.jsp

國家圖書館（n.d.）。國家圖書館南部分館暨聯合典藏中心新建工程資訊網。檢索自 https://sbncp.ncl.edu.tw/tw/

國家圖書館（2015）。國家圖書館 2015-2020 策略計畫。檢索自 https://nclfile.ncl.edu.tw/files/201511/421a5350-a95c-4293-9d2d-4509676211e7.pdf

莊馥瑄（2004）。圖書館品牌經營策略之研究——以臺北市立圖書館為例。大學圖書館，*8*(2)，124-154。

曾淑賢（2005）。公共圖書館的創意行銷兼談臺北市立圖書館的創意活動行銷。臺北市立圖書館館訊，*23*(1)，39-67。

臺北市立圖書館（2016）。臺北市立圖書館*2016-2020*年策略計畫。檢索自 https://tpml.gov.taipei/News_Content.aspx?n=2F48EF4A3CE5E062&sms=9DE08BDA9BC984DA&s=8F09DF9304E7B601

臺灣好室（2016）。世界正在翻轉！認識聯合國永續發展目標。檢索自 https://npost.tw/archives/24078/

盧秀菊（1995）。圖書館規劃。教育資料與圖書館學，*33*(2)，178-208。

ACRL Research Planning and Review Committee. (2017). *Environmental scan 2017*. Retrieved from http://www.ala.org/acrl/sites/ala.org.acrl/files/content/publications/whitepapers/EnvironmentalScan2017.pdf

American Marketing Association. (2004). *Definition of marketing research*. Retrieved from https://www.ama.org/the-definition-of-marketing/

American Marketing Association. (2013). *Definition of marketing*. Retrieved from https://www.ama.org/the-definition-of-marketing/

Evans, G. E., & Christie, H. (2017). *Managerial leadership for librarians: Thriving in the public and nonprofit world*. Santa Barbara, CA: Libraries Unlimited.

Griffin, R. W. (2008). *Fundamentals of management* (5th ed.). Boston, MA: Houghton Mifflin.

International Federation of Library Associations and Institutions. (2018a). *Advocacy in Action! Success for library advocacy worldwide*. Retrieved from https://www.ifla.org/node/37133

International Federation of Library Associations and Institutions. (2018b). *Libraries, development and the United Nations 2030 agenda*. Retrieved from https://www.ifla.org/libraries-development

International Federation of Library Associations and Institutions. (2018c). *The international advocacy programme (IAP)*. Retrieved from https://www.ifla.org/ldp/iap

International Federation of Library Associations and Institutions Governing Board. (2017). *IFLA strategic plan 2016-2021*. Retrieved from https://www.ifla.org/files/assets/hq/gb/strategic-plan/2016-2021.pdf

Jordan, M. W. (2013). Strategic planning. In D. L. Velasquez (Ed.), *Library management*

101: A practical guide (pp. 77-89). Chicago, IL: American Library Association.

Moran, B. B., Stueart, R. D., & Morner, C. J. (2013). *Library and information center management* (8th ed.). Santa Barbara, CA: Libraries Unlimited.

Pride, W. M., Hughes, R. J., & Kapoor, J. R. (2010). *Business* (10th ed.). Mason, OH: South-Western Cengage Learning.

United Nations. (2015). *Transforming our world: The 2030 agenda for sustainable development*. Retrieved from https://sustainabledevelopment.un.org/post2015/transformingourworld

Velasquez, D. L. (2013). Marketing. In D. L. Velasquez (Ed.), *Library management 101: A practical guide* (pp. 145-160). Chicago, IL: American Library Association.

Walters, S. (2004). *Library marketing that works!* New York, NY: Neal-Schuman.

第三章
組織

作者簡介

張慧銖

(lisahcc0426@gmail.com)

國立中興大學
圖書資訊學研究所退休教授

學習目標

研讀本章內容之後，學習者應能夠：

- 瞭解組織的涵義與基本原則
- 瞭解組織的設計與架構方式
- 瞭解組織文化的意義與層次
- 瞭解組織文化在組織管理的功能與應用

本章綱要

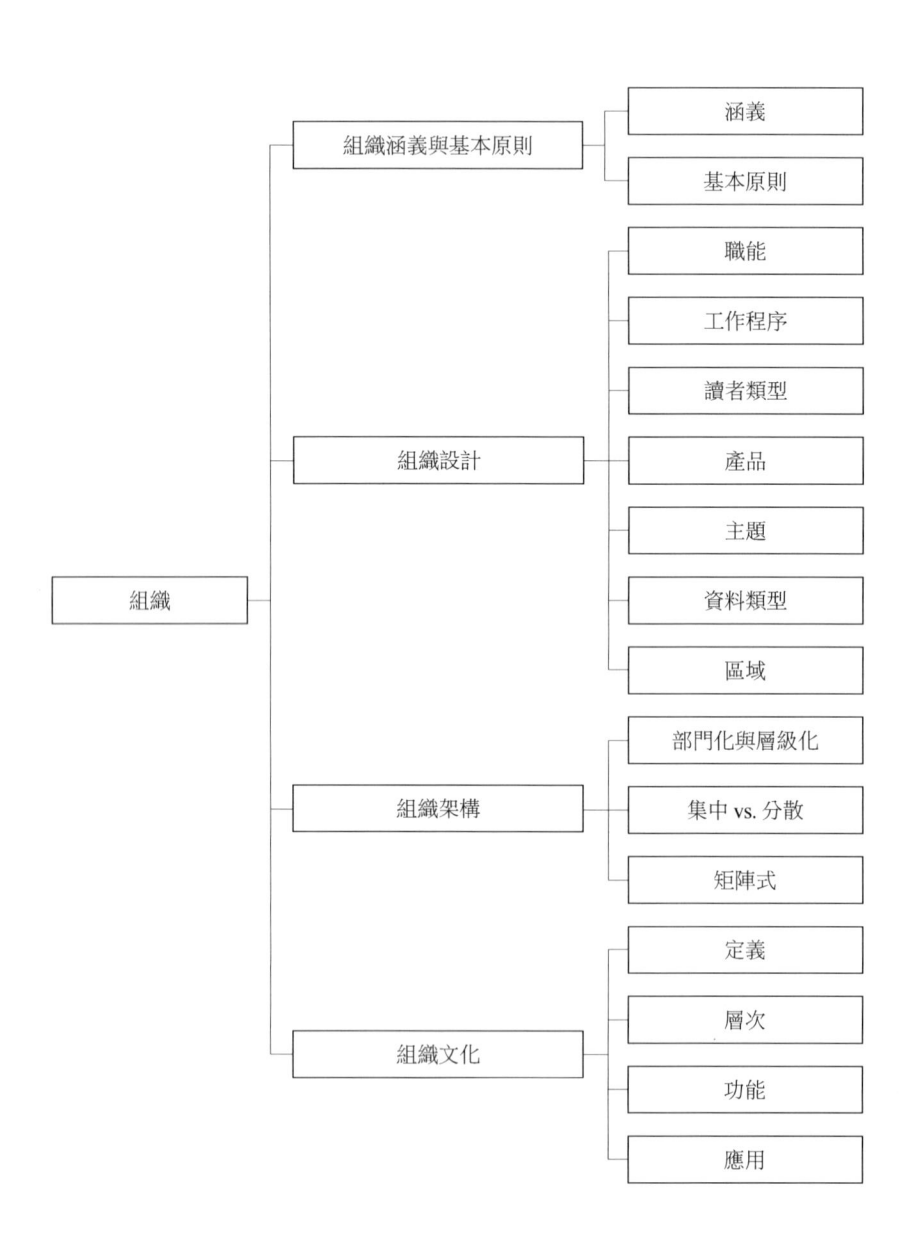

```
組織 ─┬─ 組織涵義與基本原則 ─┬─ 涵義
      │                      └─ 基本原則
      │
      ├─ 組織設計 ─┬─ 職能
      │           ├─ 工作程序
      │           ├─ 讀者類型
      │           ├─ 產品
      │           ├─ 主題
      │           ├─ 資料類型
      │           └─ 區域
      │
      ├─ 組織架構 ─┬─ 部門化與層級化
      │           ├─ 集中 vs. 分散
      │           └─ 矩陣式
      │
      └─ 組織文化 ─┬─ 定義
                  ├─ 層次
                  ├─ 功能
                  └─ 應用
```

第三章
組織

　　本章共分四節加以論述,以充分說明圖書資訊服務機構的組織涵義及其基本原則,同時闡述組織的設計方式與結構,最後探討組織文化的定義、層次,以及其在組織管理上功能與應用,最後以兩個案例提供思考與討論。

第一節　組織涵義與基本原則

　　組織在英文中有名詞與動詞之分。以名詞的定義而言,組織(organization)是一個以人為主的社會團體與機構,其成立是為了達到某些共同且明確的使命與目的。在此團體或機構存在的過程中,它是一個隨著環境及需要的變動而能自行調整的有機系統(organic system)。若從動詞的定義而言,組織(organize)可謂是一種行動,包括了一個機構中全部的人員如何藉由分工與分層負責,有效地發揮整體功能,以達到預期目的。因此,一個有效的機構應該是具備高度彈性的有機組織(李華偉,1996,頁61)。

　　從前述定義可知,組織是經由設計和規劃的程序,將機構中各個部分的活動與功能加以合理且有效地整併與分類,以建立並維繫機構中各個分子的工作職掌與關係,並且儘量促進其合理化與效率化,以建立共同的目標。簡而言之,組織是一群人為了達成共同的目標,經由權責的分配,設定層級架構,所形成的一個完整的有機體。它會隨著時代與環境的改變而進行調整,期能建立團體意識,以達成共同追求的目標。

　　根據組織的定義,可以歸納出組織包含了以下四點涵義:

一、一個組織或機構的存在必須有其共同的使命和目的,它的結構可說是為了達成此目的而存在。

二、它是一個有機體的系統，重視分工合作，並且透過能夠協調的交互影響活動，以滿足員工的需要和希望。
三、它的存在是為了製造產品或提供服務。
四、它的結構要能配合環境的變遷，並且可隨時調整與更新。

根據社會學大師帕森斯（Talcott Parsons）的主張，組織必須能夠解決以下幾個問題：
一、如何適應環境。
二、如何訂定目標並動用所有可用的資源來完成目標。
三、如何協調並結合各成員之間的關係與力量，使組織成為單一的整體，而能齊心共赴。
四、如何維持組織成立的原意。

由此可見，組織是一種人事結構的組合設計，也是所有職位的組合，其目的在於完成計畫中的角色扮演、任務與活動。而圖書資訊服務機構之組織亦然，其形式即是一種權責分配關係或說是層級體系，也就是一種權力的運用、命令與服從的關係。一般而言，組織的設計與結構有一些基本原則可以遵循，茲說明如下（李華偉，1996，頁63-65）：

一、統一指揮（unity of command）

此一原則係指組織中的每位員工都最好只有一個直接指揮的上司，此種方式可讓權責統一，讓部屬清楚該呈報的對象，可說是相當有效率的一種組織方式。然而這種單一的指揮方式，雖然在下達命令，或上、下溝通時較為容易，但亦存在若干缺失。尤以在矩陣式的組織中，或在進行橫向的溝通協調時，單一化的指揮體系反而彰顯其缺乏彈性。

二、專業分工（specialization/division of labor）

每個稍具規模的組織裡，都存在許多不同的任務需要專業分工，倘若能將全部的員工依據其知識、技術、能力、興趣、性格特質等予以適當的分配與安置，

不僅可以人盡其才，增進工作效率，增加員工的滿足感，同時更能夠提高工作品質，降低生產成本。由此可知，作為組織的領導者，必須要知人善任，將適當的人才放在適當的位置，方能適才適用，發揮組織專業分工的優勢。

分工與專業化固然在求取人盡其才，然若日久不變，會很容易產生缺點。例如：分工太細，容易讓員工的工作變成重複與單調，導致缺乏適應力，使其不易接受新的措施；有時也會造成員工本位主義，不易與其他單位合作，因而漠視整體的目標和需要。尤以圖書資訊服務機構是以整體表現為重的組織，更需要注意分工是否恰當，以及在組織中分工後的灰色地帶應採取何種措施，以補足其間應有的功能。

三、層級原則（scalar principle/chain of command）

係指一個機構內部上下層級和從屬間的關係，也就是法國管理學大師亨利‧費堯（Henri Fayol）在其管理理論中第十四點原則所稱的「階層鎖鏈」原則（scalar chain）。組織中的上下有序就是建立在階層原則之上，幾乎任何一個較為嚴密的機構中都存在這種階級原則，而組織的任務與目標也就是藉由這種層級原則的指揮系統而達成。

四、控制幅度（span of control）

早先管理學理論咸認，每一位主管直接管轄的部屬應該在五至八人之間。此一數目雖然會因應許多因素而變通，但其確實影響到一個機構中層級的多寡。而一個機構層級的多寡實際上是與其控制幅度的大小有關，在控制幅度小的機構中，其層級就比較多，因而形成所謂的高組織（tall organization）；反之，控制幅度大的機構，它的層級就比較少，就形成了扁平組織（flat organization）。然而組織的層級如果太多，很容易造成高度的官僚化，進而造成溝通上的困難或人員的濫用，以至於影響到工作的效率和經濟上的效益。

控制幅度除了人數的考量之外，還必須考慮工作的性質及其複雜性、部屬的能力，以及部屬彼此之間的距離等。晚近圖書資訊服務機構的組織方式已逐漸

朝向扁平化發展，也就是採取層級較少的方向發展，期能獲取快速溝通的效益。同時由於圖書資訊服務機構是以服務為目標的組織，因此，組織架構應避免官僚化。

第二節　組織設計與架構

　　組織設計（organization design）是指如何透過設計，建立最適合當前情況，以及最需要的組織架構。主要是將組織內的員工和其他資源進行合理的分配與利用，使機構能成為一個靈活、具協調性、有效率的有機體，並且使得每位員工都能各盡所能地發揮長才。同時在工作上也能透過分工合作與協調，以達成機構的使命和目的。另因環境與需求會不斷地變動，故組織架構也要能隨時配合調整，因而組織設計可說是一個持續不斷並隨時更新的歷程。

　　組織設計必須考慮一個機構內部應該要設立哪些部門？應該分為多少層級？如何分工與專門化？橫向和縱向的職位分布為何？各個職位的權責為何？各個部門的交互關係為何？權力的集中與分散為何？如何運用委員會和任務小組等。而一個健全的組織既要有適度的集權化、制度化和標準化，同時也要兼備相當的分權化、應變力和有機性。

　　長久以來圖書資訊服務機構始終被視為是一個比較簡單和穩定的機構，但在最近二、三十年來，由於知識訊息的傳播與發展迅速，科學技術也日新月異，圖書資訊服務機構的館藏內容、服務項目與規模不斷地擴大，社會大眾對於資訊服務的要求亦持續提升，再加上圖書資訊服務機構本身的自動化、電子化和網路化等因素，在在都衝擊著圖書資訊服務機構的組織架構，使其必須因應這些改變而調整，相對地也使得其組織設計變得更具有挑戰性。就以引進電子資源來說，有愈來愈多的圖書資訊服務機構為了滿足使用者的需求，必須在原有的採購、期刊、編目等組織架構中做若干程度的調整，方能使工作順利進行（張慧銖，2006）。

　　圖書資訊服務機構的組織設計，傳統上會使用五種方式建立其業務單位，包括職能（function）、地區（territory）、產品（product）、顧客（customer）和程序（process）。此外，還會考慮以學科（subject）及資源形式（form of resources）設立部門（如圖 3-1），然而無論是企業或圖書資訊服務機構都會採取混用這些方式來設計組織，以建立一種混搭式的組織架構。茲將不同的組織設計方式分別說明如下：

一、職能：依工作機能分組，既簡單又合乎邏輯，是圖書資訊服務機構廣泛使用的方式。例如：依閱覽、採訪、編目、典藏及行政等基本單位分組，或將功能相近的數個部門整合為一較大的單位，例如將採訪、編目、期刊、裝訂等整合為技術服務部門。

二、地區：依地區劃分部門的最大優點是，每個部門都可直接在該地區發揮協調的功能，例如：公共圖書館的分館與巡迴車的設置，大都是依照地區劃分，以期更能掌握各個地區讀者的需求，方便提供快速與滿意的服務。

三、產品：產品是評估營運績效的主要指標之一，故企業組織大多採用作為組織分工的方式。

四、顧客：企業為滿足顧客，常針對特定顧客的需求設立部門。圖書資訊服務機構亦常採用此法，例如：公共圖書館為配合特定讀者的需求，會設立兒童閱覽室、青少年閱覽室、樂齡閱覽室或視障閱覽室等；又如大學圖書館為滿足研究生的需求，會設立研究圖書館。

五、程序：在建立組織部門的程序方法中工作人員將透過程序或活動予以聚合，而所謂程序是指「一組活動的集合，包含一種以上的投入，以產生對使用者有價值的結果。」以此種方式分工的焦點是一項工作如何在組織中被完成。程序通常有兩種特性，一為內部或外部顧客，另一通常可跨越組織的藩籬。例如：若想要在圖書館的書架上取得一本書，其程序就必須要經由不同的部門進行工作，包括：館藏發展、採訪、編目等部門的工作成果，方可達成。

六、學科：在大型的公共圖書館或是大學圖書館中，經常會依學科設置分館或閱覽室。例如：國立臺灣大學設有醫學圖書館及社會科學資源服務組；輔仁大學設有文圖及醫圖分館。

七、資源形式：圖書館為方便讀者利用特殊資料，且便於集中管理，常將特定形式的資源集中並成立一個特殊的部門閱覽室。常見者有輿圖部門、善本書室、特種語文組、特藏組等。

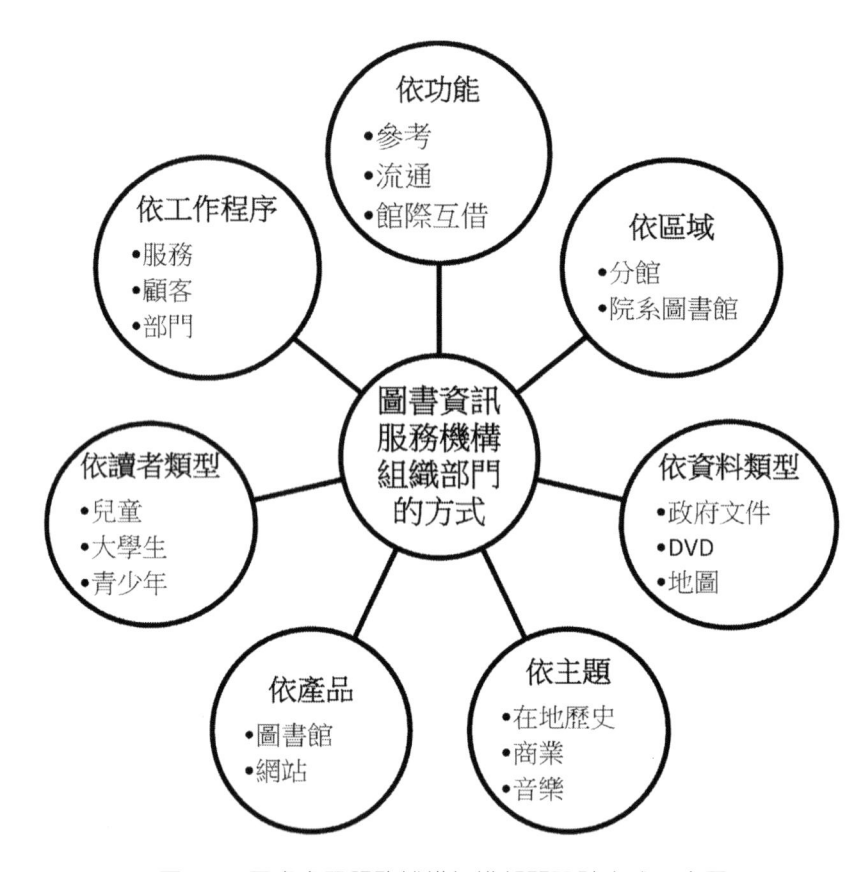

圖 3-1　圖書資訊服務機構組織部門設計方式示意圖
資料來源：Stueart 與 Moran（2007, p. 166）。

瞭解圖書資訊服務機構組織部門的方式之後，還有以下幾個議題是在建立組織架構時所應考慮的因素，分別說明如下：

一、部門化與層級化

組織的部門化是將機構內的員工依據工作的需要並按分工原則分成若干部門，每個部門由一位主管領導，在較大的機構中，每個部門還可以再分成若干層級。此種部門化與層級化可說是考慮組織架構的首要因素。

二、集中式與分散式

組織設計的另一個考量是集中（centralization）與分散（decentralization），對圖書資訊服務機構而言，兩者可謂各有利弊。所謂集中，是將全體機構的圖書、人員及資源集中在一個總館之內，由一位館長總攬全部的責任，為全體的讀者服務。此種形式多見於大專院校及公共圖書館。所謂分散是指在總館之外另行設立分館，例如：在許多大學圖書館中，除了總館之外還設立了許多院分館與系館。此兩種組織方式雖然各有利弊，但以趨勢來看，為使人力與資源集中，方便運用，實際上有愈來愈多的大學圖書館趨向集中式組織。相反地，公共圖書館為便利不同地區的使用者利用，逐漸廣設分館，而形成了分散式的組織架構，例如：臺北市立圖書館。

為能更充分瞭解集中式與分散式組織的優、缺點，茲將其逐條對照分列如表3-1：

表 3-1　組織採集中式與分散式的優缺點比較表

優缺點 \ 組織方式	集中式	分散式
優點	1. 圖書資源及服務集中在同一個固定場所，對一般讀者極為方便，尤其是可以把一些重要和昂貴的參考工具書集中在一起並由專業館員指導如何使用。 2. 可以減少圖書資源、人員和設備的重覆，以節省經費和避免不必要的浪費。 3. 總館開放的時間較長，服務的項目較齊備。 4. 有利於現代跨學科研究和科際整合研究的需要。 5. 增進圖書館管理和各部門間協調的便利與效率。	1. 有些性質特殊的圖書館，如法律、醫學、音樂、盲人等，比較適合單獨設立。 2. 地點與讀者較為接近，容易瞭解讀者的需求並與讀者建立良好的關係。 3. 大學內的院（系）圖書館因為在藏書和服務上能針對各院（系）的需要，在使用上較為方便。 4. 院（系）圖書館員可能具備該學科的專門知識，能夠瞭解該院（系）師生的需要，提供相應的服務。

表 3-1　組織採集中式與分散式的優缺點比較表（續）

優缺點 \ 組織方式	集中式	分散式
缺點	1. 因為內部結構複雜，對一些普通的讀者來講，較不熟悉不易使用。 2. 不管是大專院校、市區或公司機關，如果地區很遼闊，而圖書館的使用者又很分散，除非有很好的交通工具，否則會造成對讀者很大的不便。最近因為圖書館的自動化和網路化，再加上電子通訊的普及，使得圖書館與遠距離讀者的聯繫比以前便捷。	1. 一般分館的館藏量較小、收藏面較狹窄，常不夠讀者使用。 2. 人員、書刊和設備重覆，不符經濟效益。 3. 常有經費來源短缺、人員不足、館員素質差、開放時間短，及參考工具書缺乏等問題。 4. 大學圖書館的分館對外系讀者而言不方便，有時會使讀者放棄使用分館，造成學習和研究上的缺陷。 5. 分館型的圖書館不能配合現代跨學科或科際性的學習與研究趨勢。 6. 圖書館的組織太分散，在管理、協調和合作上將會非常困難，進而影響整個圖書館的效率。

資料來源：作者自行整理。

三、矩陣式組織

　　前文所述之功能式結構具有專業化的優點，但若實行久了，便會產生僵化與缺乏彈性的缺失。為改進此缺點，便有了矩陣式組織（matrix organization）的產生。所謂矩陣式組織的形式是在直線職能式的垂直組織形態上，再增加一種橫向的領導系統，而矩陣式組織也可以稱之為非長期固定性的組織。這種組織是把機構中的所有員工，按照工作或生產的需要分成若干方案（project）、產品或是小組（team），並且各由一位組長負責，這些小組在執行任務時，必須接受依功能而設的專業部門或人員的指導與協助（見圖 3-2）。小組的組成可以非常靈活，

其人員數量與專長可以依需要而定。當新的任務開始時，可以從各部門中抽取人員組成，在任務結束之後，小組人員便可以回歸部門或被指派到其他組別。

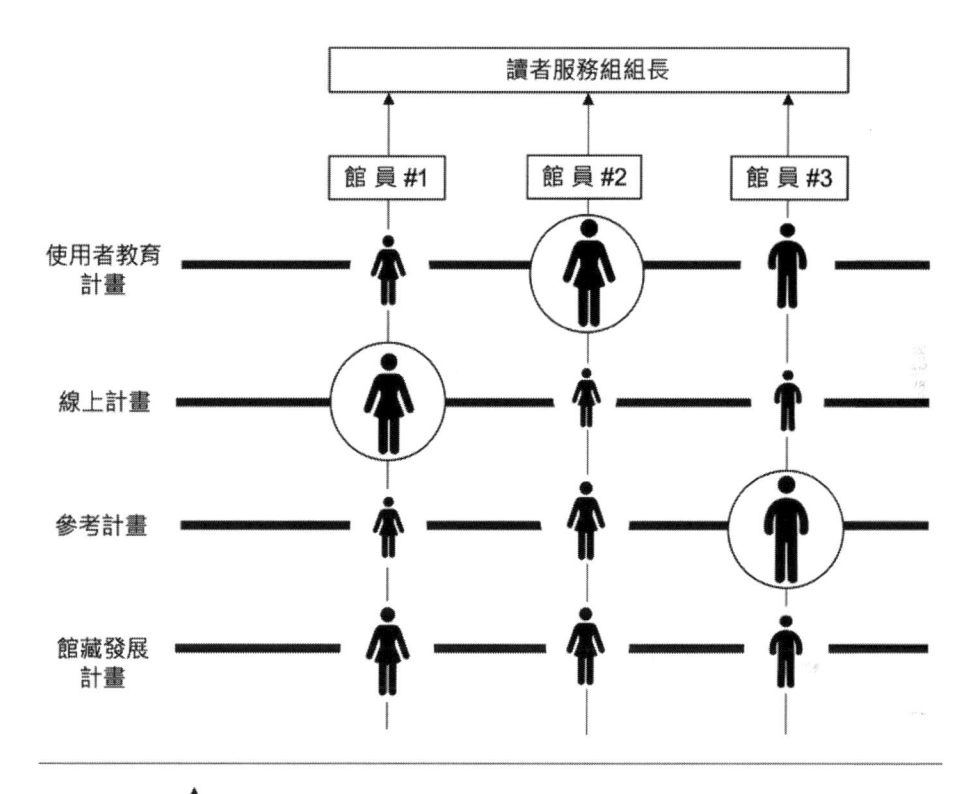

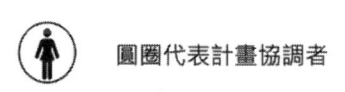

圖 3-2　矩陣式組織示意圖

資料來源：Stueart 與 Moran（2007, p. 191）。

矩陣式組織也存有其優、缺點，優點是能獲取功能性分工的長處，在員工的調派上保持機動性，可以有效地利用現有的人力資源來執行上級交代的各種任務與方案，也就是既發揮了職能機構的作用，保持常設機構的穩定性，又使組織具有適應性和彈性，與變化的環境相互協調。在執行專項任務組織中，有助於專業知識與組織職權相結合。此種非常設機構在特定任務完成後若立即復原，即可避免臨時機構的長期化。

缺點則是組織結構複雜，各專項任務組織與各職能機構間關係多頭，協調相當困難，且專項任務組織負責人的權力與責任不相稱，如果缺乏有力的支持與合作，工作便難以順利開展。由於專項任務組織不是常設機構，該組織的成員工作不穩定，其利益容易被忽視，故他們往往缺乏歸屬感和安全感。另因指揮系統不統一，容易使員工有不知所從的疑惑，尤其在某些情境下，究竟是要優先遵循部門主管的要求，還是要接受任務編組組長的指揮？常常會引起員工的困惑。此外，果若調派的頻率過於頻繁，則容易使員工感到不安，進而影響其工作情緒。

四、權力與權威

此兩者為組織設計時所要考慮的因素，可謂互為表裡。以下分別敘述：

（一）權威

權威（authority）觀念的形成來自於組織之中的從屬關係，係指影響或指揮他人的力量。一個主管會因為他在組織中的職位而獲得某些合法的權力（power），可以用來指揮屬下，使他們服從。然而此種權威必須要建立在合理的基礎上，也就是說權威是否會被尊重或接受，端看是否被運用得合理與適當。

基於來源不同，權威基本上可以分為以下幾種：

1. 法定權力（legitimate power）：指通過選舉或任命而擔當一定職位所得到的行為力量，亦稱組織權威（organizational authority）或規範權力（normative power）。
2. 獎賞權力（reward power）：透過獎勵所賦予的權威。這種權力基於給予正面有利結果，或去除負面不利結果所帶來的力量。

3. 強制權力（coercive power）：這種權力是指對違背旨意的人進行懲戒的力量。
4. 參照權力（referent power）：這種權力是由於成為別人學習參照榜樣所擁有的力量。
5. 專家權力（expert power）：這種權力來自於個人所擁有的專長、專門知識和特殊技能。
6. 信息權力（information power）：與「專家權力」類似，這種權力依賴於對某種他人必須的、重要信息的控制。

（二）授權

授權（delegation）是指在一個機構，根據權威的類型和指揮鏈的關係，把一些職責分配給各層次與各部門的主管並授予適當的權威，使得各主管對於他的工作負起責任，能以分工合作與分層負責的方式達成機構的使命和目的。

任何大型的機構都需要有職務分配與授權，最高主管雖然要對整個機構的成敗負責，但是每一個階層的主管也都對他管轄的部門負有相當的責任。因此，在指派工作時最好要將權責交代清楚，使部屬對於所擔負的職責、被授權的幅度，以及預期的績效等都能有整體的瞭解，也可避免部門之間推諉卸責的情況發生。一般而言，機構的規模愈大，作業愈複雜，上級對部屬的信任度愈高，部屬的素質愈好，那麼相對而言，授權的程度也會愈高。

有些主管因為個性關係，擔心部屬搶功，超越自己，不信任部屬，深怕授權太多會對部屬失去控制，所以全權總攬，不願意授權。也有些部屬害怕失敗受譴責，所以不敢擔負較大的職責；或者是滿足於現狀，不願改變，也不願接受更多的託付。此兩種狀況都會造成授權的障礙，絕非組織之福。

為解除這些授權障礙，上級主管應該設法創造一種互信互賴，上下和諧，不怕冒險犯錯的組織文化。同時對於績效好的員工，應該要給予適當的獎勵，包括獎賞、晉升、進修的機會、更好的工作條件、更具挑戰的工作或同事的認可等。

第三節　組織文化

「組織文化」的議題從1970年代後期到1980年代初期開始，在「組織分析」

領域中有了系統性的介紹,其後的十年間,組織文化開始被廣泛地接受,並且被視為是組織成功的一個重要因素。

　　組織文化對組織的影響甚大,一個正面、積極的組織文化可以成為組織在策略實施及組織改革時的助力。相反地,一個負面、冷漠、拒絕改變的組織文化,將成為組織成功的最大阻礙。而組織文化同時也影響著組織目標的達成與否,因此,在組織管理過程中實不可忽略其重要性。

　　圖書資訊服務機構是一個保存資訊、提供資訊服務的組織,在資訊科技一日千里的環境中,受資訊技術與外在環境的影響很大。如何在瞬息萬變的時代裡,捍衛其資訊服務的角色,組織中的「人」便成為一個關鍵因素。因為唯有組織成員願意不斷地接受新的挑戰,才能創造圖書資訊服務組織的永續服務。因此,如何讓組織能夠因應環境的變遷,持續朝向組織目標前進,組織文化的營造與改革,將成為組織管理的一個重要議題。

　　既然組織文化對圖書資訊服務機構的組織管理影響深遠,故瞭解組織文化將是此類機構在組織管理上不可或缺的部分。然而組織文化究竟為何?如何形成?會影響組織管理的哪些層面?以及組織文化應如何改變,以適應外在環境或內部改革?等都是本節所欲探討的議題。

一、何謂組織文化?

　　「文化」一詞指反映在正式和非正式團體的實務、價值觀、信念和潛在假定。Schein(2010)定義文化為:關於創新、探索或發展的一種基本假定的典範,是藉由一個特定團體,學習處理外部適應和內部整合的問題。亦即,文化是團體經驗的學習產品,受到歷史、早期經驗、早期領導者的影響。

　　Schein 對組織文化提出了一個正式的定義,即「一組共享且具有模式化的基本假定。當一個團體面臨外部適應和內部整合的問題時,會習得此等基本假定。由於這些基本假定運作良好,且被認定是正確有效的,因此,這些基本假定就會成為新進成員知覺、思考和感受相關問題的正確方式。」此定義不但說明組織文化的內涵及其傳遞過程,同時也指出其確切功能。而這也是目前在組織文化領域的研究中,最廣被接受與引用,且為多數學者認定是較為周延的定義。

二、組織文化的層次

　　Schein 認為文化的定義之所以會讓人混淆，是因為沒有對文化的層次加以清楚區分。因此，他從文化本質出發，將組織文化解構為三種互相關聯的層次（見圖 3-3），此種區分方式至今仍被後來的學者不斷引用，顯示此方式已被視為是一種合理的理論架構。在此理論中，「層次」的意義是指觀察者「可以見到」的文化現象，其範圍從一個人可以看到、感覺到非常顯而易見的外形，到深深埋藏、未察覺的潛在基本假定。以下分別就三個層次逐一說明：

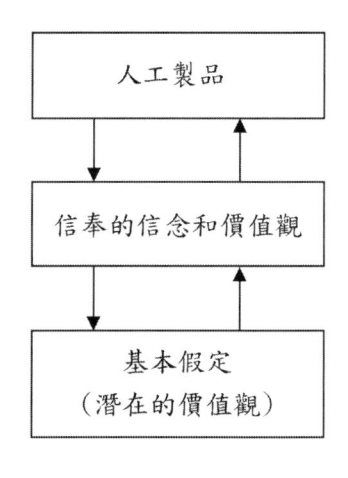

```
┌──────────────┐
│   人工製品    │     可見的組織結構及過程（難以解讀的）
└──────────────┘
      ↕
┌──────────────┐
│信奉的信念和價值觀│    策略、目標、哲學觀（信奉的理由）
└──────────────┘
      ↕
┌──────────────┐
│   基本假定    │     潛意識的、視為理所當然的信念、觀
│ （潛在的價值觀）│    點、思想、感覺（價值與行動的終極來
└──────────────┘     源）
```

圖 3-3　組織文化的層次分析圖

資料來源：作者自行繪製。

（一）人工製品

　　屬於組織文化的最表層，也可以說是最容易被觀察到的層次。包括了當人進入一個自己不熟悉的文化新團體，可以看到、聽到或感覺到的一切現象。例如：環境中的建物、語言、技術與產品、藝術創作及風格。具體來說，諸如：衣著打扮、情緒展現、有關組織的傳說或故事、價值觀的精神標語、可觀察到的儀式或典禮等，都屬於人工製品的層次。

　　團體的氣氛則是一個文化深層的人工製品，它是組織內成員可見的行為。此

外，像是組織規章、組織運作的正式規範之聲明書和組織的圖表等，也都屬於人工製品的層次。人工製品的特點是易於觀察，卻非常不易解讀，觀察者雖然可以描述出他所看到或感覺的製品，但卻無法單由此再進一步建構這些製品在特定群體中所代表的意義，或判別它是否能反映重要的深層假定。倘若能在一個群體中待上足夠長的時日，則對於人工製品所代表的意義就會逐漸瞭解。

就以圖書館為例，當我們在談論「線上公用目錄」（online public access catalog，簡稱 OPAC）時，這個語詞是圖書館界所共通的，然而聽在外人耳中，可能不會清楚其為何物。Michelle 從語言的角度來闡述圖書館的人工製品。他指出，圖書館的語言會不斷地改變，隨著科技的進步，線上檢索、數位參考資源、線上資料庫的出現都會改變圖書館的語詞，而圖書館的卡片目錄與傳統圖書資源，也轉移至電腦網路檢索及多媒體資源。在圖書館裡，許多的人工製品也混合了新舊產物（Kaarst-Brown, Nicholson, von Dran, & Stanton, 2004）。

（二）信奉的信念和價值觀

當領導者說服成員按照他信念與價值觀行動，而解決辦法持續有效，則這個信念與價值觀便會在組織中開始轉化，並且衍生出一系列信念、規範與行為的運作規則。而這些信念與規則是可被知覺、清晰表達，具有規範的功能，可指導團體成員在真實的關鍵情境中如何處理事務，以及訓練新進成員的行為。以圖書館來說，圖書館的任務中聲明「提供友善的系統及快速、彈性的服務」，或「滿足讀者的資訊需求」即為例證。

（三）基本假定

當某種解決問題的方式可以持續有效地解決問題，則這種方式將被視為理所當然，最初它可能是被某種信念或價值觀所支持的一個假定，後來發展成不容置疑的真理，成員也會很自然地使用這種方法來解決問題。基本假定和 Argyris 所定義的「使用理論」（theories-in-use）可以解釋此種現象，基本假定是一隻看不見的手在實際操縱著行為，告訴團體成員如何去知覺、思考及感覺事情。基本假定是無須對抗和爭辯的，因此改變極為困難。要在這領域中學習一些新的東西，需要我們喚醒、重新檢視和儘可能地改變一部分極為根深蒂固的認知結構。

綜合前述，組織文化可說是一種策略資源，具備確保與延續組織存在與成功的價值。組織文化實際上來自三種資源，涵蓋組織創辦者的信念、承擔和價值；由成員的學習經驗逐步發展而成；新成員會帶來的新信念、價值和承擔。組織文化的要素則包括符號、語言、團體規範、標語、英雄、神話或故事及儀式（Stueart & Moran, 2007, pp. 148-149）。

三、組織文化的功能

組織文化在組織管理中有其正面與負面的功能，茲將組織文化的正面功能歸納如下（王美鴻，1997）：

（一）組織文化提供成員一種對組織過去事件合理的解釋，使成員瞭解組織的歷史傳統和經營方針，當成員遭遇外部適應或內部整合問題時，組織文化提供了以往的經驗及解決問題的模式，使成員有所依據，減低其焦慮與疑惑。

（二）當成員能認同組織的價值信仰和管理哲學時，他們會認為組織所做的努力是有意義、有價值的，在這種情況下，追求組織的利益會大於追求個人的利益。

（三）當組織文化使成員產生社區意識時，成員所共享的價值觀念，即成為新進成員社會化的利器。

（四）組織文化界定了組織的界限，成員會以文化特質的有無，劃分「團體內」成員和「團體外」成員，而成員對團體內成員的期望，有別於對團體外成員的期望。

（五）組織文化具有控制成員行為，禁制成員不當行為的機制作用，提供成員言行的適當標準。

（六）一個尊重人性的強勢組織文化，能提升組織的生產力。員工順從強勢的組織文化，可能受到正面的獎勵與升遷，反之可能受到懲罰。這種組織文化成為員工行為的準則，幫助員工依此規範將工作做好，進而提升生產力。

而組織文化的負面功能，主要來自兩方面，其一是相互衝突的次文化之存在，另一則為組織文化造成創新的阻礙。

（一）組織中的次級單位，由於成員的工作性質相近或經常互動，常逐漸發展出自己獨特的語言、習慣和規範。每個組織中，可能存在著兩個或多個相互

衝突的次文化，而這些次文化倘若能順應組織的強勢文化，則可增加工作績效，但如果違背強勢文化，即可能引起組織衝突的現象，造成組織整合的困難，以及減低組織效能。

（二）組織文化是長久自然發展出來的，具有長期穩定性。成員一但接受既有的文化傳統，便將視為理所當然。因此，若要成員放棄既有的文化傳統，將會受到抵制，且遭遇極大的阻力。倘若組織由於外在環境的變化，為了求生存，必須有所變革，組織既有的文化傳統很可能因為無法適應新的組織環境，而成為變革的阻礙。若員工行為的一致性、價值標準相近時，在穩定環境中，組織文化可能是一項資產，但在變動的環境裡，組織文化卻可能成為組織的負擔。

整體說來，良好的組織文化將有利於組織管理，因為它不但能為成員提供解決問題的模式、規範成員的行為，更有助於凝聚成員的向心力。然而，也因為其負面功能的存在，管理者必須更重視組織文化的經營，以避免組織文化成為組織發展的阻礙。

四、組織文化的應用

（一）可供領導者作為一種策略資源

理論學家建議可將組織文化視為一種策略資源，以確保組織的永續存在與成功，因為過去已有許多研究證實了組織文化與「組織的知識管理能力」、「創新能力」，及「組織對於資訊技術的策略性管理」的關係。因此，如能找出圖書資訊服務機構的組織文化中，與成長、成功有關的特性，將有助於提供給現在和未來的領導者，做為一種指引、模式，以促成個人與組織的成功。

（二）可用以確認新策略實施的可行性

1996 年，Varner 利用競值架構（Competing Values Framework，簡稱 CVF）分析技術診斷大學圖書館的組織文化，透過問卷向員工及教師進行調查，藉由此項調查，描繪出圖書館的組織文化及其次文化的輪廓，透過該調查，也同時瞭解

發展新的行動策略的可行性。同時此種方法也有利於減低政策推出時受到阻礙的情形。

（三）可作為組織發展的利器

French、Bell 與 Zawacki（2004）將組織發展定義為：「組織發展須由高層領導與支持，透過長期的、持續的組織文化合作管理，改善組織的願景、授權、學習與問題解決程序。」此亦說明了組織文化對於組織發展所具有的重要影響，管理者可將組織文化視為組織發展的利器，透過瞭解與經營組織文化，使組織能夠朝向既定的目標發展。

第四節　案例分析與討論

無論是組織的設計與架構，或是組織文化的形成，都實實在在影響著一個組織的效率與效能。然而不管對於理論多麼嫻熟，身在組織之中的個人往往因為未能看清楚問題的全貌，抑或個人沒有反思的能力，而對事情有了不正確的判斷或不當的作為，因而造成對組織整體的損害。

以下兩則案例不在於提供答案或是所謂的正確做法，因為對於已發生事件的處理方式，其結果究竟是成功或失敗，都與該組織的成員及其既有的組織文化相關，所以不會有所謂的標準答案。案例的闡述是希望提供一些反思的機會，使得管理者與被管理者都有機會站在不同角度思考問題，進而找出最佳的處理方式，日後遇到相近的案例時，即能有相對應的思考脈絡。

案例一

某圖書館的母機構為獎勵資深員工，尤其是已服務超過二十年者赴國外進修，惟須經過機構內部跨部門的考試篩選。該館負責人得知此訊息後並未告知館內資深館員，就逕自參加考試並獲錄取，且在出國前夕也未周知同仁即將出國進修事宜，而是由母機構其他部門的同事在無意間透露。第一時間聽到此訊息的館員非常不能接受此一事實，但也莫可奈何，甚至有人還必須在該負責人進修期間

代理相關工作。此負責人回國後非但未自我反省，反倒責怪代理人處理館務諸多不妥。如果你是這位負責人，你會怎麼處理此事？如果你是資深館員或是其職務代理人又會如何處理此事？

案例二

　　某圖書館的館員們向來自掃門前雪，只要有新的工作項目就先推給新進的員工，長久下來，整個館的氣氛是多做多錯，少做少錯，不做不錯，呈現出非常消極的工作態度。新年度伊始，校長便委派一位研究績優的教授擔任館長，因新官上任，館長非常想要有一番作為，尤其想凸顯圖書館對校方的重要性，所以提出要引進較多的各式電子資源。此外，還想要瞭解這些資源被使用的情形，並且瞭解這些資源支持全校教學與研究的狀況。各組組長得知後，依照慣例，先推託自己部門不適合處理本案，且工作已相當忙碌云云，深怕館長交付此項工作。如果你是館長，你要如何分配新增電子資源的工作？如何瞭解館藏利用率？如果你是部門主管，你又要如何在這樣的氛圍下支持館長的理念，說服組員協助該任務的達成？

關鍵詞彙

組織	組織設計
Organization	Organization Design
統一指揮	矩陣式組織
Unity of Command	Matrix Organization
專業分工	權力與權威
Specialization of Division of Labor	Power and Authority
層級原則	授權
Scalar Principle or Chain of Command	Delegation
控制幅度	競值架構
Span of Control	Competing Values Framework, CVF

自我評量

- 組織的涵義與基本原則為何？
- 圖書資訊服務之組織設計應注意哪些因素？
- 圖書資訊服務之組織架構的內容有哪些？
- 何謂組織文化？
- 組織文化分為哪幾個層次？其內容各為何？
- 組織文化在管理上的功能為何？
- 組織文化在管理上的應用為何？

參考文獻

王美鴻（1997）。從組織文化論大學圖書館的組織變革。大學圖書館，1(2)，56-70。

李華偉（1996）。現代化圖書館管理。臺北市：三民。

邱慧瑩（2013）。以 CVF 與 MSQ 探討臺灣公共圖書館組織文化與館員工作滿意度之關係（未出版之碩士論文）。國立中興大學圖書資訊學研究所，臺中市。

張慧銖（2006）。引進電子資源對學術圖書館組織的影響。大學圖書館，10(1)，123-139。

French, W. L., Bell, C., & Zawacki, R. A. (2004). *Organization development and transformation: Managing effective change*. Osborne, KS: McGraw-Hill/Irwin.

Henri Fayol. (n.d.). In *Wikipedia*. Retrieved from https://en.wikipedia.org/wiki/Henri_Fayol

Kaarst-Brown, M. L., Nicholson, S., von Dran, G. M., & Stanton, J. M. (2004). Organizational cultures of libraries as a strategic resource. *Library Trends, 53*(1), 33-53.

Schein, E. H. (2010). *Organizational culture and leadership* (4th ed.). San Francisco, CA: Jossey-Bass.

Stephens, D., & Russell, K. W. (2004). Organizational development, leadership, change, and the future of libraries. *Library Trends, 53*(1), 238-257.

Stueart, R. D., & Moran, B. B. (2007). *Library and information center management* (7th ed.). Westport, CT: Libraries Unlimited.

作者簡介

黃元鶴

(yuanho@lins.fju.edu.tw)

天主教輔仁大學
圖書資訊學系教授

第四章

人力資源管理

學習目標

研讀本章內容之後，學習者應能夠：

- 瞭解美國與臺灣公私立機構的圖書館人力資源類型與工作內容

- 瞭解工作分析設計方法與工作特性的要素，以及招募與聘用流程

- 知曉教育訓練的程序、類型，以及館員繼續教育的要素，可落實於館員的教育訓練活動設計

- 知曉人員績效考核與評估的方法、評核來源，以及避免易犯的缺失

- 瞭解多元的職涯發展路徑與館員發展的相關因素，營造學習型組織，以利圖書館持續進步與成長

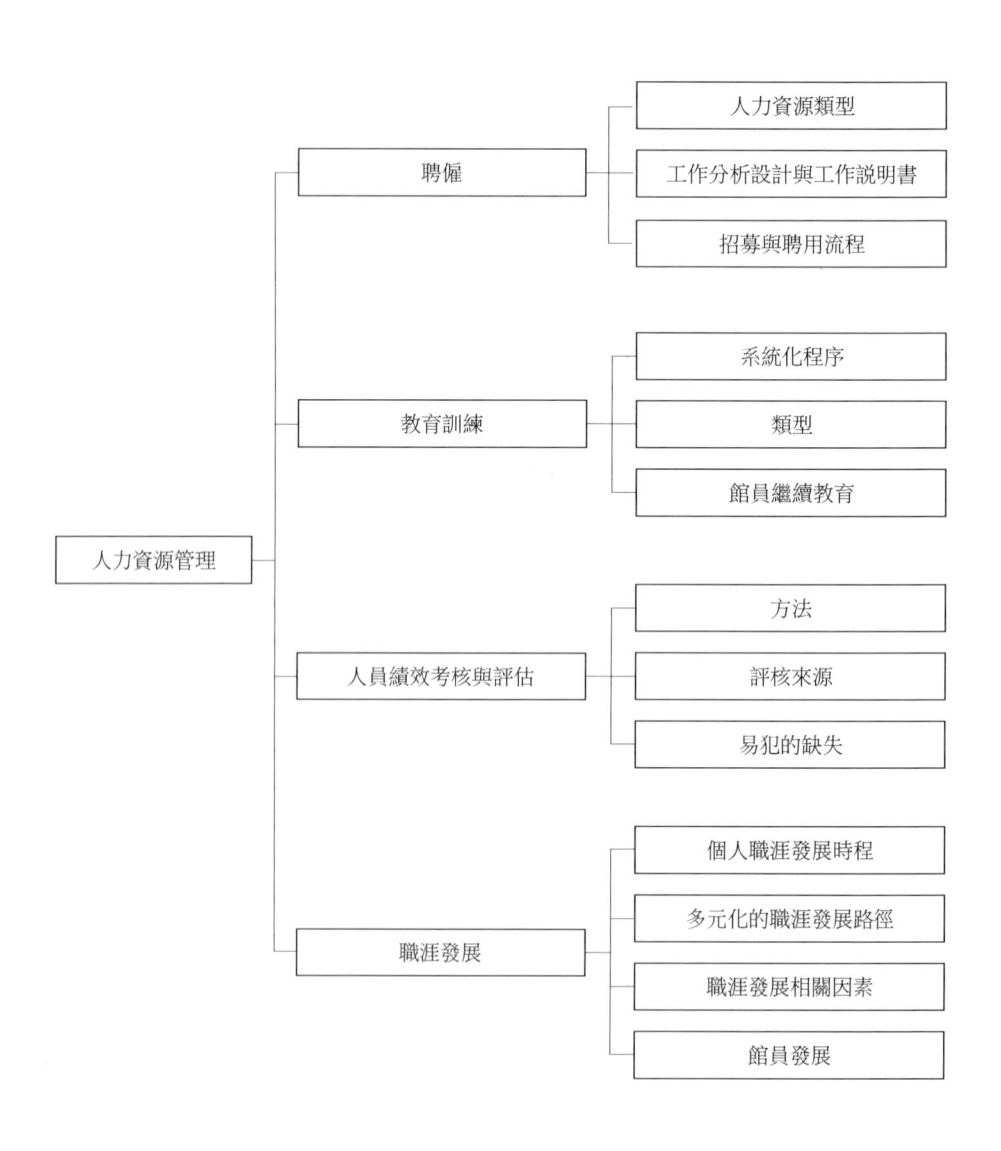

本章綱要

```
人力資源管理
├── 聘僱
│   ├── 人力資源類型
│   ├── 工作分析設計與工作說明書
│   └── 招募與聘用流程
├── 教育訓練
│   ├── 系統化程序
│   ├── 類型
│   └── 館員繼續教育
├── 人員績效考核與評估
│   ├── 方法
│   ├── 評核來源
│   └── 易犯的缺失
└── 職涯發展
    ├── 個人職涯發展時程
    ├── 多元化的職涯發展路徑
    ├── 職涯發展相關因素
    └── 館員發展
```

第四章
人力資源管理

　　人力資源管理重視長期且策略性的管理，人事管理則是短期而特定事務的管理。現代社會強調人力資源管理，重協調、有彈性、信賴、發展資源與授權，以促進組織全面品質的提升。人力資源管理是對機構各層級人員的管理，包含規劃、招募（recruiting）、甄選、聘僱、培訓、升遷、調動、評估，以及人員退休之相關管理程序。

第一節　聘僱

　　人力規劃、招募、甄選與聘僱等工作是人力資源管理流程之前期階段，此階段的工作重點是為組織聘僱高品質人力，每種機構所需之人力資源類型不同，應依組織目標與特性來分析工作內容，圖書館其人力資源類型有其專業特殊性，因此本節首先說明圖書館人力資源類型。其次，為因應內外部環境變動，需進行工作分析設計，近年美國圖書館為館員設置若干新職稱，反映圖書館工作內容變動的現況。招募與聘用流程包含許多繁瑣細節，應審慎處理，才能為組織晉用最適人才。

一、圖書館人力資源類型

　　依據國際圖書館協會聯盟（International Federation of Library Associations and Institutions，簡稱 IFLA）公共圖書館服務準則，將圖書館員工分為如下類型（Koontz & Gubbin, 2010）：
（一）合格館員（qualified librarians）：修畢圖書館學與資訊研究相關碩士學位課程，並有能力從事圖書館規劃與行政、資訊提供與服務、行銷、資訊組織、評估與監管、設備管理、館藏發展、讀者教育等事項。部分國家另有

圖書館技師（library technician）與準專業人員（para-professional）為具備中級資格之合格館員，其任務包含管理非專業員工與排班、執行例行之服務、維護設備等工作。
（二）圖書館助理（library assistants）：大型公共圖書館聘用此類型員工，任務包含書目查核、圖書資源上架與流通、讀者服務等。
（三）專門技術員工（specialist staff）：大型公共圖書館聘用此類型員工，包含電腦資訊管理者、人事或財務行政人員、設備工程師、訓練與行銷人員等。
（四）支援人員（support staff）：如清掃人員、司機、維安人員等。

　　華人的圖書館學專業源起於美國傳教士韋棣華（Mary Elizabeth Wood）女士於中國武漢設立第一所現代化圖書館──文華公書林，因此，臺灣的圖書館人力資源管理受到美國的影響很大，但因國內外社會環境的差異，美國與臺灣的圖書館人力資源類型不全然相同，呈現於表4-1。美國圖書館的正式專業館員強調必須具備圖書資訊學碩士學位，而臺灣則是圖書館隸屬公立或私立機構而有其差異，公立機構圖書館或檔案館的館員之遴用可分為：考試任用制、聘任制（如符合教育人員任用條例聘用之人力）、約聘僱人員、臨時人員（專案助理）等，除了臨時人員外，前三項為編制內人力資源。考試任用制是指通過「圖書資訊管理」類科與「檔案管理」類科之國家考試資格者，由於前述類科之報考資格並未限制報考者之專業背景，因此，未具備圖書資訊學相關專業之教育背景者只要通過考試，即可成為公立機構圖書館之館員。

　　私立機構圖書館於招募專業館員時，通常會限制應聘者需具備圖書資訊學教育背景者。臺灣近年因少子化危機，連帶影響學術機構圖書館之館員任用制，除了編制內館員具備工作保障之外，約聘僱員、專案計畫型雇員等非長期聘僱關係類型的館員人數較以往增加，往往會增加館員的汰換率。

　　兼職工讀生與業務外包是臺灣與美國圖書館均會採納的臨時型人力資源，此外，臺灣的部分圖書館亦引進派遣人員，僱用來自於人力派遣公司的暫時性人力，圖書館支付約定費用給人力派遣公司，圖書館對於派遣人員有指揮命令權，但該派遣人員的薪資福利是由人力派遣公司負責。派遣人員在圖書館的工作多元，除了清掃等事務型工作之外，亦曾見核心業務如圖書分類編目、公共圖書館分館主任等專業館員的工作任務交由派遣人員來執行該業務。臺灣政府於2018年宣告中央政府機關所屬派遣人力要在2年內歸零（顧荃，2018），未來公立機構圖書館之派遣人力恐將消失。

公立機構圖書館之組織架構近年有較大變革，高雄市立圖書館以更有行政效率及財務彈性的組織架構因應資訊變遷快速的數位時代之理由，於 2017 年 9 月 1 日正式轉型為行政法人營運（高雄市立圖書館，2018），其他公立機構圖書館尚在觀望，並未跟進，但可預期未來公立機構圖書館之人力資源類型與管理機制將與以往有所不同。

表 4-1　美國與臺灣的圖書館人力資源類型

美國	臺灣
1. 專業館員（professional librarians）：具備圖書資訊學碩士學位（Master of Library Science, MLIS） 2. 支援型員工（support staff）[a]：人力背景多元，學歷自高中、學士、碩士畢業者皆有，由準專業人員至事務型員工，工作內容包含支援書目查核、圖書採購與流通、期刊訂購與上架、抄錄編目等業務，資訊技術專業背景者也屬支援型員工	1. 公立機構圖書館： (1) 編制內：考試任用制、聘任制（如符合教育人員任用條例聘用之人力）、約聘僱人員[b] (2) 編制外：臨時人員（專案助理） 2. 私立機構圖書館： (1) 編制內：館員 (2) 編制外：約聘雇員、專案計畫型雇員
1. 兼職雇員（part-time employee）：2010 年約有四分之一 MLIS 畢業生任職兼職專業館員 2. 業務外包（outsourcing）	1. 兼職工讀生：按時計酬，支援圖書館業務 2. 派遣人員 3. 業務外包 4. 志工

資料來源：Moran, Stueart, & Morner (2013, pp. 191-192)。
註：[a] 此處之支援型員工（support staff）為廣義的說法，而 Koontz 與 Gubbin（2010）採狹義說明「支援人員」（support staff）為支援圖書館非核心業務之人力，因此筆者以不同的中譯名詞表達。[b] 約聘僱人員包含支援圖書館核心與非核心業務之人力，如駐衛警、技工等為圖書館非核心業務之約聘僱人員。

二、工作分析設計與工作說明書

藉由工作分析可使組織瞭解機構存在哪些職位（position），及該職位所需人才之知識、技能與能力（knowledge, skill, abilities，簡稱 KSAs），知識是指員工執行特定任務所需瞭解的資訊與經驗；技能是指可轉譯知識於執行工作任務

的能力；能力是個人於工作之態度、自信、承諾、動機等。掌握資料以獲知是否有薪酬不公現象而可加以改善，辨識組織需加強人員訓練之處，協助組織確保人員健康與安全的環境；掌握工作設計要素，才能充分運用人力資源；具備完整的工作說明書（job description），才能使應聘者清楚掌握該職務所需的必要與充分條件（周瑛琪，2010；Crumpton, 2015; Dorado, 2012）。

（一）工作分析

當組織創立或面臨內外部環境變革而需調整組織結構或工作職務時，即是工作分析的時機。首先需瞭解工作分析的對象與用途，掌握工作的背景與流程資料，選定特定工作分析與資料收集的範疇，其方法類型如表 4-2：

表 4-2　工作分析方法類型與用途

分析方法	考量因素與注意事項	搜集資訊之用途
觀察法（observation）	瞭解職務目的、工作場域中與其他單位的關係。可區分為三種類型： 1. 直接在工作現場觀察。 2. 針對工時較長的工作切割後，分階段觀察。 3. 模擬演練突發事件的觀察。	職位的敘述，以及該職務與組織契合的程度
面談法（interview）	該職務的相關責任與活動，可以個人或團體面談，依據設計好的問題來提問與溝通。	預期該職務的績效水準
問卷法（questionnaires）	對於各職務所需之知識、技能與能力。通常由工作分析人員設計問卷，由受訪員工自行填答，可在短時間內回收大量工作分析所需的資訊。	個人之訓練與發展需求
日記與日誌（diaries and log）	該職位的行為與預期績效	招募員工之規格書或職涯進程計畫準則

資料來源：周瑛琪（2010，頁 65-70）；Crumpton（2015, p. 33, Fig. 4.1）。

當代館員職位名稱相當多元，本章節將 Crumpton（2015）所彙集的美國圖書館員職稱分群如表 4-3：

表 4-3　美國圖書館員職位名稱

類型	館員職稱
讀者服務	成人服務館員（adult services librarian）、多元型態圖書館服務協調者（multitype librarian services coordinator）、特別服務館員（special services librarian）、青少年服務館員（teen librarian）
技術服務	詮釋資料館員（metadata librarian）、科學資料採集專家（scientific data acquisition specialist）、詮釋資料與數位資源館員（metadata and digital resources librarian）、館藏評估與分析館員（collection assessment and analysis librarian）、數位服務與共享館藏主任（chair, digital services and shared collections）
資訊資源	電子資源館員（electronic resource librarian）、影片館員（film librarian）、資訊存取與使用者服務館員（information access and user services librarian）、善本書館員（rare book librarian）、國際政府文獻館員（international government documents librarian）、法律歷史與善本書館員（legal history & rare books librarian）
數位典藏與管理	數位存取館員（digital access librarian）、數位資產專家（digital asset specialist）、數位典藏館員（digital repositories librarian）、手稿數位計畫館員（manuscripts digitization project librarian）、數位保存館員（digital preservation officer/librarian）、數位計畫館員（librarian, digital projects）、數位檔案管理人員（digital records archivist）
資訊科技與新媒體	資料系統館員（data systems librarian）、創新科技與圖書館資源管理主任（director of innovative technologies and library resource management）、新興科技館員（emerging technologies librarian）、資訊科技館員（information technology librarian）、程式館員（programming librarian）、系統科技館員（systems and technology librarian）、使用者經驗館員（user experience librarian）、虛擬經驗管理者（virtual experience manager）、網頁與多媒體館員（web and multimedia librarian）、網頁服務館員（web services librarian）、數位使用者經驗專家（digital user experience specialist）、探索系統館員（discovery systems librarian）、數位應用館員（digital initiatives applications librarian）、科技服務主管（technology services head）、資訊科技與數位服務副館長（assistant/associate University librarian—information technology and digital initiatives）、創新與使用者技術研究館員（innovation and user technology research librarian）、網頁服務與新興科技館員（web services and emerging technologies librarian）、資訊管理系統資深程式設計師（senior programmer, information management & systems）、圖書館網頁發展設計師（library web developer/designer）、資深軟體系統工程師（senior software and systems engineer）、數位科技發展館員（digital technologies development librarian）、資訊長（chief technology officer）

表 4-3　美國圖書館員職位名稱（續）

類型	館員職稱
數位人文與學術研究	學術傳播館員（scholarly communications librarian）、數位人文館員（digital humanities librarian）、數位研究與學術館員（librarian for digital research and scholarship）、數位人文科技顧問（digital humanities technology consultant）、數位學術主任（director of digital scholarship）、數位人文技術顧問（digital humanities technology consultant）、學術技術主任（director of scholarly technology）、研究館員（graduate research librarian）、進階研究館員（librarian for advanced research and engagement）
其他	進階寫作館員（advanced writing librarian）、面臨風險青少年服務外展與志工協調者（at-risk youth services outreach & volunteer coordinator）、校園館員（campus librarian）、臨床教育館員（clinical education librarian）、臨床館員（clinical librarian）、遠距學習館員（distance learning librarian）、教學服務館員（instructional services librarian）、國家安全與美國對外關係館員（national security & U.S. foreign relation librarian）、地理資料架構發展師（geographic data infrastructure developer）

資料來源：作者自行整理。

最多館員的新職稱相關於資訊科技、新媒體、數位等，反映時代潮流趨勢，由此可見，工作分析有其必要性，才能收集相關資訊以設計符合當代工作場域的適合職務。

（二）工作設計與特性

組織為提升員工生產力與工作績效，設計與發展適合的工作方法。工作設計相關理論中，學者 Hackman 與 Oldham（1980）為達成工作豐富化（job enrichment）而提出工作特性模式（job characteristic model）（圖 4-1），其五項核心工作特性說明如下：

1. 技能多樣化（skill variety）：完成一項工作所需具備的多項技能與才能，當工作具備技能多樣化的程度愈高，員工完成工作的成就感愈高。
2. 任務完整性（task identity）：工作自開始至完成範圍的完整度，工作愈完整則員工會感到有意義的程度愈高。
3. 任務重要性（task significance）：若工作的重要性高，擔負很多責任，則組織對於該員工的重視度愈高。

4. 工作自主性（autonomy）：可自由規劃、排程與實施該工作任務的程度，工作自主性愈高愈會增加工作成就感。
5. 工作回饋（feedback）：員工可獲知其工作表現效能等相關資訊的多寡，回饋的面向若愈完整，員工滿足程度愈高。

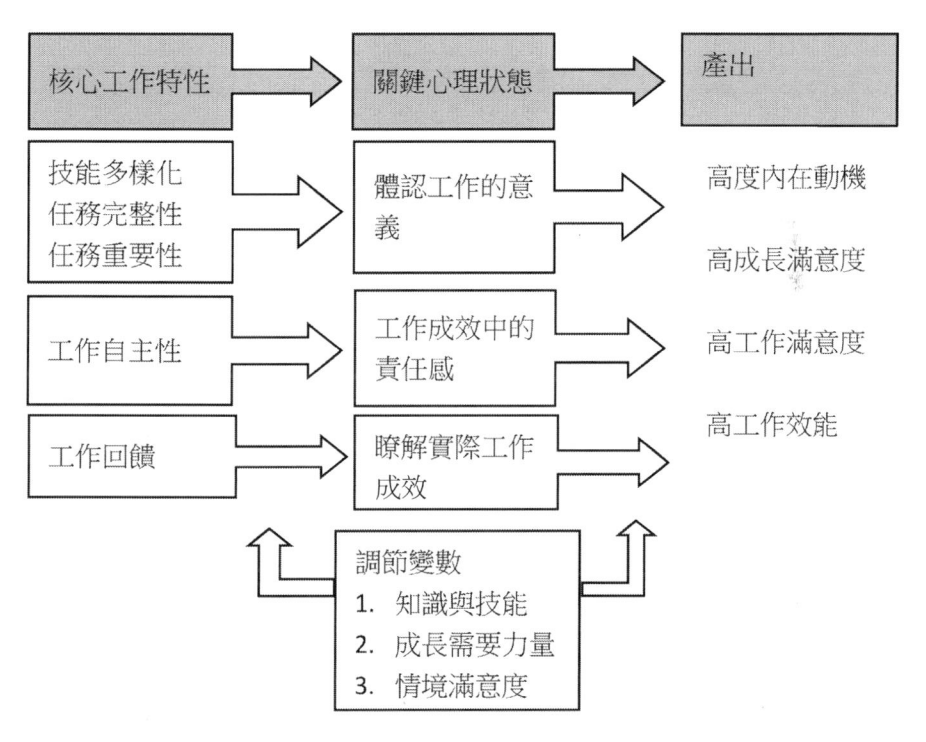

```
┌─────────────┐    ┌─────────────┐    ┌─────────┐
│ 核心工作特性 │ →  │ 關鍵心理狀態 │ →  │  產出   │
└─────────────┘    └─────────────┘    └─────────┘

┌──────────┐       ┌──────────┐
│ 技能多樣化│       │體認工作的意│      高度內在動機
│ 任務完整性│  →    │    義     │  →
│ 任務重要性│       │           │      高成長滿意度
└──────────┘       └──────────┘

┌──────────┐       ┌──────────┐
│ 工作自主性│  →    │工作成效中的│  →   高工作滿意度
│          │       │  責任感   │
└──────────┘       └──────────┘

┌──────────┐       ┌──────────┐       高工作效能
│ 工作回饋 │  →    │瞭解實際工作│  →
│          │       │   成效    │
└──────────┘       └──────────┘
                        ↑
                   ┌──────────┐
                   │ 調節變數 │
                   │1. 知識與技能│
                   │2. 成長需要力量│
                   │3. 情境滿意度│
                   └──────────┘
```

圖 4-1　工作特性模式

資料來源：譯自 Hackman 與 Oldham（1980, p. 90, Fig. 4.6）。

（三）工作說明書

組織應提供工作說明書，以利受僱者瞭解其工作職責，工作說明書內容包含以下項目（周瑛琪，2010；Moran et al., 2013）：

1. 工作識別（job identification）：即職務名稱、隸屬部門、工作內容與職責。
2. 工作摘要（job summary）：具體陳述該職務的工作內容、主要功能與任務。
3. 工作活動及程序（job activities and procedures）：包括現職者所執行任務的說

明，基本上應對工作的責任及職責陳述清楚，但有時使用如「其他隨時指派的責任」等字眼，使說明產生些許彈性。工作活動及程序一覽表是工作說明書中最重要的部分，此清單可確認職員需負哪些責任，亦同時指示上級主管哪些任務必須加以評量監督，或提供訓練。
4. 工作關係（job relationships）：描述該工作與組織內外部其他人的關係責任為何，包括職員須報告的對象、此工作所監督管理的職員數量及其上級單位、此工作需要的對內及對外關係。
5. 工作職權（job authority）：員工執行相關業務時，該職務所賦予的正式權力，內容包含如下：下決策的權限範圍，對於管轄範圍之下屬員工的命令、指揮、升遷、訂立績效標準的權力，可運用的經費額度等。
6. 工作標準（job standard）：規範該工作之任務績效標準。
7. 工作條件（job conditions）：工作場地情況的描述，如溫度、照明、噪音分貝、其他相關危險因子等。
8. 工作規範（job specification）或工作要求（job requirements）：完成該工作職務所需具備的教育程度、專業知識、特殊技能、經歷與經驗等。

　　非正式人員之工作說明書內容應包含所在單位、工作項目、工作職責、所需知能、工作所需之資格條件、管理與獎懲辦法、所執行業務的相關知識與常識（林敏秀，2013）。

　　臺灣之公立機構圖書館依考試任用制之館員，其職系內容於2019年有重大變革，依據2019年1月16日考試院考臺組貳一字第10600096801號令修正「職系說明書」、「職組暨職系名稱一覽表」，修正後職系之綜合行政、社會行政、社會工作、新聞傳播、文教行政、圖書史料檔案、人事行政等7個職系合併為「綜合職組」，摘錄圖書史料檔案與文教行政等二大職系說明書（網址：https://www.mocs.gov.tw/pages/detail.aspx?Node=716&Page=5969&Index=3），如表4-4：

表 4-4　圖書史料檔案與文教行政等二大職系說明書

職系名稱	職務內容
圖書史料檔案職系	本職系之職務，係基於圖書資訊管理、史料編纂、檔案管理之知能，對下列工作從事計畫、研究、擬議、審核、督導及執行等： 1. 圖書資訊管理：含圖書資訊之採訪、編目、典藏、閱覽、參考諮詢、資訊檢索、文獻傳遞、推廣輔導、館際合作、特殊讀者服務、出版品編印與交換、圖書資訊網路與資料庫之建立管理及圖書館數位化管理等。 2. 史料編纂：含檔案與史料之蒐集、整理、手稿文件之辨識、解讀、目錄著錄及檔案史料之編纂出版、展示、應用內容編纂等。 3. 檔案管理：含歷史檔案資料之徵集、價值鑑定、整編描述、媒體保存技術、檔案之應用、加值研究、展示出版與資訊服務及檔案館管理等。
文教行政職系	本職系之職務，係基於文化行政、教育行政、博物館管理等知能，對下列工作從事計畫、研究、擬議、審核、督導及執行等： 1. 文化行政：含文化政策、文化人才培育與獎掖、文化合作與交流、文化資產之保存、維護、傳承與宣揚、文化藝術傳播與發揚、藝文活動創作與展演、文學、視覺藝術、公共藝術、表演藝術、生活美學之輔導與獎掖及文化設施（機構）經營管理等。 2. 教育行政：含教育政策、師資培育政策、體育政策、各級各種學校教育與學術研究機關之指導、校務、課程、教學、學生事務、建教合作、教育實習、教師資格檢定與審定、教師登記、學位授予、教師研習與進修、教育機關（構）設立與變更、學前教育、特殊教育、學生輔導、青年發展、體育、補習教育、進修教育、家庭教育、社會教育及國際教育交流等。 3. 博物館管理：含博物資料之調查、蒐集、登錄、保存、點檢、考訂、仿製、展覽、典藏、修復、教育推廣、歷史遺址之考古與發掘及博物館管理、評鑑等。

資料來源：考試院（2019）。

三、招募與聘用流程

招募是探求符合待補職位所需條件的人員，並設法吸引他們來應徵的過程。招募包含如下程序（黃良志、黃家齊、溫金豐、廖文志、韓志翔，2007；Moran et al., 2013）：

(一) 擬定招募計畫：確認該次招募的人才種類、人數、資格條件及預算。
(二) 確定人力來源：可分為內部人力與外部人力來源，各有其優缺點。內部晉用人力的優點為提升士氣，缺點是未錄取者的負面情緒，易影響工作氛圍，且近親繁殖，不易帶進新氣象。外部聘用人才的優點是可選最適才能者，並由外部帶進新觀念；缺點是費時較久，招募成本較高。
(三) 選擇招募方法或管道：可透過正式管道與非正式管道，正式管道是指雇主與應徵者的接觸是經由外界組織或仲介機構的安排，如職業介紹所、校園招募、各式媒體廣告等；非正式管道是指雇主與應徵者接觸非經由外界組織或仲介機構的安排，如員工與親朋好友的推薦、自薦等。
(四) 執行招募活動：中大型組織是由人力資源部門負責招募工作，由聘僱辦公室人員來辦理招募活動，其人員應有良好的人際溝通技巧，使應徵者於獲取新職位資訊時受到尊重的對待。招募訊息應具體明確，目標在於使少數合格的候選人能快速而廉價地收到資訊。

聘用不適任員工，需付出許多成本：資遣費、訓練費、浪費的人力資源時間成本、生產力損失、影響員工士氣。因此，需審慎面對招募與聘用流程，選才流程包含如下數個階段（Moran et al., 2013）：

(一) 檢視應徵者填寫機構自訂的制式申請表，包含姓名、地址、電話、教育背景、工作經驗等資訊。由應徵者的簡歷資料，可初步篩選不適任的應徵者。
(二) 應徵者測驗：有些圖書館會運用測驗來檢測應徵者是否具備特定技能，如國家圖書館招募助理編輯，初審合格者，通知參加筆試，筆試通過者再進行口試。
(三) 面談：主要目的是使雇主有機會藉由面談來獲知應徵者書面資料以外的資訊，深入瞭解應徵者的知識與技能是否符合該職缺，而應徵者亦可藉此機會來釐清對於該職務的工作內容的認知。面談以開放型問題為佳，應聚焦

於工作本身，避免詢問個人隱私問題，歐美國家對於婚姻狀態、性別、種族、宗教等議題特別敏感，除非與工作職務相關，應避免提問前述問題。
(四) 檢核背景資訊：應徵者前雇主的推薦信，大多數人會給予優良的評價，注意是否有猶豫的語氣。亦可打電話給先前的雇主或老師，或在社群媒體（Facebook、MySpace）查證，45% 雇主曾在社群媒體查證應徵者相關資訊，在社群媒體查證後，33% 雇主拒絕聘用。
(五) 決定聘用：通常由委員會群體推薦適用人才名單，管理者做最終決策。健全的選才流程有助於降低員工流失率（staff turnover rate），適度的流失率可引進新思維，但太高則影響員工士氣。

第二節　教育訓練

員工教育訓練是組織為提升員工執行業務之績效，透過一系列的學習機制來提升員工的知識、技能與態度的相關活動，教育訓練功能包含精進並更新員工的技術能力、藉由經驗交流來提升工作績效表現、提升員工知識與素質、訓練員工積極主動的態度、培育管理人才（周瑛琪，2010）。

一、教育訓練的系統化程序

教育訓練應依需求來設計，針對員工不足的技能，或賦予員工未來的新任務等原因來提供教育訓練，才能達成訓練的效益，訓練的系統化程序包含如下四階段（黃良志等，2007）：
(一) 訓練需求分析：首先依組織之策略目標來設計工作任務；其次做工作分析，掌握該工作任務的所需的知識與技能、績效標準等；最後針對人員分析，重點如下：1. 確認績效不佳的原因是來自於知識技能不足（此時有提供訓練的必要），或是動機或工作設計因素（此時無提供訓練的必要）；2. 確認哪些員工需要接受訓練；3. 確認員工本身已做好接受訓練的心理準備。
(二) 訓練的設計與準備：融入相關學習理論於訓練課程中，目標設定理論（goal

setting theory）主張清晰目標的設定能產生激勵的效果，因此，提供清楚的指引，鼓勵員工設定自我目標，使清楚的目標與期望產生學習的指引效果。結合實務訓練的做中學（learning by doing）能使學員由實作課程中領悟其訣竅。社會學習理論（social learning theory）強調學習可經由模仿來達成，因此，訓練過程中應適時提供行為模範與最佳實務給學員參考。強化理論（reinforcement theory）包括正增強、負增強、無增強、懲罰等，正增強是讚許學員表現良好的行為來強化學員的學習效果。負增強則是降低給學員討厭的刺激，來增加學員好的行為，如學員為避免導師的責難，而積極提升學習效益。無增強是弱化或消除該行為，若導師未回應學員關於訓練主題無關的詢問，學員將減少該行為。

（三）多元實施方式，如下所列：

1. 單向講授：最常見的課堂學習方式，由組織聘請專家來講授課程。另有組織建構線上學習課程，提供員工彈性上線學習。
2. 參與實作：包含學徒制訓練（apprenticeship training）、模擬訓練（simulation training）等方式。學徒制訓練是請師傅在其專精領域上傳授實作經驗給受訓者，往往耗時較久，成本較高。模擬訓練是設定與工作場域接近的環境，受訓者在該情境中學習。
3. 群體建立：包含交叉訓練（cross-training）、協調訓練、團隊領導訓練、體驗訓練等方式。交叉訓練是讓成員接受其他成員的專業訓練，而非加強本身的專長。協調訓練主要是針對團隊成員間如何協調、分享資訊與決策等訓練。團隊領導訓練是對於領導者角色所設計的訓練，內容包含衝突的處理、協調技能及賦能（empowerment）。體驗訓練則是運用具挑戰性、結構化設計的室內或戶外活動以訓練及發展團隊工作技能與領導能力。
4. 教練法（coaching）或導師法（mentoring）也是有效的訓練實施方法，組織指派一位資深員工擔任受訓者的教練或導師，提供學員於工作任務、決策技能與觀念之各項指引，成為學員的生涯顧問。
5. 工作輪調（job rotation）：使員工在不同單位間轉換工作，學習多樣化的知識技能與決策情境，增加對組織整體的瞭解，以培養較廣的視野，增進跨部門的溝通與人際網絡。楊美華（1996）提及在圖書館實施輪調

制度的意義如下：配合組織目標、解決人員衝突、使工作豐富化、提振工作士氣、推動繼續教育。
6. 其他：舉辦特定主題的研討會，可於短時間收集該領域相關研究的主題。個案討論法藉由講者提供實務問題個案，學員討論而提出解決方案，提升學員的問題解決能力。模擬競賽法可激發學員的自主學習動機，中華民國圖書館學會曾舉辦「2018 大專校院圖書館精進與創新競賽」（網址：http://www.lac.org.tw/announcement/20181128-9632-1224240106），由其得獎隊伍的主題可看出各校圖書館館員發揮許多創意於推廣圖書館業務。

（四）訓練成效評估可區分為以下四項準則：
1. 反應：學員對於訓練課程的反應可區分為情感反應與效用評斷，情感反應是受訓者對於訓練課程的喜愛與滿意程度，而效用評斷則是訓練課程與工作相關性或有用性的主觀評斷。
2. 學習：測試學員在觀念、知識、行為上是否有所改進，可以測驗、角色扮演的觀察、受訓表現評比等方式評量。
3. 行為：學員回到工作崗位後，其行為是否不同於受訓前的表現，達成訓練移轉的效果。
4. 結果：訓練的實施對於組織造成的影響，如員工離職率降低、生產力提高、顧客滿意度提升、成本下降、獲利率提高等。

二、教育訓練的類型[1]

（一）職前訓練（orientation training）：主要針對機構的新進員工提供的訓練活動，協助他們瞭解組織目標與文化、工作內容與方式、員工責任與義務、員工福利等。
（二）在職訓練（on-the-job training，簡稱 OJT）：提供資深員工或管理者與工作實務的訓練活動，主要目的是使員工學習新知識與技能。實施方法如工作輪調、導師法、學徒制等。
（三）職外訓練（off-the-job training）：員工暫時離開個人工作場域，在另一地

---

[1] 教育訓練的類型的相關討論可參考周瑛琪（2010）、黃良志等（2007）。

點接受訓練，可使學員專心於課程的學習，實施方式如參與課程或研討會、個案討論、角色扮演、模擬訓練等。中華民國圖書館學會每年暑期提供不同專業主題的研習班，提供館員短期進修的機會，如 2018 年度「人工智慧於發展圖書館創新服務研習班」（網址：http://lac4.glis.ntnu.edu.tw/LacEduMember/course_his.aspx）之迎合時代潮流的課程主題。

（四）外部訓練（outside training）：組織委由外部機構辦理代訓活動稱之為外部訓練，相對於外部訓練，在機構內部舉辦訓練活動則稱之為內部訓練（in-house training）。

三、館員繼續教育

繼續教育（continuing education）是一種繼續學習的過程，或對學員所實施之有組織的教育活動，包含了所有成人教育的回流教育、在職進修、遠距教育、大學推廣教育、專業人員繼續教育等。美國圖書館暨資訊科學委員會提出繼續教育的五個重點：（一）終身學習保持個人知識，以避免落伍為時代所淘汰；（二）更新個人教育；（三）在一個新的領域求其多樣化；（四）每個人對本身的工作負有基本的責任；（五）此種教育活動是超越專業領域所必經的途徑（呂春嬌，1998）。

圖書資訊學於繼續教育之定義、功能、推行館員繼續教育之要素說明如下：

（一）圖書資訊學領域定義繼續教育包含如下要素：1. 館員的工作生涯是一個持續不斷的進程；2. 有系統的維持、改善並增廣館員工作所需的知識和技術；3. 旨在追蹤檢驗並提升館員的專業技術和能力；4. 加強館員工作和提供服務時的效率與效能（張慧銖、邱子恆，1998）。

（二）繼續教育的功能：促進專業的成長、適應社會的變遷、加速職業的晉升、激勵自我的超越、協助機構的發展、提升人力的素質（呂春嬌，1998）。

（三）推行館員繼續教育的要素（呂春嬌，1998；楊美華，1998）：

1. 強調自我啟發教育，訓練課程加強專業力：培養館員宏觀與前瞻的視野，考量國際潮流與規範，才能達到資訊交流與資源共享。建立團隊合作的精神，提升工作效率與效能。培養服務的熱忱，提升服務品質。

2. 品質管理教育：應追求人力的卓越，強調工作場域的終生學習，建立資訊服務的標準，滿足讀者需求，提升服務品質。

3. 與其他行業交流，相互學習：效法服務業的觀念，引進圖書館管理模式，借重其他領域人才，建立人才交流制度。
4. 保障館員的終身學習權，研擬館員在職進修實施要點：國家社會可立法保障館員繼續教育的基本權利，並由圖書館訂定在職進修實施辦法與要點，具體條列鼓勵館員進修的管道與方法。
5. 引進學習型圖書館（learning library）的概念，激發館員的學習動機與潛能。
6. 建立多元的館員訓練與進修管道：學習方法有書中學（閱讀、講解）、做中學（實踐、實驗、行動）、遊中學（旅行、遊學、遊戲）、寫中學（寫報告、寫作、心得）、言中學（討論、對話、辯論）等方式。結合工作成果與繼續學習成效的考核，做為升遷評量的依據，建立多元學習的進修制度。
7. 樹立資訊服務的新觀念，強調圖書館的品牌：館員積極進取與樂觀學習，促進積極正向的圖書館組織文化，改善民眾對於圖書館的刻板印象，提升圖書館品牌形象。
8. 以提高讀者的資訊素養為職志，發揮圖書館的教育功能。

第三節　人員績效考核與評估

　　績效管理（performance management）是整合目標設定、績效評估（performance appraisal）與發展之完整系統，確保員工活動與績效表現，與組織策略目標一致，個人與組織目標達成共識的管理過程。績效管理包含三大部分：一、績效標準的設定，界定哪些績效標準與工作任務及組織目標相關。二、績效評估，收集員工工作資訊，依績效標準來評量員工表現。三、績效回饋（performance feedback），將績效評估資訊提供給員工，以利改善工作表現（黃良志等，2007）。

　　績效管理包含三大目的：一、行政管理：由員工績效表現來調整其薪資、績效獎金、年終獎金等，此外，升遷、留任與調任、工作輪調等安排亦由考績來加以考量。二、員工發展：由績效來檢討員工表現不佳的原因，瞭解訓練的需求，安排適合的訓練課程來強化員工不足的知識與技能。三、策略方向：組織一旦選定其策略方向，員工除了具備應用的技能之外，必須表現對應的角色行為，有效

的績效管理系統確保員工表現能達到組織設定的策略目標（黃良志等，2007）。良好的評核系統能獎勵表現好的員工，改善表現較差的員工，並能辨識組織績效不彰之因，是來自個人表現亦或是組織流程需改革（Moran et al., 2013）。

以下分段說明績效評核方法、評核資訊來源，以及評核易犯的偏誤類型，以利導入有效能的績效評管理。

一、績效評核方法[2]

（一）比較法

可使員工自己針對過去與現在的比較，亦可是員工之間相互比較。

1. 排序法（ranking）：直接依該單位的員工表現由最佳至最差依序排列，為直接排序法。另一種是交替排序（alternation ranking），先挑選出績效表現最佳與最差員工，再挑出次佳與次差員工，依此類推，直到排完所有員工表現為止。
2. 成對比較（paired comparison）：將員工兩兩配對比較優劣，優於另一方者得1點，累積點數最多者則為最佳員工。
3. 強迫分配（forced distribution）：對整群員工的績效比較與排序，組織先區分為不同等級，並訂定各等級的比例分配，無法將所有員工評等為高績效員工，必定要區辨其績效差異。

（二）特質評估法

建立尺度來評估員工是否具備組織有價值的特質。圖形評級量表（Graphic Rating Scales）是最常被使用的方法之一，採用量化尺度，尺度可測量符合程度、評估發生率、衡量一致性等，主管可就各題評分，將各構面加總，即為該員工的表現。優點是易於使用，缺點是可能發生評估偏誤，或難以提供有用的回饋資訊，範例請見表4-5。

---

[2] 績效評核方法的相關討論可參考周瑛琪（2010）、黃良志等（2007）、Moran 等（2013）。

表 4-5　圖形評級量表範例

公共圖書館員工績效評鑑表					
員工姓名：＿＿＿＿＿＿＿＿＿＿＿＿＿＿　　分類＿＿＿＿＿＿＿＿＿＿＿＿＿＿					
評鑑期間：＿＿＿＿＿＿＿＿＿＿＿＿＿＿　　部門＿＿＿＿＿＿＿＿＿＿＿＿＿＿					
工作知識				
1	2	3	4	5
嚴重缺少必要的工作知識	差強人意的工作知識	瞭解大部分的工作知識	知曉各面向的工作知識	完全瞭若指掌
態度				
1	2	3	4	5
不合作、討厭提議、無熱忱	有時合作與接受提議	可合作與接受新觀念	回應快速，樂於助人	合作表現優，具高度熱忱，喜歡新觀念
判斷				
1	2	3	4	5
通常決策錯誤或無效	判斷大致健全但偶爾犯錯	健全的分析而得到好決策	健全而有邏輯的思考者	持續穩定地做好健全的判斷
工作量				
1	2	3	4	5
遠低於基本量	通常達最低要求	還算滿意的工作量	通常超過基本量	持續穩定的高產量
工作品質				
1	2	3	4	5
差勁，很多錯誤	大致上可以，有些錯誤	還算滿意的品質	通常超過標準	持續穩定的高品質

資料來源：譯自 Moran 等（2013, p. 226, Fig. 11.3）。

（三）行為評估法

1. 重要事件法（critical incident method）：記錄並保留員工在績效評估周期中的重要行為事例，包含特殊優異與不良表現，可依據此行為紀錄，配合其他績效評估資料，做整體評估考量。
2. 行為錨定評級量表（Behaviorally Anchored Rating Scales，簡稱 BARS）：以

重要事件法為基礎，重點是以特定的行為描述績效構面，將不同行為連結到不同的績效水準，做為評量依據。此評估工具之發展通常可區分為五階段：(1) 收集與記錄重要事件：觀察與詢問員工之工作活動，針對影響重大的事件加以記錄；(2) 發展績效行為構面：將類似行為歸類，並加以命名與定義；(3) 重新分類行為事件：由另一群瞭解工作的人重新將行為事件歸類，選定與前一階段分類一致性高的事件；(4) 決定各事件合適的尺度：判定各事件有利或不利於績效的程度，並決定適合的尺度；(5) 建立量表尺度：對應於每一尺度有其行為的敘述，通常評分尺度為 5 至 9 尺度，行為錨定評級案例請見表 4-6。

表 4-6　圖書館行銷推廣與公共關係行為錨定評級案例

評量等級	錨定行為
7 優秀	提供最佳的公共關係活動，圖書館推廣的活動總能獲得媒體的廣泛報導。
6 很好	持續與當地社區發展良好的公共關係，運用大眾媒體進行有效溝通。
5 好	建構興趣群體之名錄清單，調整美國圖書館學會提供之推廣資源，使之適合於當地特性，運用大眾媒體來推廣。
4 普通	持續與當地領導者、組織群體等溝通。
3 不好	雖投入規劃與公共關係活動，但未持續經營與未善加運用大眾媒體。
2 差	未付出努力與社區組織溝通，知道可藉由媒體來提升潛在顧客，但無作為。
1 無法接受	不尊重地區的價值與習俗，事件與活動溝通失敗。

資料來源：譯自 Moran 等（2013, p. 227, Fig. 11.4）。

（四）成果評估法

1. 目標管理（management by objectives，簡稱 MBO）：強調由管理者與員工共同議定目標，並依此目標達成度以評估員工績效。施行目標管理之六個步驟如下：(1) 設定組織目標；(2) 主管設定部門目標；(3) 部門主管與員工討論部門目標；(4) 界定預期成果，設定個人目標；(5) 比較個人實際表現與設定目標間的差異；(6) 主管與員工討論成效，協助部屬改善績效。
2. 生產力管理與評估系統（productivity measurement and evaluation system，簡稱

ProMES）：藉由激勵員工，以提升其工作態度與能力，以達成較高水準的生產力目標。其導入步驟如下：(1) 依組織目標決定產品或服務的內容；(2) 設定績效衡量指標；(3) 建立指標水準與績效水準之關係，如欲評估客服人員的生產力，指標可能設定為每月必須處理 100 人次的顧客服務問題，以及需達 90% 的顧客滿意度等；(4) 發展回饋機制以提供員工或團隊在各衡量指標的績效表現。

二、績效評核來源[3]

（一）同儕評核：通常是運用於專業館員間的同儕評核，尤其是美國的學術圖書館館員往往具教師資格，因此常採納同儕評核方式。

（二）主管評核：由直屬主管評核是最常見的評核方式，若需成功完成評核，首重信任與開放態度，但可能因主管主觀好惡的影響，而某些特定員工給予較高或較低的評估結果。有些機構除了直屬主管之外，亦納入更高階層主管的評核，可增加評估的客觀性。

（三）自我評核：此過程可使員工自我思考其優勢與劣勢，可促進主管與員工深入討論如何克服個人難以達成目標的障礙，但實務上常見員工將好的績效歸因於自身，而將不好的因素歸因於外在環境因素，因此需伴隨其他角度的評量，較為客觀。

（四）部屬評估：是一種向上回饋，使管理者瞭解員工對主管的觀感，適時調整領導的風格，但部屬評估也可能導致主管偏重於提升員工的滿意度，而忽略提升生產力的重要性。

（五）360 度回饋（360-degree feedback）或多評價回饋（multirator feedback）：員工評核來自多元來源，包含報告、主管、同儕、內外部顧客、員工自己等提供匿名的評核。可刪減中階主管的層級數，適用於團隊管理的評核，資料豐富但耗時甚久。

---

[3] 績效評核來源的相關討論可參考黃良志等（2007）、Moran 等（2013）。

三、績效評核易犯的缺失

理想上評核人員應客觀來做績效評核的工作，但人難免有其個人主觀的偏誤而影響評核的結果，希望能避免如下所列之各種易犯的缺失（黃良志等，2007；Moran et al., 2013）。

(一) 光環效應（halo effect）：員工在某項事務上表現很優秀，影響評估者對於其他項目的評估結果。如主管認為某甲員工在採購電子資源資料庫上表現很好，則認為該員工在資訊組織或參考服務的表現應該也很優秀。

(二) 偏見（prejudice/partiality）：因個人的主觀意識，如性別、宗教、種族、政黨偏好等議題，而影響對員工工作表現的評價。

(三) 寬鬆（leniency）或嚴格（strictness）：有些主管不願得罪人，而將每位受評者都評高分，而另有些主管則太嚴格，將每人都評低分，幾乎無人達到目標，前述狀況都無法真實區辨績效表現的不同。

(四) 中庸（central tendency）：不願評核高低兩極的分數，一律都給中間值的評分，失去評核的意義。

(五) 對比（contrast）：未依據客觀指標來評量績效，而以相對比較來決定結果，可能優秀員工所在部門都表現好，相對比較後，該優秀員工難以呈現其優勢，而平庸員工若剛好所在部門的其他員工都表現不好，可能導致該平庸員工相對表現佳，而獲得較有利的評價。

(六) 聯想（association）：當評核者疲倦時，未仔細查看問題，而將同頁內容項目評分差不多。

(七) 近因（recency）：評核者易於新近事件印象深刻，而以該事件來評價，而非以完整期間來評核其績效。

第四節　職涯發展

一、個人職涯發展進程

個人職涯發展進程包含如下五階段（Moran et al., 2013），每個階段之間並

無明顯的界限，每人職涯發展進程的速度不同，有些人多次轉職不同機構，另有些人則在同一機構工作至退休。
（一）職涯啟始期（precareer）：個人思索未來工作方向。
（二）職涯早期（early career）：畢業後第一份專業工作，如取得圖書資訊學碩士學位後之第一份專業工作。
（三）職涯中期（midcareer）：工作數年後，進入平穩工作期，可能晉升管理職位，也可能面臨工作停滯（plateauing）期。
（四）職涯晚期（late career）：已穩定工作於某機構，轉職的可能性低，累積相當豐富的知識經驗，可擔任資深導師（mentor）角色。
（五）退休期（retirement）：臺灣法定65歲退休，但美國與些許國家無退休年齡限制，有些人選擇退休後轉任兼職工作，或其他機構之顧問型工作。

二、多元化的職涯發展路徑

因應不同組織結構與特性，多元化的職涯發展路徑（黃良志等，2007）有利於發揮個人潛能與組織效能，其類型說明如下：
（一）傳統職涯：指員工在組織中由一特定工作轉換至較高職位的工作，但當今因組織合併、縮編、組織再造，以及員工忠誠度降低、組織未承諾工作保障等因素，而難以維持員工經由努力即可晉升之傳統職涯路徑。
（二）網絡職涯：包含水平與垂直的發展機會，可轉調平行部門，擴大工作經驗，亦有機會升調到其他部門，增加員工相互的學習經驗，但難提供員工明確的升遷發展路徑。
（三）橫向技能（lateral skill path）：強調組織內的橫向輪調，由於垂直升遷變動機會少，長期從事相同工作內容，可能會有工作停滯的狀況，平行轉調，可提供新挑戰，刺激員工學習新技能。
（四）雙軌職涯（dual career path）：考量組織中的技術專業員工不見得適合升遷至管理職位，因此設計雙軌職涯，以鼓勵各領域的專業人員，如在高等教育機構中，教師是以講師、助理教授、副教授、教授等職級升等，與行政職務之升遷管道不同。圖4-2是美國的圖書館專業工作層級（library career lattices），區分為是否具備圖書資訊學教育背景者的升遷職級。

（五）降調：通常降調會聯想至失敗，但未來晉升機會有限，可能使得降調為正當的職涯選擇，若降調汙名可轉型，在某些情況，此方法可紓解阻塞的晉升路徑，亦可提供資深員工職涯的替代選擇。

（六）自行創業：許多優秀員工常有強烈的創業動機，有些公司發展內部創業的方法，提供員工更彈性且自主的職涯發展，有助於留住優秀員工。

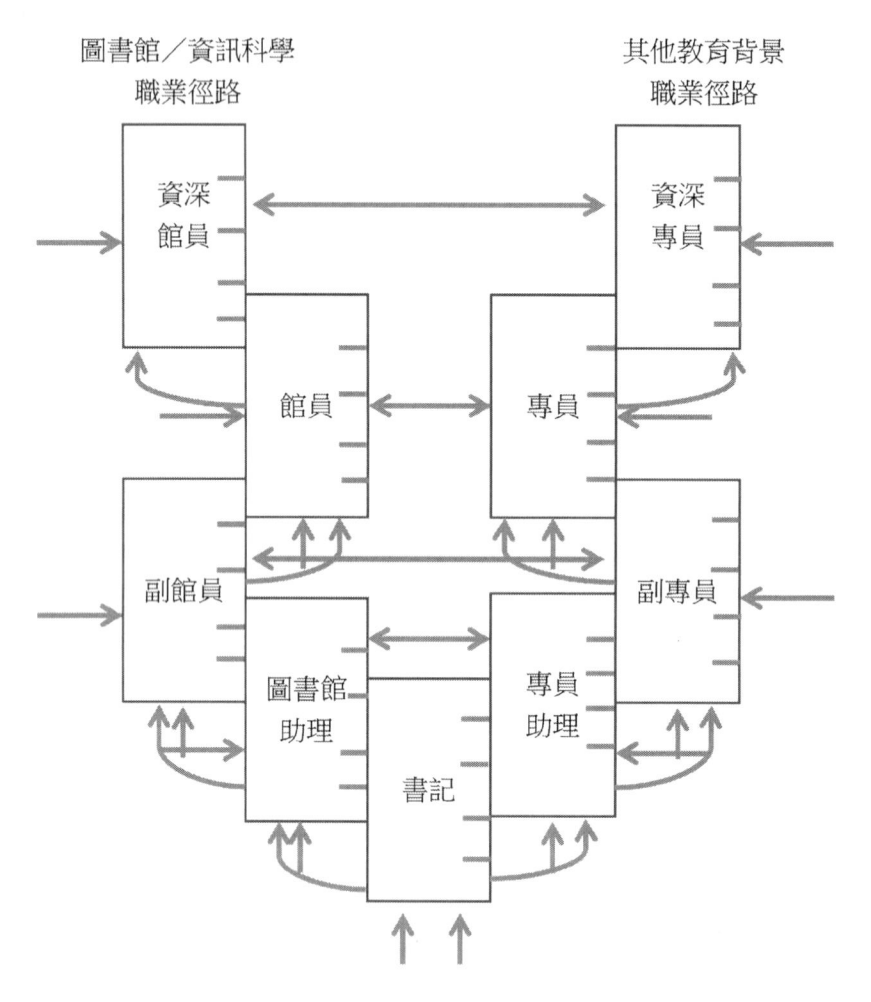

圖 4-2　美國的圖書館專業工作層級

資料來源：譯自 Crumpton（2015, p. 60, Fig. 6.1）；Moran 等（2013, p. 195, Fig. 10.1）。

三、職涯發展相關因素

　　組織內外部環境不同，不見得都有利於職涯發展，若干因素可能造成職涯發展的阻力或助力。
（一）職涯停滯（career plateau）：職涯停滯的類型可區分為二大類型，其一為結構停滯（structural plateauing），其二為內容停滯（content plateauing）。結構停滯是指個人在組織中無升遷機會，其中一種類型是玻璃天花板（glass ceiling），指女性或弱勢族群無法升遷的阻礙，克服的方法是組織文化需有所調整，當有管理職缺時，鼓勵女性或弱勢族群申請該職缺。內容停滯指工作內容是例行性業務，無挑戰性而失去工作熱情，克服的方法包含增加工作內容豐富度（job enrichment）、橫向轉職（lateral transfer）、交叉訓練等方法（Moran et al., 2013）。
（二）導師與教練：本章第二節曾提及導師與教練於員工教育訓練扮演重要角色，在職涯發展中亦發揮重要功能。由組織中資深員工協助資淺員工達成工作目標。導師制包含教導、職涯諮商與情感支援、組織介入、贊助等功能。

四、館員發展

　　館員發展（staff development）是指依組織的需求與員工的興趣，規劃學習機會與活動，結合圖書館的願景、個人潛能與工作相關性等因素，鼓勵與提供人力資源的知識成長，促進圖書館有效地實踐其使命。館員發展與繼續教育不同之處在於前者是以圖書館功能需求與該館人員技能做整體考量，因此需密切配合該館目標；後者則是基於普遍的需求，以個人規劃為主（余純惠，1998）。
　　館員發展包含許多優點，如員工學習新技能、建立員工士氣、促進專業成長的機會等；但也包含一些缺點，如員工可能會認為組織會主導他們學習工作相關的知識，並非是他們樂於學習的課程，另也可能因為員工擁有新技能後，他們更有自信而離職，另尋求新工作機會。由於內外部環境的變化，當代館員發展的議題涉及範圍更廣，如創建學習型組織（learning organizations）環境、發展以顧客導向的圖書館、改進授權的技巧、改變組織文化、需求調查與組織氣候的評估、

實施教練與導師制度等均為館員發展的相關議題（Stewart, Washington-Hoagland, & Zsulya, 2013）。

（一）發展以顧客導向的圖書館

為提升服務品質，美國維吉尼亞州阿靈頓郡設計了關懷標準（communication awareness respect execution standard，簡稱 CARES），提供各部門服務內外部顧客的準則，圖書館是率先導入的部門，以下分述其內容（Stewart et al., 2013, pp. 120-121）：

1. 溝通（communication）：運用標準的開頭語，如「我可以協助您嗎？」與顧客良好的溝通，瞭解顧客需求的優先序，提供有效率的服務，重視顧客的回饋意見。
2. 認知（awareness）：充分瞭解圖書館不同單位提供的服務內容，圖書館之實體與虛擬資源之所在位置，以正確指引讀者查找所需資源。
3. 尊重（respect）：運用眼神與愉悅的語氣，營造良好而正向的氛圍，全神貫注地與顧客互動，即時提供正確的資訊服務。
4. 執行（execution）：確保所有館員依照組織所制定的服務標準，提供即時、可靠、高品質的服務。

（二）設計有效能的館員發展訓練課程

艾迪模式（analysis design development implementation evaluation model，簡稱 ADDIE 模式）是圖書館為發展館員訓練課程常採取的模式，以下分述其過程（Stewart et al., 2013, pp. 165-175）。

1. 分析（analysis）：需由以下三方向來分析：(1) 考量學員是誰？主管為何？在組織中角色為何？哪些是學員已知、未來需知的知識？哪些是學員已做、未來需做的任務？(2) 考量實施的地點與場域為何？講師與學員分別可花多少時間？組織文化適合提供該課程嗎？(3) 該課程設計目的為何？試圖要解決哪些問題？問題的本質為何？
2. 設計（design）：重點要設計有效率、有效能而吸引人的課程，教材資源有哪些選擇？哪些外部因素會影響課程的設計？不同教學模式之效益為何？如線上教學或群體討論之學習效果差異等。

3. 發展（development）：如何有系統地呈現教材資源？哪些是學員未知而需待補的知識？採用的教學模式是否適於該次學習者的程度？預期達到的學習目標為何？
4. 導入（implementation）：導入課程時要密切注意學員學習的狀況，以適時調整。
5. 評估（evaluation）：如何採用適合的方法或指標來衡量教學的成效？表 4-7 是分別對應於三種領域的教學目標，包含技能（psychomotor）、認知（cognitive）、情意（affective）等之評估方法。

表 4-7　教學目標與評估方法

領域	目標	範例	傳達的型式	評估
技能	執行任務	學員完成圖書流通借閱程序	模擬、示範	技能測驗、觀察
認知	獲得知識	學員瞭解技術服務的管理程序與架構	問與答、概念圖	知識測驗
情意	發展態度	學員瞭解工作的多元性	群體討論、角色扮演、說故事	觀察與訪談

資料來源：譯自 Stewart 等（2013, p. 173）。

（三）學習型組織

當組織依循目標來調整相關活動時，學習型組織嘗試去產生、獲取、傳達新的資訊與知識，以利創造更有效率與效能的組織。為降低穀倉效應（Silo effect）（即因過度分工而產生各部門各自為政，缺乏橫向溝通的狀況，不利組織整體發展），促進分享新知識的氛圍是其中一種方法（Evans & Christie, 2017）。彼得・聖吉（Peter M. Senge）於 1990 年代發表《第五項修練》（The Fifth Discipline）一書，為推展學習型組織之五大思考方向（Senge, 2006/2010）。

1. 系統性思考（systems thinking）：以組織為各部門互相關聯的系統來考量，重點在建立整體的思維模式。
2. 自我超越（personal mastery）：藉由不斷學習來提升員工潛能，並使員工樂在工作。
3. 心智模式（mental models）：改變員工心智模式是將工作場所視為學習場域，轉化原有的個人價值觀，學習發掘更多個人潛力。

4. 建立共享願景（building shared visions）：使個人與組織的願景目標達成一致，員工齊心為共同目標而努力。
5. 團隊學習（team learning）：眾人的群體智慧高於個人的智慧，有效率的團隊學習高於個人的學習效率。

　　良好的人力資源管理有助於提升圖書館的人力素質，優良的人力素質可協助提供高品質的服務，因此落實有效的人力資源管理實為達成高效能組織管理的核心要素。

關鍵詞彙

招募	學習型組織
Recruiting	Learning Organizations
賦能	業務外包
Empowerment	Outsourcing
工作說明書	圖書資訊學碩士學位
Job Description	Master of Library Science, MLIS
工作特性模式	專業館員
Job Characteristic Model	Professional Librarians
工作輪調	員工流失率
Job Rotation	Staff Turnover Rate
繼續教育	交叉訓練
Continuing Education	Cross-Training
績效管理	教練法
Performance Management	Coaching
目標管理	導師法
Management by Objectives, MBO	Mentoring
職涯停滯	職前訓練
Career Plateau	Orientation Training
館員發展	在職訓練
Staff Development	On-the-Job Training, OJT

自我評量

- 請說明圖書館人力資源類型為何？美國與臺灣有何不同？當代館員有哪些新職稱？請舉例說明。
- 請說明學者 Hackman 與 Oldham 之工作特性模式，包含哪五項核心工作特性？該五項工作特性如何影響心理狀態與工作產出？
- 教育訓練包含哪些類型？分別適用於哪些情境？
- 教育訓練可以多元方法來實施，請舉三例說明。
- 請說明績效評核包含哪些方法？內容為何？各方法有哪些可應用的量表或工具？
- 請說明績效評核之不同來源。
- 請舉三例說明評核易犯的缺失類型，並說明如何避免該缺失。
- 館員繼續教育定義為何？與館員發展有何不同？
- 如何應用 ADDIE 模式為圖書館設計館員發展訓練課程？
- 如何應用學習型組織的概念於圖書館之人力資源管理？

參考文獻

Senge, P. M.（2010）。第五項修練：學習型組織的藝術與實務（郭進隆、齊若蘭譯）。臺北市：天下遠見。（原著出版於 2006 年）

考試院（2019）。考試院 108 年 1 月 16 日令修正職系說明書、職組暨職系一覽表。檢索自 https://www.mocs.gov.tw/FileUpload/716-5969/Documents/1084703830%E8%80%83%E8%A9%A6%E9%99%A2%E4%BB%A4.pdf

呂春嬌（1998）。從終生學習社會的觀點談大學圖書館館員的繼續教育。大學圖書館，2(2)，34-45。

余純惠（1998）。論大學圖書館之館員發展。大學圖書館，2(2)，46-61。

林敏秀（2013）。非正式人員人力資源管理規劃之研究：以國家圖書館為例。圖書與資訊學刊，5(1)，頁 95-115。

周瑛琪（2010）。人力資源管理。臺北市：新陸。

高雄市立圖書館（2018）。沿革。檢索自 https://www.ksml.edu.tw/content/index.aspx?Parser=1,3,1014,22

張慧銖、邱子恆（1998）。醫學圖書館員的繼續教育。大學圖書館，2(2)，16-33。

黃良志、黃家齊、溫金豐、廖文志、韓志翔（2007）。人力資源管理：理論與實務。臺北市：華泰。

楊美華（1996）。圖書館的人力資源發展。臺北市立圖書館館訊，13(3)，17-30。

楊美華（1998）。大學圖書館員的繼續教育。大學圖書館，2(2)，4-15。

顧荃（2018）。中央派遣工兩年歸零，政院籲地方政府跟進。中央社。檢索自 https://www.cna.com.tw/news/aipl/201807190125.aspx

Crumpton, M. A. (2015). *Strategic human resource planning for academic libraries: Information, technology, and organization*. Waltham, MA: Chandos.

Dorado, A. (Ed.). (2012). *Human resource development in libraries*. London, UK: Koros.

Evans, G. E., & Christie, H. (2017). *Managerial leadership for librarians: Thriving in the public and nonprofit world*. Santa Barbara, CA: Libraries Unlimited.

Hackman, J. R., & Oldham, G. R. (1980). *Work redesign*. Reading, MA: Addison-Wesley.

Koontz, C., & Gubbin, B. (Eds.). (2010). *IFLA public library service guidelines* (2nd ed.). Berlin, Germany: De Gruyter Saur.

Moran, B. B., Stueart, R. D., & Morner, C. J. (2013). *Library and information center management* (8th ed.). Santa Barbara, CA: Libraries Unlimited.

Stewart, A. W., Washington-Hoagland, C., & Zsulya, C. T. (Eds.). (2013). *Staff development: A practical guide* (4th ed.). Chicago, IL: American Library Association.

作者簡介

張慧銖

(lisahcc0426@gmail.com)

國立中興大學
圖書資訊學研究所退休教授

第五章
領導與溝通

學習目標

研讀本章內容之後,學習者應能夠:

- 瞭解管理與領導之間的差異
- 瞭解領導的定義與重要研究
- 瞭解領導的風格
- 瞭解領導的挑戰與修練
- 瞭解溝通的概念
- 瞭解組織溝通
- 瞭解溝通流程

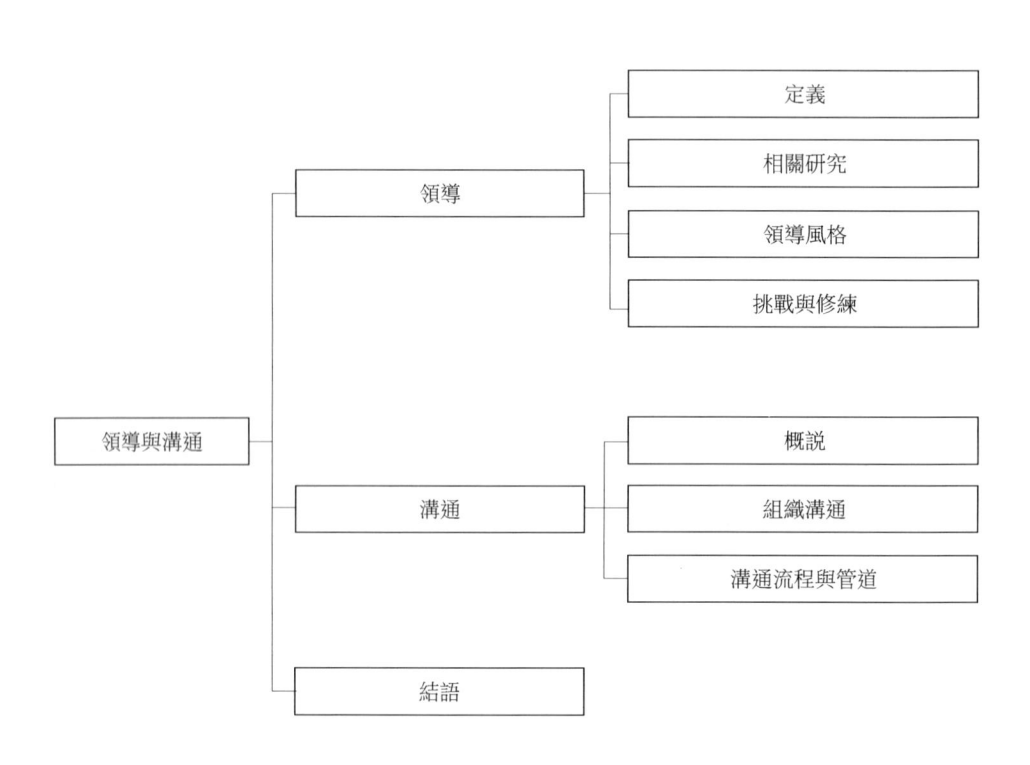

本章綱要

```
                                    ┌── 定義
                          ┌── 領導 ──┤── 相關研究
                          │         ├── 領導風格
                          │         └── 挑戰與修練
                          │
            領導與溝通 ────┤                    ┌── 概說
                          ├── 溝通 ─────────────┤── 組織溝通
                          │                    └── 溝通流程與管道
                          │
                          └── 結語
```

第五章
領導與溝通[1]

　　每位身處職場的工作者，天天都在與組織互動，勢必對於如何改進組織的管理方式產生興趣。同時，在每個人每天的生活當中，若不是擔任管理者就是被人管理，正因為如此，學習如何「管理」，除了可以瞭解上司的行為之外，也可以更深入組織的實際運作，可說是每位在組織中的成員所必須學習的重要課題。

　　Barnard（1938）認為「溝通是組織為了完成一項中心目標，而把人們連結起來的一種方式。」大多數的管理者都會把時間花在與他人的溝通上，根據估計所花費的時間竟然高達95%。此外，Mintzberg（1975）也發現，管理者把大多數時間花在口頭上的溝通、電話交談以及會議，尤以位階愈高者其花費在溝通上的時間也愈多。而好的領導者其重要的修練之一就是要有好的溝通能力，因此，領導與溝通兩者可謂具有高度的關聯性。

　　本章針對管理中的「領導」議題，詳加探討其定義、相關研究、風格、挑戰與修練。另針對「溝通」議題，闡述其基本概念、組織溝通與溝通流程，同時為了將溝通議題具象化，另提出兩則案例分析，最後加上結論。

第一節　領導的定義

　　成功的領導者並沒有一定的模式，領導者的年齡可從18歲到80歲，然而傳統的刻板印象中總認為成功的領導者應該是年高德劭，年紀輕者總給人嘴上無毛、辦事不牢的錯覺，但實際上能否成功領導與年紀並不直接相關，而是需要有許多條件的配合。

---

[1] 本章部分內容曾發表於張慧銖，〈圖書館管理：領導與溝通〉，《國立成功大學圖書館館刊》，18期（2009）：1-25。

討論領導相關議題的文章為數不少，根據統計，20 世紀以來在文獻中針對領導（leadership）這詞彙的定義多達 331 種。而影響（influence）、遠景（vision）、任務（mission）等詞彙，也經常出現在定義領導的字句之中，可見領導者可以使組織的潛力轉換成實際的運作力。

　　管理者（manager）和領導者（leader）的意義相近，但卻因為使用不同的詞彙而隱含著不同的意義。一般認為當管理者與所發生的情況為伍時，必須做出成果，同時處理錯綜複雜的事務並承擔行政上的責任；而領導者則被認為應該要能控制情況，主導創造遠景與策略、處理改變，並且致力於工作上的人際關係。管理者與領導者之間的差異可參考圖 5-1 所示。

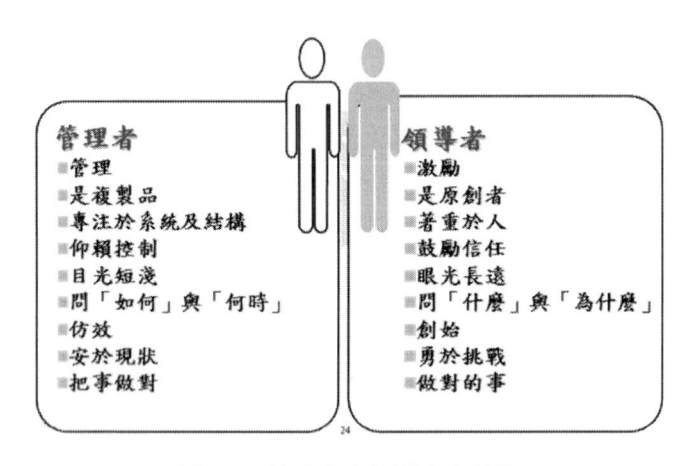

管理者	領導者
■管理	■激勵
■是複製品	■是原創者
■專注於系統及結構	■著重於人
■仰賴控制	■鼓勵信任
■目光短淺	■眼光長遠
■問「如何」與「何時」	■問「什麼」與「為什麼」
■仿效	■創始
■安於現狀	■勇於挑戰
■把事做對	■做對的事

圖 5-1　管理者與領導者之差異

資料來源：作者自行繪製。

　　Bennis 與 Nanus（1985）認為「管理者是將事情做對的人，而領導者則是做對的事情」，其間的差異頗耐人尋味。因此，似可解讀為領導者需指明未來的路並吸引人們發揮長才，而管理者則需確保組織每天都有良好的管理，以敦促員工完成他們的工作。管理者也可能同時是領導者，但若以偏概全地認定管理者並非領導者時即是一種失敗，那其實是種錯誤的想法。因為，實際上也存在著管理有方卻拙於領導的組織。成功的領導者並沒有固定的模式可以遵循，而且領導者之間也會因文化與歷史時期的不同而有差異。因此，當組織面臨需要改革，而非僅單純地進行規範化、制度化管理時，其所需要的便是一位領導者而非管理者。

根據專家指出,每位領導者皆會滿足兩個角色的特徵,包括:一、聰明且有效地運用權力;二、經由行動及分明的價值觀念,以呈現出一個讓其他人想要追趕上的遠景。Commager(2004)認為,現今在失敗的領導者身上,有一項最明顯的情況,就是領導者及潛在領導者們似乎很少擁有明確的道路地圖,因為當其本身已困陷於迷宮之中,便很難去領導他人。成功的領導者必須將他的遠景下達,讓部屬瞭解並化為其自身所有,同時也要適當地激勵部屬,以共同達成目標。部分領導者經常會將部屬遺忘,但他們可曾想過若沒有部屬時,那麼領導者便不再是領導者了。

Wills(2013)認為一位領導者應該可以帶動其部屬,共同朝向已訂定的目標邁進,並且認為「領導者」、「部屬」及「目標」應是領導所不可或缺的三個要素。例如:圖書館館長(領導者)如希望將館員(部屬)都訓練成全方位館員(目標)的話,那麼,必須先瞭解工作團隊並打破館員經常存在「因不喜歡跟人接觸,所以想做技術服務工作;或因很喜歡人,所以要做讀者服務工作」的自我定位,而能藉由各種訓練,讓所有的技術服務館員能夠面對讀者,而讀者服務館員也能夠做技術服務的工作。此外,也需同時要求從事教育訓練或介紹資料庫的廠商配合,以共同追求成長與進步,方能提升整個圖書館的服務品質。Hogan、Curphy與Hogan(1994)等學者主張領導是一種信念,而非權勢。然而這卻是許多領導者的盲點。因為人們之所以可以要求他人去做他們所提出的要求,是因為他們不是領導者。必須要經過一段時間之後,當他人都能接受提出的目標並將其視為己有時,領導才會存在。

圖書館管理與領導之區別在於,圖書館管理者傾向因循成規,往往強調方法而忽略結果;領導者則是掌握來龍去脈者而不是屈服者。由於圖書館之中實際上存在著許多領導者,館長並非是唯一的。誠如圖 5-1 中所描述的,其實並不在暗示一個人無法身兼好的管理者與領導者,因為從許多圖書館的領導者身上,可以發現他們同樣是一流且有效率的管理者。同時,該圖也非試圖貶低管理者,因為有能力的管理者對圖書館而言,是極為重要的成員。但由於圖書館經常被批評為管理有加而領導不足,歸咎其原因實在於圖書館的領導多奠基在價值觀的建立,而非統計數據上,正因為如此,才更顯示出圖書館領導的重要性。

第二節　領導的相關研究

探討領導的研究相當多，根據一項資料顯示，相關的圖書、期刊論文等就有3萬多件（Dubrin, 1998），且自1998年迄今，還不斷地增長。為探討其間關於領導的重要理論依據，以下分為「特色取向的領導研究」及「行為取向的領導研究」進行說明。

一、特色取向的領導研究（trait approach to the study of leadership）

早期對於領導的研究，著重於「辨識」管理者的特色或個人特質，研究結果多認為領導者是天生而非養成，並且假設領導者的特質可被辨識，如此就可減少進行辨認實質、心智及個人的特質，然而這些特質其實可作為培養潛在領導者的方向。此外，活力、積極、堅持不懈、進取心、外觀、宏觀也被認為是領導者必備的特質，而從不同的研究報告中發現，多數研究只是為了找出更多領導者的特質，實際上並無法真正在領導者與非領導者之間加以區別。

二、行為取向的領導研究（behavioral approach to the study of leadership）

研究者透過單一特性進行研究領導者的風格及測試領導者的行為，例如：他們都做些什麼？強調什麼？以及他們如何與部屬互動？等都是屬於針對領導者的特性所進行的研究。這類研究基本上有以下三個重要的討論，而這些討論的前題都是將管理者視為領導者。

（一）愛荷華大學的研究（The University of Iowa studies）

愛荷華大學的研究係由Kurt Lewin和他的同事一起進行，對象為「小孩族群」，測試其三種領導風格：專制的（集中決策）、民主的（允許部屬參與決策並授與權

力），以及自由放任的（給予決策上完全的自由）。結果顯示，在民主的群體中較具創作力、親切及團體凝聚力，而在自由放任及專制的群體中，則較有敵意、侵略性及不滿的情緒。

（二）俄亥俄州的研究（Ohio State studies）

研究期間於1940年代晚期到1950年代早期，研究目的在於區別兩個相關卻又獨立的特性，包括：思考性（領導者在與其部屬的互動中建立共同責任、友誼、尊敬，以及溫馨情感）及創始結構（領導者的行為在於組織、定義目標、著重期限，以及設定方向）。研究結果發現，兩個特性之間雖然相互獨立卻也無法分離。

（三）密西根大學的研究（University of Michigan studies）

研究對象為辦事部門，試圖辨識管理者個人風格與員工之間的相關性，並且從面談中辨別出三種管理風格：

1. 以工作為中心：管理者認為本身在工作上需擔負全部的責任，員工只要做好他所交代的事即可。
2. 以員工為中心：管理者認為部屬除了工作之外，也是決定如何將工作做好的主要角色。此類型的管理者認為協調與維持和睦的環境，應該是管理者的主要責任。
3. 混合型：傳統的管理認為縱容式管理，會讓員工鬆弛且粗心大意，而以員工為中心的部門管理者，其生產力將多過於以工作為中心的管理者。然而在進行這樣的研究時，必須先假設工作者喜歡他們的工作，而且如果他們對於自身的工作有一些控制力，就更能夠發揮生產力。

第三節　領導風格

Harari（1997）在"Stop Empowering Your People"一文中曾談到「要做一個有效率的領導者，你不需要當一個英雄而擁有所有的答案，也不需在高處監督部屬做事。你的工作是要創造一個環境，讓你的團隊成員可以自我管理、自動自發，可分辨及解決複雜問題，並且有責任感做好工作。假如你全神貫注於此，將會發現部屬只需定期的指揮、鼓舞他們，你便可以釋放自己並花時間面對整體計畫、共通的策略及組織的各種議題」。

領導者的領導風格可依領導的行為研究加以分類（Stueart & Moran, 2007），較著名的包括：Likert 的管理系統（Likert's systems of management）、領導格（the leadership grid）及領導交易／轉型模式（transactional/transformational model of leadership）。以下分別說明：

一、Likert 的管理系統

Likert 描述在組織中，管理者領導的主要方法包括：剝削權威式（exploitative-authoritative）、仁慈權威式（benevolent-authoritative）、商討式（consultative），以及參與式（participative）等四種。

（一）剝削權威式

管理者對其下屬沒有任何信任或信心，所有的決策皆集中在管理高層；下屬的刺激來自於畏懼與處罰，並且屈服於管理之下，以至於所有的溝通模式幾乎都是從上而下進行。

（二）仁慈權威式

管理者對於下屬是謙卑的，因為希望下屬是忠誠、依順且從屬的，而管理者以溫和的專制主義來管理。此系統比起剝削權威式系統容許較多的向上溝通，但控制權仍然在管理高層。

（三）商討式

對下屬有相當程度但非全部的信任，管理高層做大部分決定，但會參酌下屬意見，控制權仍在管理高層；若從外觀上看，已具有若干下放的狀態，同時在階層中具有上、下溝通管道。

（四）參與式

完全相信下屬，由團體進行決策，決策可見於各階層中。上、下、同儕之間

的溝通無阻礙。員工有動機完成組織的目標與目的，因為他們可以參與整個決策的過程。

「剝削權威式」系統是高度結構化與獨裁式的管理，其假設員工是屬於 McGregor 理論中的 X 理論。所謂「X 理論」是假設人不喜歡工作，會盡可能地逃避，必須使用強迫、控制、被命令和受懲罰的威脅手段，才能讓人工作。人寧願被他人指揮，傾向逃避責任、缺乏雄心、重視安全感。同時，人是以自我為中心，講求利己主義，且不喜歡改變。

「參與式」系統則是基於信任和團體工作的參與式管理，其假設員工是屬於 McGregor 理論中的 Y 理論。所謂「Y 理論」是假設人視工作為玩樂或休息般自然，樂於接受所交付的責任，會自我要求及控制，努力達成目標。同時，一般人都會學習接受和肩負責任，而且員工普遍存有想像力與創造力。

至於「仁慈權威式」系統和「商討式」系統則是介於兩個理論之間，而四個系統之中最有效益且最接近領導意涵的應是「參與式」系統。

二、領導格

起初稱為管理格（management grid），係由 Robert Blake 和 Jane S. Mouton 所發展，他們兩人在 The Management Grid 一書中提到，有些人認為學習如何有效率地領導是不可能的，因為領導是天生的能力。然而也有些人認為領導雖然可以學習，但卻無法教會老狗學習新把戲。因此，領導是天賦才能還是可以後天學習，至今仍莫衷一是，不同學者所秉持的看法不同。實際上，有學者認為學習如何有效率地領導，正如同學習算數或判定比賽一般，極有可能逐步地成長與進步。

領導格包括兩項組織中主要關心的事項，一是生產（涵蓋所有組織中需要人們花時間完成的事物），另一為人。管理者關心所有的生產力、是否完成所有事物，同時也關心人在組織中彼此之間的人際關係，Blake 和 Mouton 更藉此領導格整理歸納出五種領導風格（如圖 5-2）。

（一）位於左下角的是 (1, 1) 的領導風格，稱為放任式（impoverished management），等於是放棄領導。

（二）位於右下角的是 (9, 1) 的領導風格，稱為順從職權式（authority compliance），是以達成工作目標為主，對人的關心程度極低。

（三）位於左上角的是 (1, 9) 的領導風格，稱為鄉村俱樂部式（country club management），考量部屬的滿意及與其關係適應性、友善的組織氣氛及工作步調。

（四）位於右上角的是 (9, 9) 的領導風格，稱為團隊式（team management），係透過團隊管理的方式相互依存，對於部屬高度信賴。

（五）位於中間方格的是 (5, 5) 的領導風格，稱為中間型（middle-of-the-road-management），將人與生產平衡看待。

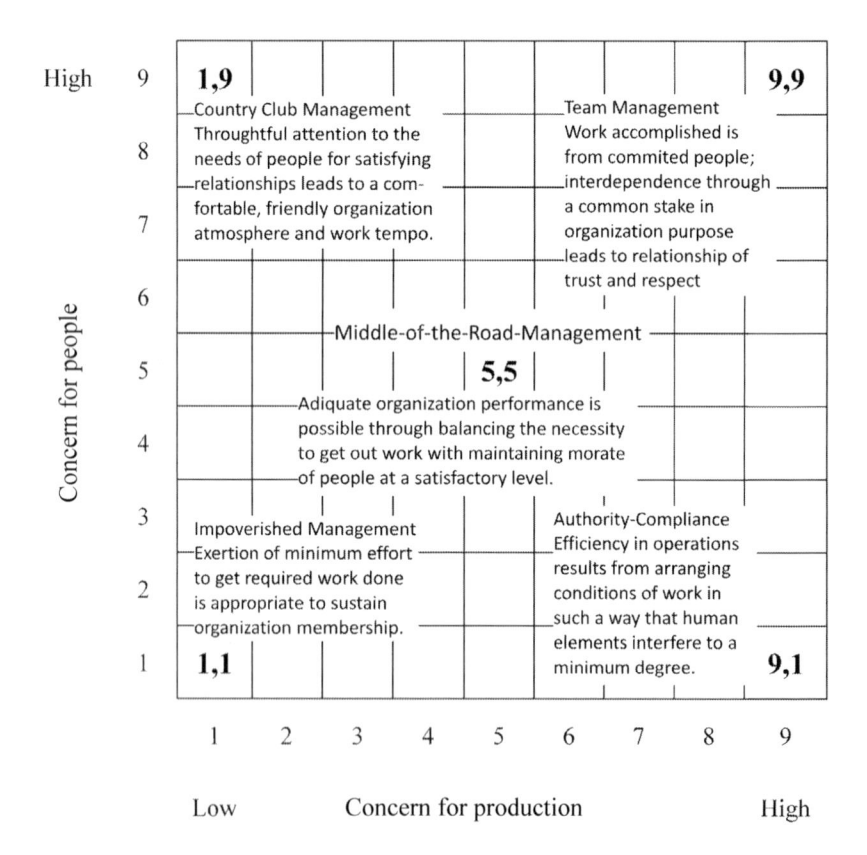

圖 5-2　由 Blake 和 Mouton 整理的五種領導風格（The Leadership Grid）
資料來源：Stueart 與 Moran（2007, p. 331）。

三、領導交易／轉型模式

由 Burns（1998）首次提出，交易式領導者認為工作是與下屬進行的一場交易，兩者間存在著「為提供服務而交換報酬、為表現不足而懲罰」，意即交易式領導者熟練於將部屬的利益轉換為團體的利益，而轉型領導者則是將部屬所存有的將之發揮，兩者之間的差別即在於是管理者或是領導者。

交易式領導者就像是管理者，在乎工作是否完成，而轉型領導者則像是傳統領導者的定義，因為他或她會鼓舞部屬並允許部屬有較多的參與。一位研究者曾描述「轉型領導者是致力於使自己與每位部屬間有正向的互動，更明確地說，他們鼓勵部屬參與、分享權力和知識、提升他人的自我價值，並且讓他們對工作感到興奮」。晚期研究更指出，兩種領導型態並非對立，領導轉型模式經常是建立在領導交易的模式之上，但是領導轉型模式對於組織有更正向的影響。而如同其他領導模式一樣，轉型領導並不適用於所有情況，因為影響轉型領導模式的其他因素還包括：組織文化、結構、員工的接受能力等。

除了各種特徵與行為風格之外，另需考慮到領導者與其工作情境中各種變數的交互作用，近期理論家聲稱早期的理論家在辨識領導行為與團體表現的關係上少有成就，但主張情境或權變的理論家，則認為領導者沒有特定的風格，但在某些特定情境中又會有一些風格是相符的，也正因為如此，進而發展出領導情境模式或領導權變模式（situational/contingency models of leadership）。其中比較重要的模式如：

（一）Fiedler 的領導權變模式（Fiedler's leadership contingency model）

此模式認為有三個決定領導者如何在任何情境中討人喜歡的環境變因，包括：領導者與下屬的關係、任務結構及權力位置。
1. 領導者與下屬的關係：員工對於領導者的喜愛和信任，以及願意跟隨他或她的程度。
2. 任務結構：要被完成的工作其元素的清晰度和是否有完整架構。
3. 權力位置：與領導者結合的權力和權威位置。

Fiedler 將這三種變因結合成八種組合（如圖 5-3），在此八種組合下，兩側尾端處的「任務導向」是最有效率的領導模式；而當領導者是非常討人喜愛，以及少數喜愛的狀況下，「關係導向」就是最有效率的領導。至於人際關係、員工導向，則在於適度喜愛與適度不喜愛領導者的情況下最為適用。Fiedler 的領導權變模式可幫助管理者瞭解在不同環境中的各種狀況，同時，依照 Fiedler 的觀點，也認為組織的變因如同領導者的態度一樣，深深地影響著「領導」模式。

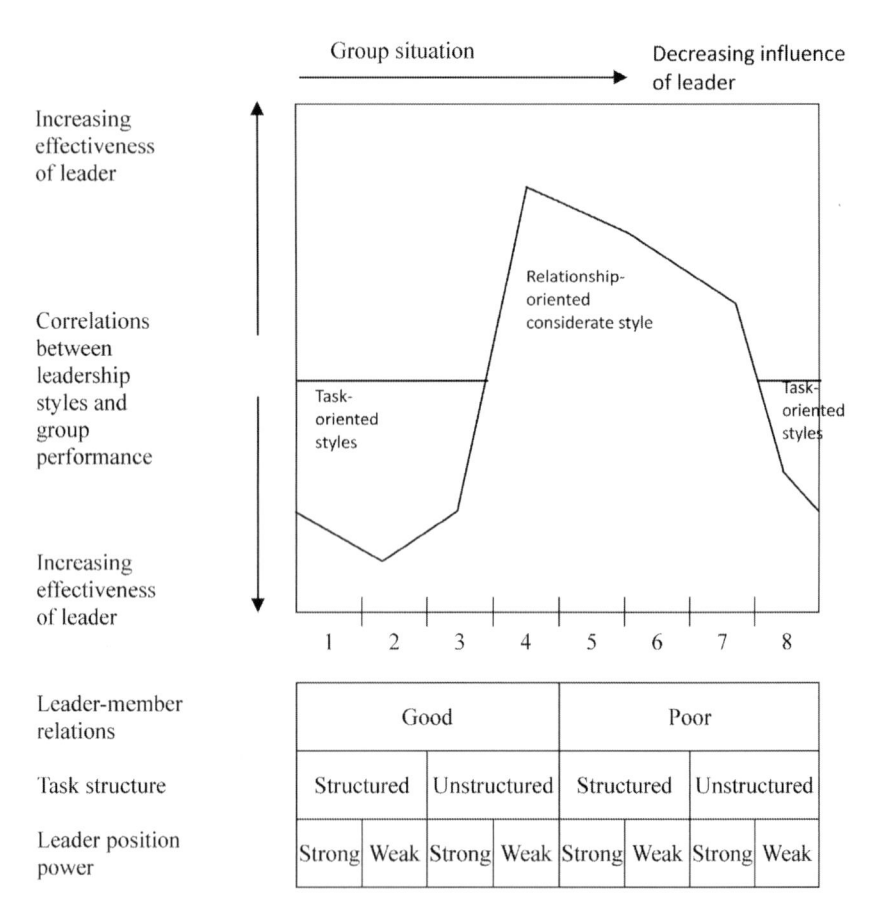

圖 5-3　Fiedler 的領導權變模式
資料來源：Stueart 與 Moran（2007, p. 331）。

（二）路徑目標模式（path-goal theory of leadership）

由 House 首創，主要將重心放在環境和領導者的行為上，領導者可以接受在不同環境下有不同的領導目標，也會幫助部屬瞭解目標，清除障礙與陷阱並開拓出一條道路，讓部屬遵循並達成目標。而激勵部屬的三個方法包括：為達到目標者提供報酬、讓通往目標的道路更清晰，以及移除障礙方便繼續進行。

House 同時將領導者的行為歸納為以下四種型態：

1. 支援型領導：發生在部屬的需求及福利均被考量時。
2. 指揮型領導：發生於將特定意見給予團體、清楚的規則和結構已被建立時。
3. 成就導向型領導：發生在設立具挑戰性的目標及鼓勵達成表現時。此導向的領導者高度相信部屬，並且幫助他們學習如何達到高目標。
4. 參與型領導：發生於資訊、權力及影響力被分享時。部屬被允許一同分享並參與決策。

一位領導者應能視情況交互運用此四種型態，同時還需有兩個重要的情境權變因子，包括：工作者的個人特質（例如：經驗、能力、動機、需求，以及控制點）及環境因素（包括要完成的工作本質、正式的權威系統，以及工作團體本身）。

歸納上述，「支援型領導」適合運用於當工作緊張或不滿，甚至部屬失去信心時，藉以領導他們往較高的滿意狀況前進；「指揮型領導」適用於任務含糊、政策不清或組織中有衝突時；「成就導向型領導」則可運用在工作缺乏挑戰、重複執行相同任務時；而「參與型領導」則可應用於當任務包含自我或部屬是獨立時。

路徑目標模式理論為多數研究的邏輯基礎，因為當領導者可以運用多種不同的領導行為時，正可補足不同員工間或工作設置上的差異，對於員工的表現與滿意將有正向的影響。

第四節　領導的挑戰與修練

雖然許多研究歸納出要成為「成功領導者」的多種變因，但如同前述，領導是複雜的主題，沒有人能夠輕易且正確地回答何謂領導？在組織中我們經常對領導者的風格不滿意，但又為何這些大有可為的人們在其承擔領導的位置時，卻往往無法達到其他人的期望呢？很多國家領導者都被認為「缺少領導」，但現實

和期待的差距同樣可以在其他許多地方看到，包括圖書館和資訊中心等。Warren Bennis 曾說：「諷刺的是，當人們生氣、諷刺對領導者的信賴度及可靠性很低時，國家更需要領導者，因為人們可以達到心中的需要」。

領導之挑戰在於領導者需帶領其他人穿越明日未知的道路，許多人可以勝任管理者，但鮮少有人可以掌握未來遠景，更甭提如何帶領大家從此地到彼端。圖書館界也遇到如同其他領域一樣的困境，人們總覺得領導者的表現無法符合期待，以致常常摒棄現存的領導者另覓他人，而領導者更常讓自己身陷於不斷適應影響領導的環境因素中，再加上這些因素又非一成不變，所以，尋求合適的領導風格對領導者而言便是一項極大的挑戰。

綜合上述，為使領導者能更迎刃而解，Flaum 父子在《領導學散步》（The 100-Mile Walk: A Father and Son on a Quest to Find the Essence of Leadership）一書中，曾提出領導力的九項修練，包括：待人（people）、目標（purpose）、熱情（passion）、績效（performance）、堅持（persistence）、視角（perspective）、偏執（paranoia）、原則（principles）及實踐（practice）等，相當值得參考（2005/2008）。以下分點敘述：

一、待人：理念先行，員工追隨

（一）成為領導者：僱用會願意追隨你的人。
（二）成為教育者：時時刻刻教導部屬，鼓勵他人有為者亦若是。
（三）成為激勵者：讓部屬因為辛苦工作取得最佳成績。
（四）有話直說的勇氣：有功要賞，有過直言。
（五）相信直覺：學習部屬的價值觀。

二、目標：啟航以前，清楚方向

（一）讓目標遠大：使它超越尋常事物，成為一種生活方式，而不僅只是一個目標。
（二）海納百川：確定組織中所有成員和重要顧客都參與其中。

（三）任務導向：別讓單調的日常工作轉移你對當下要務的注意力，維持與所屬組織目標的密切關係。
（四）創造意義：目標必須對每個人都有意義，努力爭取他們的認同。
（五）經常檢查目標：目標依然有作用嗎？如果沒有的話，修改它，讓它變得有生命力。

三、熱情：溫暖的火

（一）熱愛工作：對現在這份工作，你看重的是工作本身，還是它的收入呢？
（二）保持創新：讓你的熱情「不合理」地挑戰自己和員工。
（三）將個人熱情與全球化合一：在企業工作，每個人都有自己的熱情，你要利用企業使命，肯定並拓展員工的熱情。
（四）練習兼容並蓄：聚焦不等於一廂情願。
（五）結果導向：鎖定結果，而非即將面對的過程。

四、績效：成果騙不了人

（一）焦點：除非你覺得所做的事情達到 A$^+$，否則絕不罷手。
（二）創業精神：像經營自己公司一般面對你的工作。
（三）標竿評量：每件工作都應有評量標準，也要接受評量。
（四）急迫感：搶在競爭對手之前先做。
（五）創新：當系統成效不彰時，更換系統。

五、堅持：把「不」留在今天

（一）超越極限：無論你怎麼看自己的極限，都要將它們拋在腦後，超越它們。
（二）持續專注於正面成果：困難與挑戰都是生活的一部分。不屈不撓，從認真專注中得到解決方案。

（三）為追求卓越而奮鬥：做到「夠好了」很容易，也很容易被打敗。所以，不做到 A＋，絕不輕易放鬆。
（四）鍥而不捨：勝利一如失敗，會成為一種習慣。想像你成功的景象，設法讓它成為事實。
（五）放眼未來，立足當下：由過去中學習，鎖定當下，規劃未來，絕不放棄。

六、視角：在做中看清事實

（一）活動：領導的最終報償就在活動本身。
（二）行動：把視角想成是一個過程，而非目標。
（三）搞清楚狀況：培養對你周遭情況以及做出反應的警覺性。
（四）誠實：實事求是。偉大的領導者也有人性，但不迴避他們的職責。
（五）均衡：站在能讓自己面對議題正反兩面都站得住腳的位置。

七、偏執：絕不讓球離開你的視線

（一）聆聽與行動：請客戶、員工直接給你個人的回饋，發展你的事業情報網路，絕對不要依賴「部屬所言」。
（二）提高門檻：不要等顧客、客戶、員工或價值鏈中的伙伴開口，主動要求自己，並將成果展現出來，始終保持優勢。
（三）與恐懼建立良性的關係：找出會令你夜裡失眠的事情，主動解決它。
（四）對異常現象保持警覺：如果它看起來很「怪」，代表它可能很重要，必須要把它弄清楚。
（五）留心後防：事無大小都須留意，因為錯誤沒發生前，根本無從判斷哪一件會是「大」事，哪一件則是「小」事。

八、原則：領導的磐石

（一）信用：你應該誠實且體恤部屬，該認錯就認錯。

（二）正直：你的每個動作，都反映出你是什麼樣的人。
（三）承受傷害：以人性對待部屬，如果你誠實待人，他們會寬容你的錯誤，肯定你的優點。
（四）責任感：組織出現問題時，扛起個人的責任，採取適當做法修正錯誤。
（五）堅定不移：展現你的勇氣；無論是什麼情境，哪怕財務損失或失去職務，依然表現出你的誠意。

九、實踐：永不止息

（一）領導的一切都來自實踐。
（二）你要領導，就必須熱愛實踐。
（三）成功的領導者，主要原因是努力實踐自身的責任，沒有半點偏廢。
（四）領導者也有家庭、朋友和所有一般人會遇到的陷阱；不過他們看得更高更遠。
（五）領導絕對是最偉大的挑戰，因為它真的不是在管理資源，而在於瞭解人性。
（六）領導力只關切一件事，就是我們如何實踐。

無論領導者的年齡與修為如何，一位好的領導者還有一項必備的條件就是執行力，因為有好的規劃沒有執行力，是不可能得到部屬的信賴，並且帶領他們邁向設定的目標，當然也就不可能讓組織成功。

第五節　溝通概說

Nigel Nicholson 在 *Managing the Human Animal* 一書中曾說過「人類在語言與認知上有獨特的天分，人類之所以與其他生物不同之處乃在於語言天分，因為有語言天分讓我們可以規劃、完成、反應並分享經驗。因此，假如我們是天生的溝通者，但又為何經常將事件處理得很糟糕？而且組織之所以失敗，最常見的就是溝通不良。」這段話非常清楚地指出「溝通」是每個組織經常遇到的問題。

在組織中有許多溝通方式可供選擇，例如：電子郵件、語音信箱、即時通與電傳視訊……等，這些都已成為組織內部與外部的溝通管道，而在知識型組織裡，如：圖書館與資訊中心，溝通更是維生的命脈，因為這類知識型組織裡的員

工，經常需要吸收並傳播訊息和想法，而且在這類資訊中心工作的員工，都認為太多的溝通管道反而會導致資訊超載與混淆。

　　溝通講求簡單有效，但其實過程是複雜的，而且當雙方都有意願時，溝通才能成立，亦即首要前提必須讓對方願意接受且產生溝通的意願。此外，誠懇的態度也是重要的良方，在進行溝通時，除需準備好自己的說詞之外，也要站在對方立場加以思考，傾聽對方的想法並適時地修正自己，因為許多事情並沒有絕對的對錯，只是角度不同而已。透過討論與溝通可以找出各自退讓一步的解決之道，也就能夠把事情圓滿達成。以下案例為筆者實務工作上曾經遇到的經驗，可用以說明館員對工作的態度以及溝通時表現誠懇的重要性。

案例一

　　某位德高望重的醫學院教授認為自己對於查檢紙本式 Index Medicus（醫學文獻索引）相當熟悉，也知道索引摘要系統運作的情形，但轉換成電子版後，卻完全不知電腦如何運作。因此，就到圖書館找館員辯論應以什麼樣的方式，才能夠從電子版資料庫中找到最多所需要的內容。溝通開始時，館員先給予他充分陳述問題的機會，並表現誠懇態度予以傾聽，從中歸納問題後逐一解釋說明。由於他的身分地位高，所以他的態度相當驕傲，甚至自我主觀意識強，以至於相當難以溝通。但到最後，他卻留下一句「好！你們有你們這一行的專長」後，就離開圖書館。面對這種結果，館員應感到很高興，因這代表他已承認你的存在及認同圖書資訊專業，並且是他無法跨越的領域。之後，這位教授便經常到圖書館詢問問題，並且尋求協助。

案例二

　　某位年事已高但非常具上進心的教授，在教育部醫學教育委員會中擔任相當重要的職責。某天他要參加研擬小學生書包重量的會議，很無奈地跑來跟館員說：「我明天要去開會，但手上沒有任何資料，你可否幫我？」館員答應且幫他上網找到許多資料，甚至發現已有幾個亞洲國家已訂有相關標準。開完會隔天下

班後,他親自來圖書館並且很高興地分享:「我昨天好驕傲喔!因為全場無論多年輕的出席者只有我有資料,經我加油加醬後,也提出了很多意見。」該教授因此深刻感受到網路世界無遠弗屆及其便利性,之後更勤加學習打字及上網,現已學會相關技巧,而國內也順利訂出有關小學生書包重量的標準。

溝通是由很多因素組成的過程,有幾種溝通的因素已被用來詮釋整個過程,包括:來源、訊息、管道、接收者、雜音、回饋等(如圖5-4)。

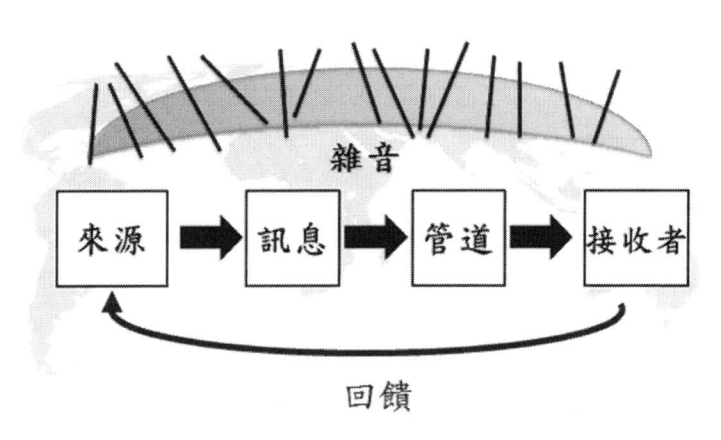

圖 5-4 溝通的模式

資料來源:作者自行繪製。

為了解釋這種溝通模式,我們可以假設當圖書館館長要讓部門主管知道一項重要會議時,館長就是溝通的來源,而館長如果是以手寫備忘錄的方式來告知會議消息時,這個手寫備忘錄就是訊息。此外,如果是採用跨組織信箱系統溝通,那麼信箱系統就是管道,接收者則是部門主管。但假設信箱遺失了這份備忘錄,或不知道這份備忘錄已被寄出,那就是一種誤傳,而當部門主管回覆館長開會訊息,就是一種回饋。

Bavels 及 Barrett 兩位學者曾指出「組織是一個蒐集、評估、重組,以及傳播資訊的合作系統」,然而因為溝通是如此地重要,所以管理學大師彼得·杜拉克(Peter Drucker)曾說「組織不能以層級來建立,而應該以溝通來建立」,由此可見溝通的重要性。

第六節　組織溝通

　　Giesecke（2001）在 *Practical Strategies for Library Managers* 一書中提到「有一天，不管什麼問題，一定有人會說：『那只是溝通的問題。』這正意謂著只要能好好溝通，所有問題都將消失無蹤。」

　　根據研究顯示，不同族群與男、女間有不同的溝通方式，Deborah Tannen 研究不同性別間溝通的差異性時發現，男人與女人的溝通方式有很大的差別，她把這種差別歸因於男性與女性在孩童成長時期所累積的不同價值判斷，男性被教育為重視地位、獨立及個人權力；女性則被教育為重視關係、合作以及團隊的力量。在職場上，男、女間溝通的差異可能會導致誤會，也就是在我們被訓練、教養的過程中，男性與女性所被賦予的價值觀與判斷是不太一樣的。不過，雖然學理上的平均數大致如此，但也經常會發現例外的案例。

　　在不同族群之間也存在著不同的溝通方式。例如，有些文化認為與人講話時，如果眼睛直視對方會被視為是粗魯的行為，有些文化則允許打斷與對方的交談等。每種溝通都可能依據不同的文化法則來決定，當我們的職場變得如此多樣性時，管理者應該更加瞭解這些可能影響溝通是否順暢的文化差異。特別是當組織強調國際化的同時，來自不同國家與文化背景的人，更容易產生溝通障礙。

　　再者，造成溝通的另一障礙則是使用專門術語，即所謂的「行話」。試想圖書資訊學領域所使用的專門用語，從「A」開始的就有：AACR2、ACRL、ARL、ALA、ASIS&T、ASCII、ALCS、acquisitions、accessions 及 authority control……等，有些學生常會因為沒有弄清楚而誤把「權威控制」（authority control）寫成「威權控制」，或將「詮釋資料」（metadata）寫成「栓釋資料」。也就是說，即使相同領域的成員，也不見得每個人都瞭解並精準使用專業領域的專有名詞。因此，當館員與非館員溝通時，如果總是使用專有名詞的話，那麼非館員就會像是在霧裡看花，煞是迷惑，而無法達到溝通的效果。

　　溝通可分為三大類：手寫的、口語的及非語言的溝通方式，每種方式在組織的溝通中都扮演著特殊的角色，而且各有其優、缺點。茲說明如下：

一、手寫溝通

　　手寫溝通的優點是讓紀錄可長久保存並確保一致性，但手寫的溝通方式也有許多問題，例如：寫得很糟，以致無法完全表達行動的需求或完整定義問題的範圍，使員工只能感受到模糊的指示。此外，有時也會因為所使用的文字不清楚或未定義，讓被溝通的對方無法立即回饋與享有澄清的機會。因此，文字的通順與否，在手寫溝通方式中扮演非常重要的關鍵。尤以現今行動載具與社交軟體應用廣泛，出現了許多不是以往通用的寫法和文字，更是造成不同年齡層之間的溝通障礙。

　　電子郵件（Email）雖然被視為一種手寫的溝通方式，但它畢竟不像書信或備忘錄那麼正式，面對面或電話的溝通有其法定的禮儀，但在電子郵件的世界則沒有這樣的禮儀，而往往當電子郵件的使用者在按下刪除鍵的那一刻，才會驚訝地發現電子郵件沒有個人隱私，甚或文件已被完全破壞的問題。一般在組織裡都有使用電話、傳真及郵件的相關政策，現在也應對電子郵件的正確用法，以及它在組織裡的擁有與保存訂定相關政策。社交軟體因為傳遞速度快與廣泛，近年來也廣被組織用於訊息的傳遞，例如：Line、WeChat 等，若與電子郵件相較，可說是一種更無相關禮儀與規範的不正式溝通媒介，然而因其播速度快，對於溝通而言，仍是相當有效益的媒介。但也因為如此，許多領導人十分濫用，不僅造成員工疲於奔命，要耗費許多精神接收資訊，甚至要一週七天，24 小時接收與處理訊息，使得好的溝通工具卻呈現負面的模式。

二、口語溝通

　　口語溝通被認為是最豐富的溝通媒介，但因為不是所有的口語訊息都能表達清楚，有時仍然存在著模糊或誤會的字眼。因此，口語溝通仍存在著許多問題。由於口語溝通的優點是可獲得立即回饋的機會，也就是如果聽不清楚，可以再次確認，所以存在著即時回饋的機制。再者，口語溝通是解決衝突的最佳辦法，但也是最耗時的一種方式，特別是當許多人都必須被告知某事時，尤其如此。不過若當彼此意見不同，「坐下來討論」可說是相當合適的方式，因個別討論必定意見不合，直接面對面口語溝通，更能相互理解並取得共識。口語溝通無法像手寫

溝通那樣可以保存溝通的內容，除非進行錄音或錄影，但如需錄音或錄影，則必須以尊重個人的聲音與肖像權為前提，事先告知並徵求同意才可進行。

同時，在說話的技巧上，「把話說好聽」跟「把話說出來」是不同的，也就是說溝通能不能達到應有的效果，不在於工具和傳輸的方式，而在於是否能將話說得好聽。此外，選擇「用直接的方式讓對方知道」和「講話傷害別人」兩者也是不同的，因為雖然兩者同樣是在陳述實情，但前者選擇以正面的表述並給予建議，後者則是使用詆毀的方式，相較之下，後者更容易達到溝通的效果。

三、非語言溝通

非語言溝通是指任何不屬於手寫的或口語的溝通方式，它是由不同形式的身體語言所組成，例如：臉部的暗示、手或臂的手勢或姿勢。非語言溝通會讓旁觀者察覺許多線索，如同俗語所言，行動比言語還大聲，無論藉由手勢、臉部的表情，或者是姿勢都可以傳達某一種意念。

Stueart 與 Moran（2007）曾根據溝通的資訊豐富與否，將溝通的媒介加以分類為面對面、電話、書信、備忘錄、報告及布告、傳單等。研究結果發現，廣告、宣傳、布告……等非個人靜態的媒介，在溝通上是屬於資訊比較貧乏的，而面對面的溝通則能獲取最多的資訊內容。

若根據 Lengel 與 Daft 兩位學者的說法，管理者因為溝通的需要而選擇適當的媒介時，他們要記得最重要的事是「對非例行性的訊息採用資訊較豐富的媒介，而對例行性或簡單的訊息則採用資訊較貧乏的媒介。」在面對複雜與非常重要的訊息，應採用資訊豐富的媒介，以確保所有人都瞭解問題所在，但如果用資訊豐富的媒介來解決例行性的訊息，那就有點浪費時間了。

第七節　溝通流程與管道

在組織中，溝通的流程可分成三個方向，即向下溝通、向上溝通與平行溝通。以下分別說明：

一、向下溝通

向下溝通是主管對部屬的一種溝通方式,也是組織中最常見的溝通方式,茲介紹五種最常見的方式如下:
(一)特定的工作指引或工作指導。
(二)促進對工作的瞭解與對其他組織關係瞭解的資訊。
(三)有關組織的程序與實務的資訊。
(四)對屬下表現回饋的資訊。
(五)完成組織目標的理想特點的資訊。

在很多組織裡,向下溝通是沒有效率的,原因主要包括下列幾項:
(一)過於依賴某一溝通方式:若是太依賴手寫或機器的溝通方式而不採用面對面的溝通,可能會因為雜訊和干擾太多而造成溝通不良。
(二)資訊超載問題:因為使用電子郵件與複印文件來傳遞訊息變得相當容易,有些員工因為過多的備忘錄、布告、書信、宣告及政策說明而感到負擔太重。
(三)溝通時機的問題:在不當的時間點進行溝通,通常無效。
(四)資訊過濾的問題:因為向下溝通有時必須經過連續好幾層,訊息會被更改、縮短或加長,甚或有些員工可能連一個訊息都沒收到。

二、向上溝通

向上溝通是指從部屬到主管的訊息溝通流程,通常此類的訊息是指諮詢問題、提供回饋及提出建議,除非是管理者的鼓勵,否則組織裡很少有向上溝通的模式,其原因主要有二:
(一)即使在自以為採取開放政策的組織裡,員工還是害怕把資訊拿給主管,特別是這些資訊涉及有問題的事情或壞消息。員工比較喜歡將可以提高他們地位與獲取信任的事向上報告,不喜歡將讓自己洩氣的事告訴主管,不過有時也因為這種害怕責難有意隱瞞的心態,致使主管錯失處理問題的先機。
(二)管理者擁有地位與權力,他們講話與穿著的方式都與職位較低者不同,而且也比較有溝通的技巧,員工會因不熟悉管理者的工作與責任而不敢與他

們溝通;也就是說,大部分主管在上班時間會選擇穿著比較整齊與正式的服裝,而這種具權威感的形象會造成較基層員工不敢接近並與他們溝通。

三、平行溝通

　　平行溝通在一般組織中是以協調為主,在組織結構中提及的矩陣式結構,部門之間平行溝通的機會因組織的擴充、複雜及因應情況的變化而增加。同時,非正式的溝通體系在平行溝通中亦是一項必要的措施,同階級者的非正式接觸,常是使組織單位穩定、組織關係良好的因素,例如:圖書館自動化後,書目品質控制不再只是由編目部門負責,採訪部門亦有關聯,甚至與讀者服務部門也相關。技術服務是讀者服務的基礎,讀者服務館員必須瞭解技術服務相關的知識,並能用簡單明瞭的方式來告訴讀者圖書館相關的專業知識,才能做好讀者服務,也讓各部門之間的協調與溝通機會因此提高。

　　在圖書館中的平行溝通非常重要,但平行溝通經常會因為個人的本位主義而導致失敗,尤其對於組織龐大且分工細緻的圖書館,平行溝通的難度將更高。不同部門間必須先做好溝通並瞭解彼此的業務,以助於圖書館建立良好的整體形象並營造整體服務的氛圍。同時,如果管理者不鼓勵或獎勵已經進行平行溝通的員工,平行溝通的方式將不可能發生。以下就以過去在圖書館服務時曾經發生的實例加以說明:有一位讀者想要查找關於醫學史的書,卻始終不得其門而入,以致對圖書館服務產生諸多埋怨與質疑,經過溝通後,發現他的問題是不熟悉查找資料的技巧與方法。因此,試著用讀者能理解的方式解釋書名、關鍵字與標題的不同,並且告訴他如何利用標題來查找與聚合資料,最後終於讓他滿意地走出圖書館,進而對圖書館再度恢復信心。由此例可知,如果讀者服務館員不瞭解技術服務的相關專業知識,就無法以淺顯易懂的方式跟讀者溝通,當然也就無法做好讀者服務。

　　此外,組織中有些員工會組成特別的小團體,小團體的成員會為了達成他們自己團體的目標,而不願意與管理者溝通來達成組織的目標。組織中不可避免地會產生小團體,但身為管理者所要做的就是掌握這些小團體的領導者,藉由他們

來獲知相關訊息並適時傳遞正確的訊息，以避免不正確的訊息散布流傳。當小團體間因為缺乏溝通的語言而無法交換資訊時，即使他們想要交流資訊，也會因相互隔離且孤立，而無法跨出可以平行溝通的鴻溝。

由於電子郵件比書信不正式，同時與面對面的交談相較之下也較不具威脅性。因此，有些員工不只寄電子郵件給他們同階級的同事，也會寄給組織裡的上級長官，例如：部門主管、管理者，甚至最高層長官。有些員工會公開地利用電子郵件或網站，來對組織及組織運作的方式表達不滿，但如果這種越級報告的行為是以匿名方式告狀或攻詰他人時，對於組織是相當具傷害力的。Rboert Zmud 認為「傳統上組織成員的影響力受到工作上的設計、主從關係、實體、地理及權力範圍所限制，新的資訊科技正在解除這些限制。」因此，針對這些新的溝通媒介，如電子郵件、語音郵件，以及電傳視訊……等，組織應投入更多的心力研究它們對組織溝通所帶來的影響。

以上所討論的是組織內的正式溝通管道，這些訊息的流通是透過組織內層級制度所主導的，但每個組織都有非正式的溝通管道，最常見的兩個非正式溝通系統是「秘密情報網」與「走動式管理」。雖然非正式管道不像正式溝通結構那樣可預期且設計良好，但他們在資訊移動方面則顯得很有效率。

四、秘密情報網

秘密情報網的溝通模式是指向上溝通、向下溝通、員工與管理人，甚至公司內或公司外之間的一種溝通方式。研究顯示這種溝通方式是相當正確的，且有超過 75% 的正確訊息是以這種方式加以傳遞。除此之外，秘密情報網的溝通方式在移動資訊方面比正式管道來得快，因為幾乎所有秘密情報網的溝通方式均無紀錄。因此，它很容易被改變且在組織網路中被不同的解讀。秘密情報網溝通方式可以透過正式的溝通管道來篩選，例如：組織中之所以會有謠言，是因為員工焦慮未收到訊息或根本沒有資訊，如果管理者可以隨時提供關於員工福利的訊息，且以正式溝通管道傳遞出去，就可使謠言比例下降甚至消聲匿跡。

五、走動式管理

走動式管理是指管理者要離開辦公室,在組織裡面走動且多花時間與員工交流,這種方式叫做 managing by walking around(簡稱 MBWA)。管理者要經常在員工的工作場合走動,並運用敏銳的觀察力與記性瞭解員工的問題,但是這樣的管理方式,也會讓員工產生受監視的疑慮,因為多數的員工會因為上層管理者走到他們的辦公區或者與他們說話而感到受寵若驚,但卻能讓他們感覺受到重視。Robert Goffee 與 Gareth Jones 曾提到「如果管理者對員工說:『你真的很重要』,不管他們的貢獻有多小,員工也會把他們的心和靈魂都給你。」因此,管理者對員工要懂得適時地表達讚賞,不要吝於讚美員工。

以下列舉 20 種與員工溝通的方法,應有助於使組織內之溝通更為暢通:

（一）讓有影響力的員工參與目標設定:目標的設定如果是由上而下,會較快設定完畢,但相對地也會較難實現,但如果是由下而上,雖然會比較花時間,但也比較容易達到並落實目標。

（二）經常給予表現良好的員工實質的肯定:實質的肯定包括讓他出名、提供獎勵金、公開表揚……等方式。

（三）在非正式場合與員工互動。

（四）到員工的工作場所走動。

（五）敞開心胸,傾聽員工的意見:要將你的想法變成員工的想法,如此你的想法才有可能實現。

（六）與員工分享非機密的訊息,並請教他（她）們對問題的反應。

（七）強調已經做對的事情,並把它當成是一個機會教育。

（八）用 80% 時間傾聽,20% 時間交談:愈上位者要愈謙卑,愈要能夠聽取別人的意見。

（九）詢問員工聽到的謠言,並解釋事情的原委。

（十）找機會瞭解員工的工作內容,例如:定期召開會議。

（十一）以行政管理會議或其他管道提供員工正確的訊息。

（十二）詢問員工,「你（妳）瞭解我的願景、任務與目標嗎?」

（十三）詢問員工,「我可以在工作上幫你（妳）什麼忙?有沒有阻礙你（妳）的地方?」

（十四）詢問員工，「什麼事讓讀者最滿意或最不滿意？」
（十五）公開表揚，私下回饋。
（十六）找到每一位員工令人喜歡的特點。
（十七）記錄每日與員工交談的重點。
（十八）建立與不好相處員工的溝通管道。
（十九）每月設定目標來實踐「走動式管理」。
（二十）偶而與員工一起用餐，藉機建立互信。

整體來說，正式與非正式溝通對組織來講都很重要，領導者應重視組織的溝通，來達到開放與儘量不要有歪曲的事情發生，同時，一旦發現會產生重大影響的不正確訊息已在流傳時，應立即處理，而且領導者也應隨時改進自身的溝通技巧。

好的領導要有好的溝通，沒有任何的行為科學家或管理學家能夠提供管理者在有效領導方面一個特定的方法或者通用的理論，大部分現代的管理專家呼籲管理者要有彈性，而不是採用所謂最好的理論，管理者應該仔細觀察組織與其目標，然後採取一個對公司、員工及顧客整體需要最好的管理策略。

Quinn（1988）在 *Beyond Rational Management: Mastering the Paradoxes and Competing Demands of High Performance* 一書中曾提到「我們最難理解的事情是：組織是有動力的，是活的，特別是當你（妳）爬到組織的最上層階梯時，事情會變得摸不著與不可預測。對組織的高階主管來說，組織管理的最主要特點是必須面對改變、模糊與矛盾。管理者多數處於緊張的狀態，他（她）們經常被迫要在很短時間內做決定，卻常常發現根本沒有好的答案，在組織內，職位愈高，這種現象就愈明顯。」由此可看出身為管理者的艱辛。

領導是管理當中最涉及人性的部分，領導的終極目標是要讓組織透過員工來達成目標，亦即讓員工有效地工作，且能對組織產生有用的結果。正因為領導是複雜而多面的，管理者都認為領導是他（她）們最重要的挑戰，也是最重要的工作。因此，當組織成長茁壯、環境改變迅速，以及員工要求提高報酬時，管理者更需要在領導上追求卓越。

溝通是組織達成目標的必要過程，也是領導者重要的修練與能力，有效溝通可以讓組織成員對組織有向心力，達到正向的領導成效。因此，領導者應在日常工作中重視溝通，善用各種溝通管道，增進自身的溝通技能。

關鍵詞彙

領導 Leadership	管理格 Management Grid
管理 Management	領導格 Leadership Grid
溝通 Communication	領導交易／轉型模式 Transactional/Transformational Model of Leadership
特色取向的領導研究 Trait Approach to the Study of Leadership	路徑目標式領導 Path-Goal Theory of Leadership
行為取向的領導研究 Behavioral Approach to the Study of Leadership	走動式管理 Managing by Walking Around, MBWA
Likert 的管理系統 Likert's Systems of Management	

自我評量

- 管理與領導有何差異？

- 何謂管理格？

- 何謂轉型領導？

- 領導風格有哪幾種類型？其內容為何？

- Likert 將管理系統分為哪幾種？

- McGregor 的 X 理論與 Y 理論中描述人對工作的態度各為何？

- Fiedler 的領導權變模式為何？

- 路徑目標模式的領導模式為何？

- 溝通時應注意哪些要項？

- 組織中有哪些溝通管道？

參考文獻

Flaum, S. A., Flaum, J. A., & Flaum, M.（2008）。領導學散步（李明軒譯）。臺北市：大塊。（原著出版於 2005 年）

李華偉（1996）。現代化圖書館管理。臺北市：三民。

林水波（2006）。領導新論。臺北市：五南。

張文隆（2018）。價值觀領導力：緊抱核心價值觀，盡展卓然領導力。臺北市：商周。

Barnard, C. I. (1938). *The functions of the executive*. Cambridge, MA: Harvard University Press.

Bennis, W., & Nanus, B. (1985). *Leaders: Strategies for taking charge*. New York, NY: Harper.

Burns, J. M. (1998). Transactional and transforming leadership. In G. R. Hickman (Ed.), *Leading organizations: Perspectives for a new era* (pp. 133-134). Thousand Oaks, CA: Sage.

Commager, H. S. (2004). *Henry Steele Commager's the story of the Second World War*. Washington, DC: Potomac.

Dubrin, A. J. (1998). *Leadership: Research findings, practice, and skills*. New York, NY: Houghton Mifflin.

Giesecke, J. (2001). *Practical strategies for library managers*. Chicago, IL: American Library Association.

Harari, O. (1997). Stop empowering your people. *Management Review*, *86*(2), 48-51.

Hogan, R., Curphy, G. J., & Hogan, J. (1994). What we know about leadership: Effectiveness and personality. *American Psychologist*, *49*(6), 493-504. doi:10.1037%2F0003-066X.49.6.493

Mintzberg, H. (1975). The manager's job: Folklore and fact. *Harvard Business Review*, *53*(4), 49-61.

Quinn, R. E. (1988). *Beyond rational management: Mastering the paradoxes and competing demands of high performance*. San Francisco, CA: Jossey-Bass.

Stueart, R. D., & Moran, B. B. (2002). *Library and information center management* (6th ed.). Englewood, CO: Libraries Unlimited.

Stueart, R. D., & Moran, B. B. (2007). *Library and information center management* (7th ed.). Westport, CT: Libraries Unlimited.

Wills, G. (2013). *Certain trumpets: The nature of leadership*. Riverside, CA: Simon & Schuster.

作者簡介

林呈潢

(lins1028@mails.fju.edu.tw)

天主教輔仁大學
圖書資訊學系
退休助理教授

第六章
控制

學習目標

研讀本章內容之後，學習者應能夠：

- 瞭解控制的意義以及有效控制對組織的重要性
- 瞭解控制的程序與類型
- 瞭解協調與控制的工具
- 瞭解問責的重要性

本章綱要

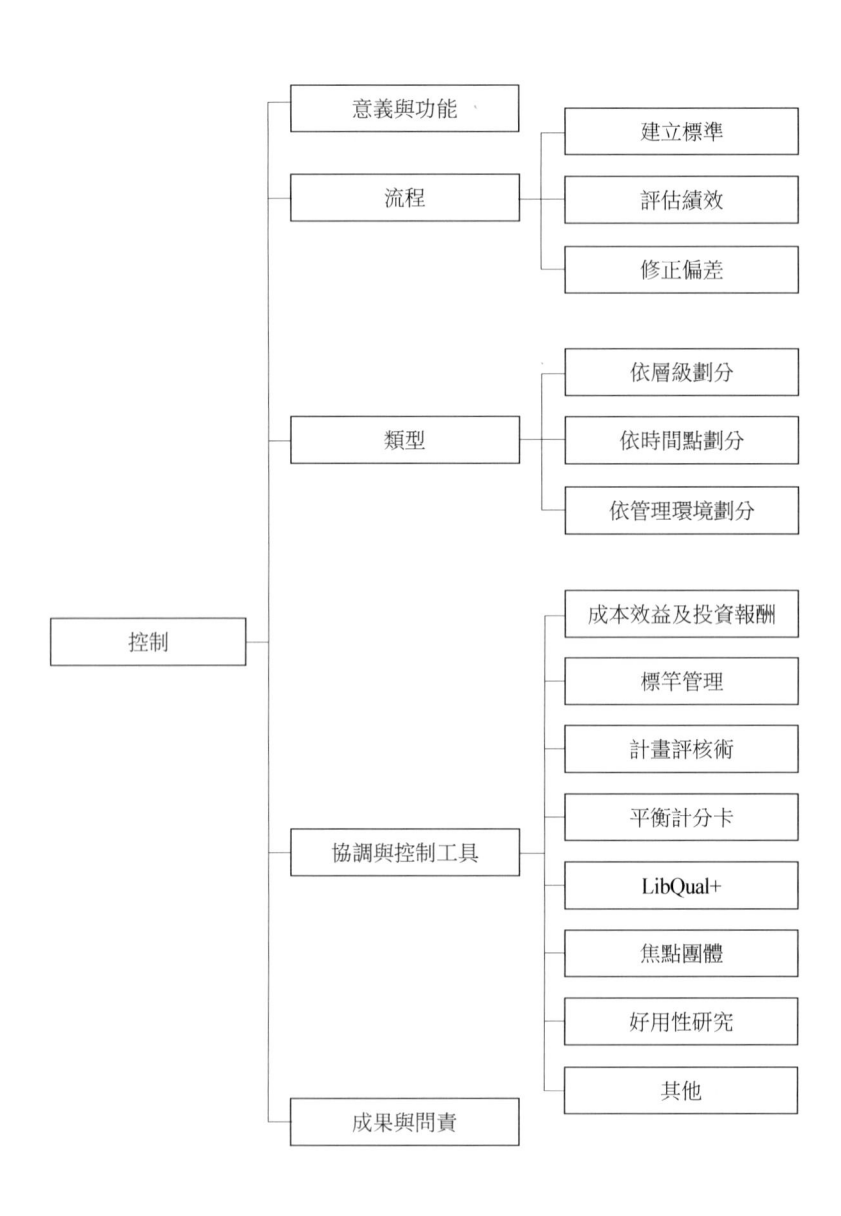

```
                            ┌─ 意義與功能
                            │
                            │          ┌─ 建立標準
                            ├─ 流程 ───┼─ 評估績效
                            │          └─ 修正偏差
                            │
                            │          ┌─ 依層級劃分
                            ├─ 類型 ───┼─ 依時間點劃分
                            │          └─ 依管理環境劃分
                            │
                            │                   ┌─ 成本效益及投資報酬
    控制 ───────────────────┤                   ├─ 標竿管理
                            │                   ├─ 計畫評核術
                            ├─ 協調與控制工具 ──┼─ 平衡計分卡
                            │                   ├─ LibQual+
                            │                   ├─ 焦點團體
                            │                   ├─ 好用性研究
                            │                   └─ 其他
                            │
                            └─ 成果與問責
```

第六章
控制

　　控制（controlling）是管理程序中的最後一個步驟。所謂控制，是按照設定的標準去衡量計畫執行情形，並透過調整執行的偏差，確保計畫目標有效率及有效能的達成。適當的控制，可以幫助管理者找到明確的績效缺口以及應改善的地方。缺乏控制，計畫的推動就難以實施。本章中，我們先就控制的意義簡單介紹，並將談及控制的基本元素，包括控制程序、控制的類型，以及圖書資訊服務機構控制的現代議題。

第一節　控制的意義與功能

　　控制可以定義為「用以確保活動能按計畫完成並矯正任何重大偏離的監視程序」（Robbins & DeCenzo，1998/2002，頁 442）。控制雖然具有監督和管制的意思，但其用意不在於操縱員工，而是要使一個機構的各種內部作業都能按照原先的計畫，以分工合作、協調配合的方式，如期完成，以達到機構的目的和目標（李華偉，2004，頁 193）。換言之，控制意味著存在目標、計畫以及指導機構達成這些目標的活動。所以控制是用來確保事情依著既定計畫達成目標，並對執行過程偏差的糾正。

　　進一步而言，控制具有監督活動的管理功能，用以確保活動能依計畫完成，並修正任何重大的偏離。管理者只有在評估所完成的活動，並將實際績效與期望標準做比較之後，才能知道自己單位表現是否適當。有效的控制系統能確保活動是以能達成組織目標的方式來完成。控制工作是管理者及每個監督人員的職能；實務上，部分較低層次的管理人員常疏忽了這個原則，以為實施控制工作的職能僅屬於上層管理者，此種錯誤的產生起因於過分強調最高層和上層部門的控制。儘管管理人員所負責的控制權限與範圍有所不同，但每一個層次的管理者都負有

執行計畫的職責，因此，控制可以說是每個層次管理部門的一項重要管理職能（陳詠霖，2015，頁 195）。

控制系統的效能取決於其能監控組織達成其目標的程度。換言之，愈能幫助管理者達成其組織目標的控制系統，就愈會是一個好的控制系統。控制的功能價值可以由三個特定的領域觀察（Robbins, Decenzo, & Coulter，2011/2016，頁 334-336）。

一、規劃：目標是規劃的基礎，它提供特定的方向給員工及管理者；然而，只是陳述目標或使員工接受目標，並不保證達成目標的所有必要行動都被執行。所以，有效能的管理者都以追蹤的方式，來確保那些必須由員工去做的事被完成，並且達到目標。管理者沒有控制，那麼便無法知道目標和計畫是否被達成，以及未來要採取什麼行動。
二、員工賦權：控制之所以重要的另一個理由，是因為員工賦權，許多管理者不願意授權給員工，因為他們擔心負責的事情會出錯，但一個有效的控制系統，可以提供員工績效的資訊和回饋，並將潛在問題發生的機會降到最低。
三、保護職場：組織面對許多威脅，如自然災害、財務壓力、醜聞、職場暴力、安全漏洞等，管理者必須要在上述事件中保護組織，因為這些情況都有可能發生，充分的控制和備用計畫，能將工作中斷的可能性降到最低。

第二節　控制的流程與類型

控制有不同的類型；但，不論其類型，有效的控制機制與控制的流程息息相關。本節介紹控制的基本流程及其類型。

一、控制的流程

規劃與控制在實現組織目標的過程中是密不可分的二個功能，「規劃」是決定要做些什麼，「控制」是保證規劃目標完成，而「行動」是執行規劃過程的工具和技術。換言之，控制是要使一個機構的各種內部作業能按原先計畫，以分工合作、協調配合的方式，如期完成，以達成機構的目的和目標。有效的控制能協助員工知道工作的進度和效果，及時矯正執行上的偏差，以增加整個機構的效能。在操作層面，控制技術涉及政策、程序、任務和分析，以及工作稽核。最有

效的控制機制是透過預期計畫偏差將發生，並立即採取行動防止偏離計畫。基本上，控制包括三個基本步驟（陳詠霖，2015；Moran & Morner, 2018）：

（一）建立標準

　　計畫是管理人員設計控制工作的準則，在實務上由於各種計畫複雜度不一，且管理人員也不可能完全參與掌握；因此，必須制定較為具體的標準。所謂標準即是用來作為考核績效的尺度，給予管理人員明確訊息，使其能夠清楚掌握控制過程中的進展狀況。

　　標準的建立是從組織目標發展而來，用以作為後續績效比較和評估的準則（Schreyögg & Steinmann, 1987）。標準分為兩個基本類別：
1. 與績效及資料相關標準：包括品質、數量、成本和時間。
2. 與道德方面相關的標準：包括組織的價值系統以及可能用來建立倫理守則的道德標準。

　　標準可以是實體的，如代表產品的數量、服務單位、工作時間和其他可以透過時間動作研究（time and motion studies）來證明和衡量的事物；它們可以用金錢來表示，例如：成本、收入或投資，這些可以透過保存檔案、成本分析和呈現的預算來證明；或預算陳述；或者可以用衡量績效的其他術語來表達，例如，績效評估和考核制度。當然，還有一些其他因素難以評估和測量，需要採用不同的測量方法，例如，如何衡量個人對組織目標的貢獻。

　　大多數標準是描述性的，規範量化目標，也直接針對圖書館資源的投入評估。一般標準，如我國的〈圖書館設立及營運標準〉，美國圖書館學會各部門或其他國家或國際學會所制定的標準，被制定用來做為指南類的標準。由於各種原因，這些標準不一定能為個別圖書館或資訊服務中心提供有意義的評估。例如，由美國圖書館學會參考與資訊服務部門（Reference and Information Services Division of American Library Association）所制定的指南，有些標準是模糊不清的，幾乎不可能衡量，有些標準只是程序的指導原則，有些則是將定性評估與定量公式相結合。如果在標準制定過程採用科學的控制方法，那麼就適合在一定程度上進行量測。一個有效率的標準，必須是該標準的績效指標能為管理者所接受。為了效益並能使管理者接受，標準的實施過程必需要得到共識，而不是硬性的規範，因為抗拒硬性規範的標準是人的本性。

（二）以標準評估績效

　　控制程序的第二個主要步驟，在以第一步所制訂的標準衡量工作績效；然而，在實務上有許多活動不容易制定準確的標準，同時亦有許多的活動難以衡量。具有標準化且大量生產的產品，制定標準簡單又易於衡量；但是，具客製化特質的小量多樣式產品，不但其標準難以制定，同時績效的衡量亦較為不易。

　　評估績效是策略規劃過程中的重要步驟，也是圖書資訊服務機構基本的決策回饋機制。此種評估包含定量和定性的形式，包括經濟價值和經費充足性，形象價值，能力，品質成本等。回饋或者評估績效是控制過程中的重要因素。特別重要的是，可以做為使用者和主管當局利益建立資訊服務價值的重要技術。

　　下一個重要的步驟是績效和標準關係的衡量。在標準完成後，必須利用分析組織的活動來與標準相比較，通常採用諸如成本效益分析（cost-benefit analysis）和時間動作研究等技術來衡量營運績效的標準。當然，並不是所有的東西都可以量化。判斷力和彈性也是必要的。但是，必須非常小心，因為主觀判斷可能會影響實際表現。

　　某些類型的績效較難衡量，因為它們或者情況較為複雜、或者缺乏量化數據、或者需要更大的判斷力。換言之，並非所有的量化評估都能正確反映活動的品質。例如，一位善本書的編目人員，在一天八小時的工時中，可能只完成兩本書的原始編目。因為，這種編目的工作，品質必須精確，客觀地衡量，並且充分瞭解所有細微差別。

　　從定期國際會議的主題，可以明顯地觀察到圖書館和資訊服務部門愈來愈重視績效評估（Moran & Morner, 2018, p. 449）。這些會議有些主題討論各種不同的評量方式，包括投入、產出、績效和成果評量。這些評量方法不但可用在個人評量也可用於團體評量。簡單地說，這些議題集中在：數量、經濟性、價值性、可用性、即時性、可靠性，以及滿意度等（Hernon & Altman, 1998）。

　　因此，評鑑可以從大範圍（如，服務提供的總量）、效率、效能、成本（如，成本效益分析），服務品質、滿意度或任何其他因素。從大量的報告和研究中顯示，績效評估是一個不斷持續進行的活動，無論該評估是系統性評估、個人績效或使用者成效評估。

　　研究人員和從業者面臨的持續挑戰是需要制定一套有代表性的成果衡量標

準，來傳達讀者的期望，讓圖書館員可以從中選擇用來作為本地標竿。在所有的評量活動中，重要的是保持正確的紀錄，以便可以持續地監控流程，並且可以比較本年與上一年度數據；如果紀錄沒有保存，或缺乏控制，抑或無法客觀地衡量輸出的資料，則很難評估實際績效偏離計畫績效的多寡，更無法確定該評量是否成功。國際標準組織（International Standards Organization，簡稱ISO）的〈圖書館績效指標〉（ISO 11620:2014 Library performance indicators）是一份完整的績效指標參考文件，該績效指標採用平衡計分卡原則，分為四個指標構面。

1. 資源（resources）、取用（access）與基礎建設（infrastructure）：衡量圖書館資源與服務（如：工作人員〔staff〕、館藏圖書資料、公用檢索工作站）之適當性與可得性之績效指標。
2. 使用（use）：衡量圖書館資源與服務之績效指標（如：借閱圖書資料、下載電子化資源和使用設施）。
3. 效率（efficiency）：衡量圖書館資源與服務效率之績效指標（如：每筆借閱、電子化資源連線或下載的成本；採購或處理文獻所需的時間；參考諮詢回答的正確性）。
4. 潛力與發展（potentials and development）：衡量圖書館投入新興服務和相關資源以及為發展所籌得的經費（如：投資在電子化資源的經費的百分比和工作人員參加正式的訓練課程）。

上述每一績效指標構面再區分為五個服務／資源層面，分別是：館藏（collection）、取用、設施（facilities）、工作人員和通則（一般性）（general），共有45項指標。

除了回饋，其他類型的基本控制是預防性質，它可以透過設置參數來預測會發生什麼。規劃過程中的目標設定，就是這種類型控制的例子。目標設定需要組織過去的績效資訊，並將其引入到未來行動所需調整的決策中。對於一般的控制過程來說，這個過程就像對一個更複雜，更自動化的過程一樣重要。

（三）修正偏差

假如所確定的標準是適當的，而績效的衡量能夠反映組織結構中各種不同職位的要求，那麼用這些標準衡量績效，便能順利地進行偏差的修正。當發生偏差

時，管理者可以重新制定計畫，或調整它們的目標，同時也可以運用組織職能重新分配職務，或明確職責，以用來修正偏差，亦可以採用增加人手或更加妥善的進行任用和培訓人員，或是解僱人員重新分配人員等方法進行偏差修正。

調整任何與（標準）規範的偏差是協調過程中的重要步驟。這種調整可以透過行使組織特權來實現，例如，在人事方面，可以透過調整或明確規範職責、增加或減少工作人員、選擇和訓練員工，或透過其他人員管理方法。調整也可以透過調整目標、制定新的替代計畫或改變做事方式來達成。

複雜的服務評估和評鑑過程是希望確定需要改進的地方，以進一步採取改正措施。評估非單次的情事亦非偶而為之的作業，而是對營運的持續檢視。控制與策略規劃過程密不可分，並且確實是策略規劃過程中的一個主要組成部分，因為除非知道要評估什麼，否則不可能進行評估。

圖書館或資訊中心如何有效地實現規劃過程中確認的目標和目的，應透過這種評估來衡量。如果我們將整個處理流程視為一個循環，決策過程中的評估步驟將帶組織形成一個完整的生命周期。評估過程至少有三個因素必須考慮：

1. 服務的投入，更具體地說，是提供資訊服務時所需資源的運用，包括人員、資料、空間和設備。他們都可以根據所涉及的資源的總數或數量及其成本來衡量。所有這些都是投入階段應該考慮的。
2. 產出應根據服務的產出數量併計入成本因素，包括價格、及時性、可用性和近用性，這些都有助於服務的價值。產出的品質是基本的考量。使用和不使用服務的評量需要檢視影響使用和不使用的因素，以及評估這些服務的具體屬性之重要性和滿意度。
3. 成果包括像節省時間、提高生產力、改善生活和工作品質等要素，以及因提高即時性從而增加價值。這些描述圖書館重要性和用途的評量的關係，說明維持預算和資源對於改善人員和專業生活的努力是合理的。

評估需要細心地收集和分析所有類型資料，以作為決策之用。評估的資料可以來自各種不同來源，如：成本效益分析、預算分析、績效評估和館藏評估等，都是經常用來收集資料的評估技術。這些評估技術收集的數據可以深入瞭解計畫、作業或服務的效能、效率、影響和價值（Hernon & Altman, 1996）。

圖書館引進問責制（accountability），促進了許多規範性技術的發展，以衡量圖書館內部作業的效率和服務的有效性。提到內部控制，首先聯想到是自動化

控制，包括流通、期刊管理、線上資料庫等系統的使用。這些技術控制只是圖書館評估作業所使用之工具。圖書館在流程控制中採用了許多基本的技術和工具，同時，隨著技術和外部壓力的演變，評量和評鑑系統也隨著時間的推移而發展。

控制程序主要分成上述三大步驟，然而採取何種管理行動，需視控制過程中出現的偏差原因為何。若偏差原因是「員工能力不足」，則應採取的管理行動包括調整組織結構、職務調動、實施教育訓練、重新進行工作設計，甚至裁員等；若差異原因是「標準訂的不合理」，則必須調整標準的制定；而若是「整個外部大環境的改變」，則必須調整組織的策略與投入的資源。

某種程度上，圖書資訊服務最後的控制設定是屬於外部的；因為大多數圖書資訊服務機構需要向提供活動和經費的機構負責。以圖書館為例，圖書館受到國家相關法規約束，主要職責通常由館長和主管機關協調執行，這些外部機構依其組織或社會責任執行監理責任；此外，還有許多外部的團體，包括設立標準的機構、認證（certification），以及圖書館、館員和其他資訊專業人員認可單位。例如，美國中北部大學和高中聯合學會（North Center Association of College and Secondary Schools）是一個負責認證的地區性機構，對圖書館進行觀察和提出建議，作為對高等教育機構進行全面審查的一部分。美國圖書館學會（American Library Association，簡稱 ALA）透過建立各類圖書館和圖書館服務的標準來維持圖書館服務水準，並由其認證委員（committee accreditation）制定圖書館學與資訊科學教育標準，對圖書資訊學教育機構進行認證。美國各州教育部門制定學校圖書館員資格認證指南，制定經費分配標準，並對特定的專門興趣團體，如美國醫學圖書館學會等，為其會員制定認證和繼續教育要求標準（Moran & Morner, 2018）。還有一些主要是為了制訂組織和機構活動規範而存在的組織和機構。例如，ISO 或世界智慧財產權組織（World Intellectual Property Organization，簡稱 WIPO）等頒布的國際版權協議或各種國際標準可作為圖書資訊服務機構的指南。完整的法律和規範，也提供圖書資訊服務機構對其業務範圍內的作業進行了某些其他類型的控制，例如，我國教育部頒布的《圖書館法》以及〈圖書館設立及營運標準〉。

這些監管機構及其權威在世界各地不盡相同，但其影響力基本上相同。地方性、全國性和國際性的法律，也都規範了某些特定活動。

其他對圖書資訊單位具有施加外部控制能力的組織，包括工會，特殊利益團

體和政治團體。透過集體談判，工會可以影響人員僱用、工資、工作條件，以及附帶福利等；政治團體可以影響個人的任命、經費分配，甚至影響圖書館和資訊中心的經費支出。有時，圖書館和資訊服務單位也會有來自外部機構，對人員招聘、相關館藏發展議題、資料審查和知識自由，以及使用圖書館服務與設施等資訊服務的壓力。

二、控制的類型

控制的類型有多種分類法，分別可從控制層級、控制發生時間點，以及管理環境等方式來區分（陳詠霖，2015）。

（一）按層級劃分

按層級劃分主要可分為作業性控制、財務控制、結構性控制亦即策略性控制。
1. 作業控制：著重於有效地將組織資源轉化為產品或服務的流程。
2. 財務控制：著重於對組織財務面的控管及財報分析。
3. 結構控制：結構控制主要可分官僚式及有機式，前者屬於正式化的控制，階層關係明確且階層數較多，溝通由上而下；後者則重視自我的控制，及團隊的規範，屬扁平的組織結構，兩者主要差別如下：
   (1) 目標：前者是員工服從，後者是員工承諾。
   (2) 正式化程度：前者階層關係明確，屬正式化控制；後者屬團隊的規範、重視自我的控制。
   (3) 對績效期望：前者在達到績效；後者在超越績效。
   (4) 報酬程度：前者以個人績效為評比標準；後者以團隊績效為評比標準。
   (5) 參與程序：前者有限且較正式化；後者廣泛且非正式。
   (6) 組織設計：前者階層數較多，溝通由上而下；後者扁平的組織結構，分享溝通。

（二）以時間點劃分

一般以時間點劃分時，可將其分類為「事前控制」（pre-control）、「事中

控制」（current control/real-time control）與「事後控制」（post-control），加上整個轉換過程的「社會化／調適性控制」（socialization/adaptive control）。

1. 事前（預防）控制：指在規劃階段就妥善且全面的對各種可能的偏差進行預防機制，屬於較好的控制類型，亦可稱為前饋控制（feedforward control）。
2. 事中（即時）控制：指在計畫進行過程中，必須安排幾個中間關卡，來進行把關工作，通常必須搭配良好的資訊回饋系統才能成功。
3. 事後（修正）控制：指在計畫完成後才進行的標準衡量比較。以管理成效而言，成效較差，有如亡羊補牢，又稱回饋控制（feedback control）
4. 社會化／調適性控制：是一種透過教育訓練，進而同化組織成員，以組織文化與核心價值觀作為基礎所進行的內化控制模式，較能因應環境變化而做出的具有彈性也即時的反應。

（三）依管理環境劃分

本書第一章曾說明，任何組織都在一定環境中從事活動；任何管理也都要在一定的環境中進行，這個環境就是所謂管理環境。一般我們將此種管理環境分為外部環境與內部環境，而不論內部環境或外部環境都存在影響組織運作的因素，也存在不同的控制機制。

1. 內部控制機制（internal control）：指組織本身內的控制，例如改變組織內部的溝通方式或是將能力無法勝任的團隊解僱，而針對內部抵禦（internal entrenchment）的方式，主要有下列幾種：(1) 改變個人的評估方式，透過各種管道進行解釋並提高績效的數量和品質；(2) 改變評估的情境因素，歸因於外在因素；(3) 改變績效評估方式，亦即改變績效間的因果關係。
2. 外部控制機制（external control）：又稱為市場控制，主要面對的為大環境，應對方式如進行併購或合併策略，在外部抵禦的方式，主要的機制可包括進行資本的調整、特定的收購與撤資、發行大量股票債券，以及藉著資產的分割及出售皆屬之。

第三節　協調與控制工具

協調行動與控制機制之間顯然是關係密切又有所不同。協調是一種行動，而

控制是提供決策資訊的手段；前者是針對目標，而後者是手段；前者是關於事件，後者是關於事實；一個是分析和操作，關心過去和現在，而另一個是與預期相關。組織內的有效協調取決於現有的控制類型。資源的管理需要確定組織擁有什麼資源或應提供哪些資源，以及如何利用這些資源來實現組織的使命。這些需要強有力的財務規劃和反饋機制以確保成功。控制考慮的是，任何會導致結果改變的行動或過程，涉及標準設置、建立準則、制定政策和預算、執行績效評估、安排完成目標的行動；定期監測成果；最後，提供某種類型的回饋機制，以確保有效率及效能的完成任務。此種回饋機制意味著校正的衡量，調整或替代。

以圖書資訊機構的情境而言，控制和機構實體資源、資訊資源，以及人力資源相關。雖然控制的主要面向還是在財務，但是有些事務還是不能也不應該以金錢衡量，這些包括前面提過之服務績效評量以及顧客滿意評量。

協調和控制以便做出良好決策的功能，需要正確和及時的資訊來控制和監測特定種類的數據。這一過程非常依賴於技術，以提高有效的資訊收集。這種組織內人員專長和促進使用之技術的結合，就是今天所謂知識管理和知識網路所探討的核心。

自動化系統具有處理大量與投入和產出相關資訊的能力，這些資訊可作為圖書館決策之用。然而，必須小心使用這些工具，因為定量系統和工具經常產生誤導數據，或導致無法確定的解決方案，這些都需要仰賴圖書資訊機構管理者在評估結果使用的經驗和專業判斷。以下列舉一些在圖書館環境中，已被證實有助於實現圖書館目的和目標的衡量工具（Moran & Morner, 2018）。

一、成本效益分析和投資報酬率

執行成本效益分析（cost-benefit analysis）評估，可以確定服務的潛在利益或價值是大於還是小於提供服務的成本。換言之，可以確定服務和流程是否恰當。

成本效益評估是一種以貨幣表示價值的衡量方式。大多數人在其日常工作生活中或多或少都應用了些直覺性的成本效益分析。事實上，成本效益分析只是一種用於識別和衡量與決策相關之優點與缺點的正式方法。基本上，成本效益分析是具彈性的，可以只專注於圖書館某些具體功能，或整個圖書館系統的成本和效益分析。

圖書館員最困難的是如何將財務數字轉換為經營的利益，圖書館不同於其他

營利組織，可以從該服務的財務收費，計算組織的服務收益來反映提供該服務的價值。換言之，要衡量讀者獲得的利益，而不僅僅是衡量館員所做的事。圖書館沒有像營利機構一樣，有行之已久的價格資訊，用來判斷服務的價值或利益，但圖書館可以用這種系統化的方法：

（一）確定特定計畫或提案是否合理；

（二）排序各種特定目標的備選方案；

（三）確定實現這些目標的最佳行動方案。

　　成本效益分析也是一種考慮資源分配中直接和間接成本的測量方式。以幣值評估各種備選方案或一些可能還不夠具體的其他特定方案，並從中選擇出最優的方案；換言之，計算出每種方案的成本和收益，透過比較方法，並依據一定的原則，選擇出最優的決策方案。當然，只要有可能，圖書館應當制定一些具體措施。例如，如果圖書館目的是改善諮詢服務臺的轉介服務，那麼，有效的評量包括：透過瞭解成功回覆親自諮詢、電話或線上諮詢的人數或未得到答覆的人數，以及諮詢者對員工的評價和對服務的滿意度來衡量服務的有效性。

　　研究成本效益分析的另一種方式是投資報酬（return on investment，簡稱 ROI）它描述圖書館員如何透過圖書館收入的加值來證明他們的價值。畢竟，沒有定義出圖書館的效果（outcomes）並據以評量其價值之前，是無法真正向母機構證明圖書館的效益或量化價值。童敏惠（2009）以國立臺灣大學圖書館為例檢視該館的投資報酬，評量項目包括館藏使用、提供的服務、辦理的活動等三部分，計算該館投資報酬率為 13.31。而依據一項對圖書館價值評估的分析，每一納稅人投入一美元到公共圖書館，產生的投資報酬率是四至五倍（Aabø, 2009）。

二、標竿管理

　　標竿管理（benchmarking）是將本機構各項活動與從事該項活動最佳者進行比較，從而提出行動方法，以彌補自身的不足。標竿分析將本機構經營的各方面狀況和環節與競爭對手或行業內外一流的機構進行對照分析的過程，是一種評價自身機構和研究其他組織的手段，是將外部機構的持久業績作為自身內部發展目標並將外界的最佳做法移植到內部的經營環節中的一種方法。實施標竿管理的機構必須不斷對競爭對手或一流機構的產品、服務、經營業績等進行評估來發現優勢和不足。

標竿管理早期是發展作為全面品質管理（total quality management, 簡稱 TQM）的工具，以評估和比較組織與其他組織的工作流程。圖書館員認識到可以將其應用於評量圖書館活動之後，已廣泛應用於圖書館的評鑑工作。標竿可以用來做為評估作業成果的參考指標或標準。因為標竿管理是資訊導向的工具，所以圖書館必須檢視其工作流程和功能，並與其他組織進行比較。透過觀察其他組織，圖書館可以採納或適應其他組織的最佳作業方式來提高自己的表現。

　　標竿可用於確定本機構在同行中效率，效能和經濟效益的地位。其目標在透過下列步驟提高組織的績效（Moran & Morner, 2018）。

（一）圖書館管理者確定擬採用之合作夥伴的最佳作業方式。
（二）衡量並比較選定的作業流程與同儕之間的差異。
（三）模擬或調整選定的最佳作業方式，使其適應本地圖書館或資訊中心。

　　由於最佳作業並非一成不變，相反的是始終在不斷發展，所以標竿管理是一個持續的調整過程。作為一種工具，它需要組織集中精力致力於提高產品和服務的有效性和效率。標竿評估的好處包括可以用數字來表明圖書館系統和服務的價值；此外，也可以用來做為圖書館與同儕之間的比較。標竿的理想結果是增加效率和有效性，降低成本以及改善顧客服務。圖書館常見的標竿衡量類型包括：內部標竿衡量，用於衡量不同單位進行的類似活動；功能標竿，將組織的作業與同一服務領域中已被確認為領先者比較；通用標竿衡量，用於跨越不同類型組織的功能或作業；競爭標竿，將單位的服務或流程表現與競爭對手的表現進行比較（Peischl, 1995）。

　　以下是標竿衡量的五個處理步驟（Creaser, 2001）：

（一）衡量服務並選擇要進行衡量測試的基準。
（二）確定標竿衡量對象，因為衡量對象的目的和目標必須類似。
（三）確定最佳策略，因為最佳策略會因不同組織而異。
（四）根據確定的最佳策略改變服務的程序和內容。
（五）衡量新的服務方法以確定影響。

　　圖書館雖是非營利性機構，但如何以最低成本，獲得使用者最大的滿意度是圖書館一向秉持的原則。因此，運用標竿分析法來評估圖書館作業績效，提升使用者滿意度是可行的。1990 年代初期，標竿分析的概念被導入圖書館界，並開始有專門從事圖書館標竿分析的顧問公司成立。圖書館引進標竿分析的績效評估方法，其優點包括（歐明臣、凌文軨，2003）：

（一）評量圖書館的服務架構。
（二）增進圖書館的服務績效。
（三）獲取與增進管理高層對圖書館的支持。
（四）協助達成圖書館整體的策略目標。
（五）證明圖書館的價值。
（六）建立圖書館相互間的專業關係。

三、計畫評核技術

　　計畫評核技術（program evaluation and review techniques，簡稱 PERT）是一種在規劃過程中的控制技術，也是一種常見的評估工具，有助於提醒人們在事件發生前所需的準備工作，並幫助他們檢查任務是否按計畫完成，非常適用於圖書館營運。PERT 最早應用於美國海軍的北極星核子潛艦計畫，用來評估並管理時程難以精確估計的超大型專案。是專案管理中，考量成本與時間以尋找出最佳均衡點的方法。PERT 有時被稱為關鍵路徑方法（critical path method，簡稱 CPM）（Moran & Morner, 2018），包含確定特定計畫中的所有關鍵活動、設計活動順序並將其安排在流程圖中，以及為將要完成的每個工作階段分配執行時間。亦即該技術包括列舉可以測量完成的事件，然後計算每一個事件完成的最可能時間，以便可以看到完成事件的進展需要多長時間。這個技術適用於大規模、一次性、複雜的、和非例行的基礎設施和研發專案。例如，以圖書館新建築或安裝複雜的技術系統，計畫的所有事件可以用圖示在流程中，讓圖書館員確定執行事件的最快捷路線，以及關鍵路徑；與其他評估技術一樣，PERT 中必須給出完成每個事件所需的時間。圖 6-1 中以雙路徑的 PERT 流程圖說明完成任務的概念。

　　假設以圖 6-1 表示圖書館建築從構建想法開始直到建築物完成時（圓圈代表事件，箭頭代表活動），可能需要採取兩種途徑。每一個活動都需要配置完成該事件時間，例如，事件 4 和 5 需要 3 週的時間，事件 6 和 7 需要 1 週的時間。如圖 6-1 所示，可以採用路徑 1-2-3-4-5-9-10-11 或路徑 1-2-3-6-7-8-10-11。如果時間至關重要，那麼較短的路線可能更為理想。

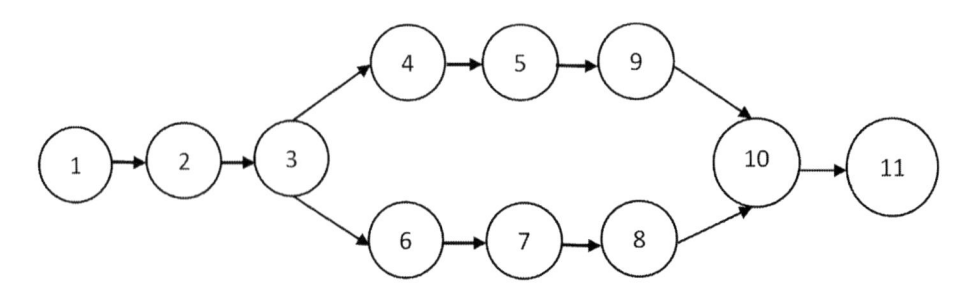

圖 6-1　計畫評核技術以雙路徑顯示一個任務的計畫時間表
資料來源：Moran 與 Morner（2018, p. 455, Fig. 18.1）。

　　時間是關鍵路徑計畫中的關鍵要素。更詳細一點說明 CPM 概念，可以證明時間的關鍵問題（見圖 6-2）。完成任務所需的時間，是各個事件最大需要時間的總和。例如，圖 6-2 在所示的四條路徑中（1-2-5-8、1-3-5-8、1-4-6-8 和 1-2-7-8），所有工作都同時在四條路徑進行，其中最長路徑是 1-2-7-8。此路徑需要 15 週才能完成，並且是控制整個計畫時程的關鍵路徑。

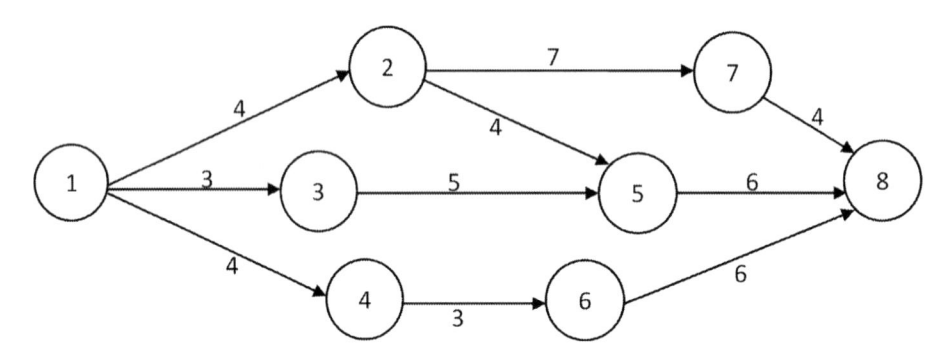

圖 6-2　四條路徑 PERT 圖可用於說明複雜多事件的關鍵路徑
資料來源：Moran 與 Morner（2018, p .455, Fig. 18.2）。

　　PERT、CPM 技術允許使用者在任務開始前深入分析計畫。不僅可以讓決策者瞭解所涉及的時間範圍，更有助於發現潛在的問題。PERT 的最大缺點是過分強調時間，而不是細緻地關注成本。這種缺點導致了計畫評核技術成本分析（PERT ／ Cost）的發展，它將成本因素導入到該流程中，因為，當系統很複雜

並且涉及許多事件時，要確定每一個事件成本的確實需要很高的代價。PERT 主要用於產業，但是圖書館系統的工作人員已經在規劃過程中探索了它的價值，特別是當這個過程是一個複雜而漫長的過程時。

以上對 PERT 作一簡單介紹，並從數學以及統計控制的角度，說明其重要性或潛力，相關主題的文章可以從期刊或網路上取得更多更詳細的討論。

四、平衡計分卡

平衡計分卡（balanced scorecard，簡稱 BSC）是一套全方位的績效衡量工具，分別從「財務」、「顧客」、「企業內部流程」與「學習成長」四個構面，衡量企業內外部績效，並協助藉由衡量企業當前績效，擬定長程策略目標方案。BSC 的四個構面，分別有其代表意義：首先，財務構面代表股東、資方對於企業的期望；顧客構面，則顧名思義是來自於市場與客戶對於企業的期望；企業內部流程構面，是為了達成股東與顧客期望，所應採取的業務營運方式；而學習成長構面，則是為了能勝任上述的作業流程，每位員工應有的能力與成長態度。BSC 的重點，在於達成上述四個構面的平衡。所謂的「平衡」，指的是：（一）企業內部與外部的平衡；外部著重財務與顧客，內部則指企業內部流程與學習成長；（二）財務與非財務面的平衡；（三）短程績效與長程企業發展的平衡（鐘聖雄，2008）。

BSC 最初的想法是將組織的傳統財務評估與有關客戶滿意度，內部流程和創新能力的措施聯繫起來，它是基於已開發的管理理念，如全面質量管理，包括客戶定義的品質、持續改進、員工授權，以及主要基於測量的管理和反饋。亦即 BSC 的理念：在財務衡量（落後指標）之外，積極找出能夠創造未來財務成果的「績效驅動因素」（performance driver），也就是相較財務成果而言的「領先指標」，例如顧客滿意度、高效率的流程、員工能力、士氣等，讓「績效衡量制度」能與「策略」配合一致（劉揚銘，2010）。

換言之，建立平衡計分卡的流程，有助於策略的「整合」與「聚焦」。管理者藉由闡述組織渴望達成的策略目標、辨別出目標的關鍵驅動因素，最後再利用量化指標，凝聚成員的精力、能力和知識，為長期的目標共同努力（劉揚銘，2010）。

圖書館也採用 BSC 來整合財務和非財務評量，以及內部和外部績效指標，

例如，美國維吉尼亞大學（University of Virginia）圖書館是使用平衡計分卡的典型例子，它們也將多年來使用該方法的相關資訊提供圖書館參考（University of Virginia, n.d.）。依圖書館的願景，圖書館員可以決定要進行的衡量標準，以及他們想要評估的績效。執行平衡計分卡的關鍵是將目標與有關資源分配的具體決策聯繫起來。

BSC 系統包括以下過程（Moran & Morner, 2018）：
（一）將願景轉化為運營目標。
（二）傳達願景並將其與個人績效聯結。
（三）制定服務計畫。
（四）提供回饋機制並相對應地調整。

至於執行 BSC 機制主要策略可分（劉揚銘，2010）：
（一）集合資深主管，畫出策略地圖（strategy map）。策略地圖是透過一連串的因果關係來描述策略，讓組織成員瞭解自己的行動如何互相影響、導致最終成果。例如，提高員工技能→減少流程錯誤→顧客滿意度提高→市占率增加→營收成長。
（二）找出與策略連結的關鍵績效指標（key performance indicator，簡稱 KPI），並設定目標值。例如，提高員工技能是策略目標之一，決定以「平均員工生產力」「職位適任率」為 KPI，分別設定目標值。
（三）找出行動方案，結合預算與獎酬制度，並定期回饋。確保組織有足夠的動機與資源，來達成策略目標，並定期檢討策略的假設是否正確、切實可行。例如，提高員工生產力這項 KPI 的「行動方案」是「重新制訂人才發展計畫」，再結合預算與獎酬設計，每月檢核，以確保達成。

除了個別圖書館採用 BSC 作為組織績效評估的工具，最為圖書資訊界所熟知的應用是 ISO 的〈圖書館績效指標〉（詳前述），該績效指標採用 BSC 原則，分為「資源、取用與基礎建設」、「使用」、「效率」、「潛力與發展」四個指標構面。每一指標下有：館藏、取用、設施、工作人員和通則（一般性）等五個服務／資源層面，共有 45 項指標。

五、LibQUAL+

美國研究圖書館學會（Association of Research Libraries，簡稱 ARL）一直致力於發展各種圖書館績效評量的工具，以供圖書館員評鑑其圖書館。LibQUAL+ 是一種以網路調查為基礎的評量工具，由 ARL 所發展，目的在幫助圖書館評估和改進服務，改變組織文化並行銷圖書館。該調查工具評量圖書館使用者在三個層面上的最低感知以及期望的服務品質：服務的影響性（affect of service），資訊控制（information control）和圖書館場域（library as place）。LibQual+ 已經成為一個使機構可以用來瞭解使用者對服務品質期望與感知之間落差的工具。

LibQUAL+ 也是一項國際公認的網路調查方式，根據 LibQUAL+ 官方網站資料顯示，至 2018 年 6 月，LibQUAL+ 已實施過 3,004 次調查，受訪人數超過 280 萬人次，包括了 34 個國家在內的 1,361 所機構（Association of Research Libraries [ARL], n.d.-c）。這些機構除了學術圖書館外，醫院圖書館和公共圖書館，以及政府機關圖書館也都參與了這項在數位圖書館環境中使用大規模網路問卷的調查（ARL, n.d.-c）。

LibQUAL+ 提供圖書館員有關使用者重視和使用的明確資訊。一個圖書館的統計數據可以與其他類似規模的圖書館的數據進行比較，以幫助圖書館員瞭解他們與同儕圖書館的比較情況，並找出需要改進的領域。由於圖書館通常每兩年進行一次調查，因此也可以將調查結果與前幾年的調查進行比較，以衡量改進情況。

此外，由於調查工作和結果是由 ARL 集中處理，因此各圖書館的工作人員無需花費人力和時間從事調查工作，所有參與的圖書館只需要提供問卷調查的網址給予讀者即可（Detlor & Ball, 2015）。透過此調查以及 ARL 的其他研究工具，各參與館的館員，可以熟悉調查方式，並懂得解釋和處理調查數據。

LibQUAL+ 的主要目的大致如下（ARL, n.d.-c）：
（一）培養圖書館提供服務的卓越文化。
（二）幫助圖書館瞭解使用者對圖書館服務品質的看法。
（三）持續地、系統地收集和解釋圖書館使用者的回饋意見。
（四）提供圖書館員同儕圖書館的評估資訊。
（五）確定圖書館服務的最佳策略。
（六）提高圖書館工作人員解釋和處理數據的分析技能。

LibQUAL+ 問卷主要從三個不同面相評估使用者對圖書館服務的看法（ARL, n.d.-c）：
（一）資訊控制（8 個問項），又稱為資訊獲取性，是關於使用者是否能夠以獨立和自主的方式，選擇自己所需的格式，在圖書館中找到所需資訊。
（二）資訊影響性（9 個問項），是有關於人之服務品質的面向。這些問題涉及使用者與圖書館工作人員的互動，如對圖書館員是否有幫助性以及圖書館員的能力。
（三）圖書館場域（5 個問項），是關於圖書館整體的實體環境，如個人學習空間（研究小間），團體討論空間，和啟發靈感的場所等。

　　該調查工具主要目的在對多個層面的圖書館管理進行瞭解：確認個別圖書館服務績效的不足，允許同儕圖書館從多個角度進行比較，確定最佳策略，並回應問責制度的壓力。基本上，LibQUAL+ 允許和前述標竿分析一樣，可以與其他類似機構進行比較，以及從機構本身使用者獲得回饋。另一個特點，是調查問卷留有受訪者提供個人意見的空間，這種質性資訊有助於更進一步理解量化分析的果（Detlor & Ball, 2015）。

　　其他 ARL 為圖書館開發的工具，統稱為「新衡量行動」（new measures initiative）在 StatsQUAL 中有所描述。StatsQUAL 包含如 ARL Statistics®、LibQUAL+®、DigiQUAL®、MINES for Libraries® 和 ClimateQUAL®，以及不斷增加的調查結果資料集（dataset）。其中 DigiQUAL 用來評鑑數位圖書館；MINES for libraries 是用來蒐集電子資源和使用者統計數據；；ClimateQUAL 是組織氣候和多元性評估的是一種線上調查，蒐集有關員工對其圖書館的看法的資訊，包括：（一）對多元性原則的承諾；（二）組織政策和程序；（三）員工態度（ARL, n.d.-b）；LibValue 是顯示投資報酬的工具，用來幫助學術圖書館員衡量哪些產品和服務為大學社區提供最大價值，並最符合大學的使命和目標（ARL, n.d.-a）。ARL Statistics 蒐集年度統計數據，描述成員圖書館的館藏、支出、人員配置和服務活動。從 1908 年到現在的完整數據系列代表了北美最古老、最全面的圖書館統計系列（時間軸）。圖書館使用這些數據來描述它們的運營，並展示如何明智地使用資源，使其服務社區受到的利益。

六、焦點團體

焦點團體（focus group）是在類似 LibQUAL+ 等調查後，進行評鑑的絕佳方式。當然，焦點團體討論的問題，有時候會有需要進一步解釋或更詳細說明。所以，焦點團體最好由圖書館以外並且熟悉操作的人員來主持，以便參與者能夠真心的提供意見。成功管理焦點團體需要仔細規劃所有細節，例如問題的發展，主題的徵集，空間安排以及參與者的獎勵等。有時在焦點團體會議上，圖書館工作人員無法密切地觀察，所以主持人需要一位助理來擔任會議記錄。坊間一些關於如何執行焦點團體活動以及如何呈現研究結果報告的文章和書，都是很好的參考資料（Krueger & Casey, 2009）。

七、好用性研究

網站對圖書館或資訊中心的成功與否至關重要。大多數使用者利用各種設備使用圖書館資訊。為了保持圖書館與使用者間的關係，圖書館執行好用性研究（usability studies），觀察使用者在網站上的資訊使用行為。此種研究並不需要從太多的參與者獲得有價值的資訊，尼爾森（Nielsen）建議將五個作為每一輪可用性研究的最佳數字。與徵求意見的焦點團體不同，可用性研究實際上讓參與者解決問題。參與者向負責研究的人員展示他們如何瀏覽網站，例如，他們如何依主題找尋所需資料，或者他們採取什麼步驟來請求館際互借。參與者的行為由網站開發人員記錄和討論；好用性研究的結果，在使網站更易於為人們所使用（Nielsen & Landauer, 1993）。

八、圖書館評鑑的其他例子

除上述已廣泛被應用在各領域的評估工具，圖書館還有一些評估的例子，簡單說明如下：
（一）資訊素養：有大量關於判斷學術圖書館帶給大學校院價值的資訊。專業組

織替學校和大學圖書館提供相關評鑑指導的架構（Association of College and Research Libraries, 2016）。

(二) 新生留校率和學習成就：學術圖書館試著說明新生接觸圖書館，可以導致學生有更高的學業成就和留校率。此種評鑑的方法和研究可以參考相關文獻（Soria, Fransen, & Nackerud, 2014）。

(三) 公共圖書館評鑑：評鑑公共圖書有許多不同方式，*Library Journal*（簡稱 LJ）在 2008 年起建立「美國公共圖書館星級計畫」（LJ Index of Public Library Service），先將圖書館依經費支出分級，再依據圖書館每年到館人數、流通數、推廣活動參加率，以及網路和電腦使用等四個指標評鑑圖書館，分別授予各級圖書館從五顆星到三顆星的等級。2016 年 LJ 指標加入電子資源流通量（e-circulation）。美國公共圖書館學會（Public Library Association，簡稱 PLA）也開發了一個名為「計畫成果」（project outcome），該計畫目的在幫助公共圖書館瞭解並分享其服務和計畫的真正影響力，為圖書館提供持續影響所需的數據。該計畫為圖書館提供簡單的調查工具和易於使用的過程來評量和分析成果。成果可以用來證明圖書館服務的價值、制定改進計畫的方案，並作為分配資源的依據（Davis & Plagman, 2015）。

(四) 學校圖書館：學校圖書館員經常使用行動研究來評估和展現他們作業的成效。學校圖書館的專業人員並進一步地使用行動研究來理解問題並尋求解決方案。Robins（2015）以行動研究，針對學校圖書館員進行調查和研究，並提出行動研究的討論和例子。

(五) 專門圖書館：赫爾斯（Stuart Hales）提出「圖書館和資訊專業人員遵循其組織目標，並相應地調整他們的服務，就能傳達其價值」（Hales, 2016），他進一步建議各類專門圖書館員：

1. 定期追蹤組織的網站。
2. 閱讀公司行銷及財報通訊。
3. 參加會議，特別是上級人員參與的會議。
4. 與同事進行非正式討論。

第四節　監控與問責

控制是一項持續性的管理職能，主要目的是為管理人員提供定期的反饋資訊，以便及早進度指示或缺乏實現組織內預期成果的資訊。

一、監控

監控（monitoring）和回饋的過程是從定性和定量的角度呈現圖書館和資訊服務中心問責制的最好方式，控制提供服務目標的檢查點與平衡點。

基於評估做為報告機制的一部分，決策者可以決定是否需要改變，無論是在系統中還是在組織的策略目標。這樣的報告機制不僅對於評估結果和糾正偏差很重要，而且還作為針對組織內的資金當局、客戶和所有員工的行銷策略。

控制是對已經制定之計畫的品質評估。在圖書館和資訊中心使用的績效評量的溝通工具包括個人觀察、焦點團體、會議、電子郵件、統計數據、調查、訪談、口頭報告和書面報告。其他出版品也有助於報告結果的過程。當人們在網際網路搜尋時，網路顯然也被用來向全世界報告而不僅僅是組織成員，同時也不只報告活動也報告成果。這種報告活動以各種不同方式執行，包括內部和外部。有時候是按月評估結果，有時是以每日資料每天在內部進行，有時候是每天在內部進行，保持一個項目的記分卡，並朝著他們的目標成就邁進。其他時候，不定期對不同的對象提供報告資料。有時候，為了其他控制目的，隔一定時間需要隊或組織提供報告。最重要的是，應該在內部報告數據並解釋績效，同時績效資訊要一致且包含整個組織。結果除了內部瞭解，也必須透過年報分享顧客和利益關係人。基本上來自各種不同技術的資料可歸入下列三種基本項目錄之一（Moran & Morner, 2018）：

（一）統計（計算投入、人員、資料和服務）。
（二）績效指標（做得有多好）。
（三）經濟價值（用金錢來說我們值多少錢）。

在報告過程中，重要的是要瞭解資源分配、策略規劃和績效評估三者之間有著密切的關係，且各自建立在他者基礎上，成為一個服務圈。

預算是根據策略計畫中確定的主要目的和目標進行分配，所以預算應在使用

產出方面評估。因為圖書館是個動態的組織，評估必須從這個觀點出發。隨著社會的目標和需求的變化，圖書館和資訊中心的管理者也必須做出反應。因此，過去的評估項目也許不再重要，圖書館需要找到新的評估項目。一個很好的例子是在「資料使用權與擁有權」作為品質評量的標準。過去，圖書館以館藏量來評估圖書館的價值；現在廠商提供電子書、電子期刊、資料庫和套裝軟體，這些資料有些在聯盟圖書館間可以共享，圖書館提升了文獻傳遞的方式，圖書館提供資料使用的價值已經超越了單純擁有資料。

二、問責

問責（accountability）或譯為「當責」，問責不只是負責任（responsibility），而是要「負起完全責任，交出成果」（張文隆，2011）。《財星雜誌》（Fortune）500 大的企業，紛紛將問責列入企業的使命或價值觀中。《哈佛商業評論》Harvard Business Review 的前編輯史東（Nan Stone）直言，「問責將成為未來 10 年的熱門用語」；Google 全球副總裁李開復則說問責是最新管理裡面的全方位視角。換言之，問責是說到做到，並且為所做的承諾擔起責任，當承諾要完成某件事，那件事就會被完成。信任就是如此建立起來的。不只是對同事、員工如此，對顧客、事業夥伴與股東也是如此。所以，在一個充分落實問責文化的組織中，每個人都很清楚：「有問責的人會責怪誰？誰都不怪，甚至包括自己在內」（林奐呈，2009）。

同樣，任何類型的圖書館和資訊中心，都必須向它們所屬的上級組織和讀者展示服務的價值所在。透過問責制，圖書館和資訊中心比以往任何時候更被期望去評估人力和物力資源是否有效的被運用在達成機構的目標。過去，圖書館可以依靠圖書館服務的良好口碑，但在目前的競爭環境中，只有口碑已經不夠，因為，不論是大學、中小學社區或企業內部的競爭組織都很多，甚至圖書館讀者的資訊來源也很多，我們不能只讓讀者留在「有圖書館是一件好事」的境界，圖書館需要讓讀者瞭解真正的價值所在。

問責評估，主要目的在提供品質保證和計畫執行的及時性。這種評估需要透過明確的預期和結果報告來管理結果。建立明確有效的問責評估時，前述的統

計、績效指標，以及經濟價值等三個元素也都必須考慮。它們主要用來提高控制和評估績效的效率，表現圖書館在改善服務的附加價值和有效性，總之，要確定和理解成功實現組織目標的責任，問責制通常是一個關鍵的成功因素。

建立可行的績效評估標準對組織中的成員至關重要，使這些評估的工作更為重要。績效評估系統和策略及作業規劃緊密相關。員工和管理者應該理解並努力實現以組織願景為核心的預期結果。一個人的座右銘可能是以「顧客滿意度」的目標，而非評估本身，亦即評量最終結果（Gore, 1997）。

控制功能的建立是為了促進圖書館和資訊中心實現其目的和目標。那些為了完成任務而進行的標準制定活動，以及評估和測量的技術，都可以提供管理階層和工作人員至關重要的資訊。雖然，一些針對服務開發的工具和技術是複雜的，但在資訊服務上確實有很大的幫助，這些工具和技術也是問責制過程和成功完成任務的重要組成部分。

自 21 世紀初以來，圖書館的評估已成為一個被公認為重要的概念。ARL 和其他國際組織一直在舉辦關於圖書館績效評估的會議（網址：https://libraryassessment.org/past-conferences/）。圖書館也一直在評估它們的服務，但隨著更多的研究和更好的研究工具出現（如 LibQUAL+），以及國際組織的推動，如《圖書館統計宣言》（*IFLA library statistics manifesto*），衡量圖書館成功與否的必要性和重要性大為增加。為瞭解圖書館讀者行為而開發的工具和技術的數量也不斷增加。

關鍵詞彙

控制 Controlling	焦點團體 Focus Group
成本效益分析 Cost-Benefit Analysis	好用性研究 Usability Studies
標竿管理 Benchmarking	美國公共圖書館星級計畫 LJ Index of Public Library Service

計畫評核技術 Program Evaluation and Review Techniques, PERT	問責 Accountability
平衡計分卡 Balanced Scorecard, BSC	圖書館績效指標 Library Performance Indicators
LibQUAL+	

自我評量

- 請列出二種圖書館評估工具，並說明應用時的注意事項。
- 試述控制的類型及功能。
- 試述控制的流程，並說明其主要內涵。
- 試述圖書館如何進行標竿學習？
- 何謂問責？試說明其意義。

參考文獻

Robbins, S. P., & DeCenzo, D. A.（2002）。現代管理學（林建煌譯）。臺北市：華泰。（原著出版於 1998 年）

Robbins, S. P., DeCenzo, D. A., & Coulter, M.（2016）。現代管理學（九版）（洪緯典譯）。臺北市：華泰。（原著出版於 2011 年）

李華偉（2004）。現代化圖書館管理。臺北市：三民。

林奐呈（2009）。把事情做對，做好！為「最終成果」負「完全責任」，就是當責。經理人。檢索自 https://www.managertoday.com.tw/articles/view/1932

張文隆（2011）。當責。臺北市：商周。

陳詠霖（2015）。管理學。新北市：三和文化。

童敏惠（2009）。從投資報酬觀點檢視大學圖書館的服務績效。大學圖書館，13(1)，107-122。doi:10.6146/univj.2009.13-1.05

歐明臣、凌文軽（2003）。標竿分析法在圖書館績效評估上的應用。情報資料工作，6，47-49。doi:10.3969/j.issn.1002-0314.2003.06.019

劉揚銘（2010）。5分鐘！了解「平衡計分卡」。經理人月刊，66。檢索自 https://www.managertoday.com.tw/articles/view/2489

鐘聖雄（2008）。平衡計分卡（Balanced Scorecard；BSC）。*DigiTimes*。檢索自 https://www.digitimes.com.tw/tw/dt/n/shwnws.asp?cnlid=10&id=0000102525_4eq6pow21lhd476rjyyqz&ct=2

Aabø, S. (2009). Libraries and return on investment (ROI): A meta analysis. *New Library World, 110*(7/8), 311-324. doi:10.1108/03074800910975142

Association of College and Research Libraries. (2016). Framework for information literacy for higher education. Retrieved from http://www.ala.org/acrl/standards/ilframework#introduction

Association of Research Libraries. (n.d.-a). *ClimateQUAL®*. Retrieved from http://www.arl.org/focus-areas/statistics-assessment/climatequal#.W0_1CuQna74

Association of Research Libraries. (n.d.-b). *LibValue: Assessing the value of e-books to academic libraries and users webcast*. Retrieved from http://www.arl.org/focus-areas/statistics-assessment/libvalue#.W0_0UuQna74

Association of Research Libraries. (n.d.-c). *What is LibQUAL+®?* Retrieved from https://www.libqual.org/home

Creaser, C. (2001). Performance measurement and benchmarking for schools library services. *Journal of Librarianship and Information Science, 33*(3), 126-132. doi:10.1177/096100060103300303

Davis, D., & Plagman, E. (2015). Project outcome: Helping libraries capture their community impact. *Public Libraries, 54*(4), 33-37.

Detlor, B., & Ball, K. (2015). Getting more value from the LibQUAL+® survey: The merits of qualitative analysis and importance-satisfaction matrices in assessing library patron comments. *College and Research Libraries, 76*(6), 796-810. doi:10.5860/crl.76.6.796

Gore, A. (1997). *Serving the American public: Best practices in customer-driven strategic planning*. Retrieved from https://govinfo.library.unt.edu/npr/library/papers/benchmrk/customer.pdf

Hales, S. (2016). Understanding the business drivers. *Information Outlook, 20*(6), 1, 17.

Hernon, P., & Altman, E. (1996). *Service quality in academic libraries*. Norwood, NJ: Ablex.

Hernon, P., & Altman, E. (1998). *Assessing service quality: Satisfying the expectations of library customers*. Chicago, IL: American Library Association.

Krueger, R. A., & Casey, M. A. (2009). *Focus groups: A practical guide for applied research* (4th ed.). Los Angeles, CA: Saga.

Moran, B. B., & Morner, C. J. (2018). *Library and information center management* (9th ed.). Santa Barbara, CA: Libraries Unlimited.

Nielsen, J., & Landauer, T. K. (1993). *A mathematical model of the finding of usability problems*. In S. Ashlund, A. Henderson, E. Hollnagel, K. Mullet, & T. White (Eds.), Proceedings of the INTERCHI '93 conference on Human factors in computing systems (pp. 206-213). Amsterdam, The Netherlands: IOS Press

Peischl, T. M. (1995). Benchmarking: A process for improvement. *Library Administration and Management, 9*(2), 99-101.

Robins, J. (2015). Action research empowers school librarians. *School Library Research, 18*, 1-38. Retrieved from https://files.eric.ed.gov/fulltext/EJ1084782.pdf

Schreyögg, G., & Steinmann, H. (1987). Strategic control: A new perspective. *Academy of Management Review, 12*(1), 91-103. doi:10.2307/257996

Soria, K. M., Fransen, J., & Nackerud, S. (2014). Stacks, serials, search engines, and students' success: First-year undergsraduate students' library use, academic achievement, and retention. *The Journal of Academic Librarianship, 40*(1), 84-91. doi:10.1016/j.acalib.2013.12.002

University of Virginia. (n.d.). *Balanced scorecard results:2002–2010*. Retrieved from https://assessment.library.virginia.edu/files/2013/08/MASTER_BSC_archive.pdf

第七章

預算管理

學習目標

研讀本章內容之後，學習者應能夠：

- 瞭解預算之意義與功能
- 瞭解預算之類型
- 瞭解圖書館經費之來源
- 瞭解預算編製之技巧
- 瞭解預算項目之類別
- 瞭解預算之執行與管理
- 瞭解募款活動與捐款人關係管理

作者簡介

邱子恒
(tzchiu@tmu.edu.tw)
臺北醫學大學
通識教育中心教授

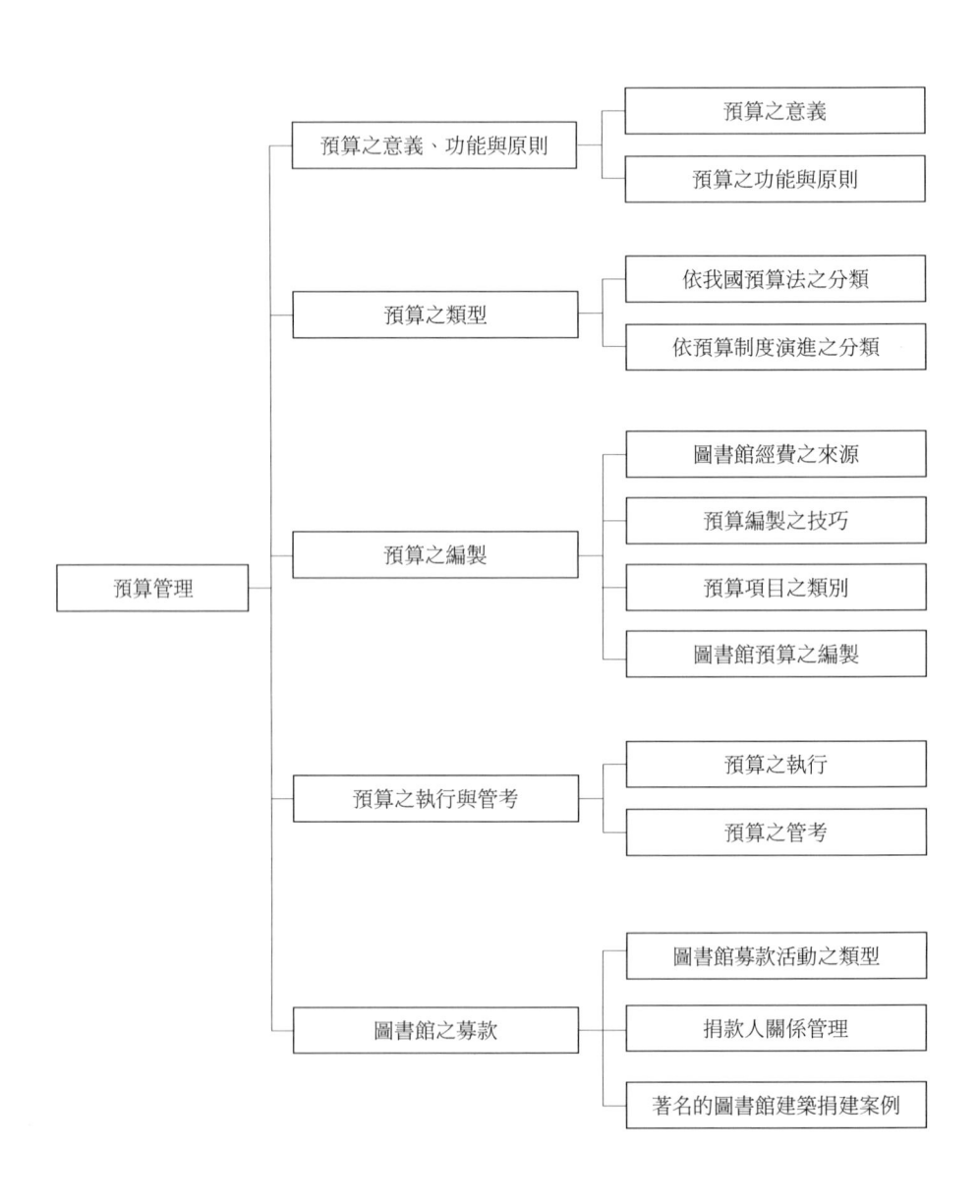

本章綱要

- 預算管理
  - 預算之意義、功能與原則
    - 預算之意義
    - 預算之功能與原則
  - 預算之類型
    - 依我國預算法之分類
    - 依預算制度演進之分類
  - 預算之編製
    - 圖書館經費之來源
    - 預算編製之技巧
    - 預算項目之類別
    - 圖書館預算之編製
  - 預算之執行與管考
    - 預算之執行
    - 預算之管考
  - 圖書館之募款
    - 圖書館募款活動之類型
    - 捐款人關係管理
    - 著名的圖書館建築捐建案例

第七章
預算管理

第一節　預算之意義、功能與原則

一、預算之意義

　　預算一詞源自拉丁文的 bulga，為囊袋之意，往昔英國閣員出席國會報告財務收支時，會從所攜囊袋中取出文件報告，該文件資料英文稱之為 budget，後來此字就成為財政收支之預算（林錫俊，2003，頁2）。一般認為，政府預算之編製始於19世紀，至20世紀初因為民主政治制度漸趨成熟，加上政府職能日益擴張，促使一套有組織、有系統、有目的且程序完備的預算編製制度因應而生。現代預算可定義為：政府在一段期間，為達成政治、經濟、社會政策目標之目的，根據國家施政方針、施政綱要、施政計畫，以預估國家整體資源與國民負擔能力為基礎，對所有活動之所有貨幣收支及資源配置運用，事前作整體規劃，依其重要性作先後順序排列，再評估其成本效益，分配使用資金，而編製成一套財務收支計畫書（即「預算案」），送經民意代表機關審議同意後，成為政府財政活動的依據與民意代表機關指導、監督政府一切活動的有效工具。簡言之，預算乃是一種數字化、貨幣化的施政計畫書（林錫俊，2003，頁3-4），預算一詞包括以下幾個要素（林錫俊，2003，頁4）：

（一）一定期間：政府預算大多以一年期方式編列，我國各級政府係以每年1月1日到同年12月31日為一會計年度。

（二）特定目的：既定的施政計畫或公共政策必須具體表現於預算始能實踐，預算因此為政府施政的藍本，顯示政策優先順序的一份重要政治文件與經濟

文件。透過預算，人們可以有效率地使用資源，因此每一筆預算項目均有其要達成之特定目的。
（三）效益評估：在資源有限的情況下，基於效率、公平、穩定成長政策目標，對各項收入來源必須予以評估、規劃和預測。
（四）民意機關同意：在民主政治體制之下，財政公開說明是必要的，現代各國預算皆採行由行政部門籌編，並由立法部門審議；因此預算決議權是議會最重要的職權之一，且為民意機關控制監督行政機關最有效的工具。
（五）收支計畫書：預算主要包括歲入與歲出及融資調度，即是一段期間收入與支出的計畫。

若從企業管理的角度來看，預算則是一種書面計畫（written plan），意指某一組織於特定期間內之預定活動，以財務術語來表達。預算表示一綜合性計畫，在此計畫之下，組織內所有各管理階層可以提出對未來之預期，以及未來情況對組織有何影響。預算可被視為組織面對未來期間所受到環境影響之預測，而此影響可由未來之經營予以實現。因此，預算乃是反應管理單位為配合未來期間之情況及達成組織之長程目標所採行之策略。審視管理學界對預算的各種定義，以下為其共同點（王士斌，1993，頁 1-2）：

（一）預算是一種以貨幣術語所表達的經營計畫，通常包括某一特定期間之損益及收支預測。
（二）預算是一種協調組織內之經營活動，為以財務術語所表達之計畫。本質上，預算是一種管理之經營計畫。
（三）預算是一種包括各類作業與行動之整體報表。
（四）一個良好的預算，不僅是計畫和協調的工具，更是控制經營活動的利器。

此外，預算也具有以下五項特質（王士斌，1993，頁 2）：
（一）預算具有事先規劃與協調的性質。
（二）預算之主要目的，是為達成控制組織之經營活動。
（三）預算的範圍，涵蓋整個組織的所有部門與單位。
（四）預算是以貨幣數字表達，以利於編製過程之協調與控制。
（五）預算有一特定期間為其範圍。

二、預算之功能與原則

（一）預算之功能

隨著歷史的演進與發展，預算在各階段呈現出不用的主要功能與任務。在早期，預算僅是消極的財務收支系統化，議會監督行政部門的工具；後來演變成為行政部門的財務計畫與業務計畫，以及提高行政效率的工具；如今則成為政府總體經濟中的財務政策工具，調節景氣的重要手段。茲分述如下（林錫俊，2003，頁 23-24）：

1. 財務制度化功能：單位的收入與支出，透過預算，可以有系統的歸類與安排，便於發現問題、解決問題。
2. 行政控制功能：透過預算，行政事務標準化與數量化，有助於行政管理、監督、考核功能的發揮，進而提高效率與效能。
3. 政治監督功能：立法機關藉著預算審議之權，對行政機關產生制衡作用，一則可限制行政機關權力的無限擴張，不致成為行政獨大，二則替人民看緊荷包，避免過度膨漲浪費，加重人民負擔。
4. 政策計畫功能：預算為數字化的施政計畫，因此其是政府達到特定政治、經濟、社會政策目標的主要工具。
5. 總體經濟政策功能：政府財政規模年年擴增，占國內生產毛額（gross domestic product，簡稱 GDP）比重愈來愈大，政府支出構成國民所得循環模型中總合需求四大要素之一，是反景氣循環措施的主要財政政策工具。經由收支的調整，可以達到彌補緊縮、抑制擴張的效果、獲得經濟的穩定與發展。

此外，亦有學者提出較詳盡的看法，指出政府預算的功能包括：資源配置、收入規劃、經濟穩定、行政管理、支出控制、資金移轉、經濟發展及行政效率等八項（林錫俊，2003，頁 24）。根據 Welsch 的說法，預算具有計畫、協調、控制等三種功能。茲分述如下（王士斌，1993，頁 5-8）：

1. 預算之計畫功能：(1) 可促使管理當局及早計畫即將面臨之問題；(2) 可在全體組織成員之參與協助下，決定最有利之選擇方案；(3) 有助於確定組織之目標；(4) 是一種政策之宣告；(5) 可使組織有效運用既有資源；(6) 可促使各階層管理人員養成謹慎決策之習慣；(7) 可使組織成員明白其在組織中所扮演的角色。

2. 預算之協調功能：(1) 可協調聯繫組織內之人力與物力；(2) 可將經營活動與預期之環境趨勢相配合；(3) 可指出組織之弱點。
3. 預算之控制功能：(1) 預算控制可杜絕浪費，並降低經營成本；(2) 可促使組織定期自我分析；(3) 可使管理當局隨時注意其所經濟之活動，是否已依既定之目標前進；(4) 可協助管理人員認清屬員所面臨之問題。

（二）預算之原則

一般普遍被接受的預算原則如下（林錫俊，2003，頁 25-26）：

1. 公開原則：不僅是預算內容，預算編製、審議、成立、執行等過程，也應公諸大眾。但根據《預算法》的規範，預算中也有應守密的部分，如國防、外交等預算涉及國家安全機密，不宜公開。
2. 清楚詳列原則：預算收入與支出之編列數額要切實、可靠、詳細，不應有虛列收入或高估支出的現象，以致隱藏了真正的財政實貌。
3. 統收統支原則：政府的所有收入，得以用在所有用途，收入來源與支出用途之間是不相屬、不具有直接或特定關聯的。主計單位通常會傾向堅持此一原則，而比較不支持專款支用，因為財源的運用將相對較具彈性，而能夠基於全體通盤的考量，從事資源最適的分配。
4. 限定性原則：預算所列之計畫及經費，應切實執行，不允許有自由裁量的空間。不僅用途不得變更、額度不得超支，所有收入支出都要在會計年度間執行完成。但此一原則容許有例外，如墊付款、預算保留、經費流用等彈性機制，將於後文預算執行相關小節中說明。
5. 預算平衡原則：傳統財務學者主張量入為出的原則，此一原則意指財政是以支出作為決定收入的基礎及前提，沒有講求盈餘或儲蓄的概念。但現代政府職能日趨繁雜，支出也日益膨脹，預算平衡原則的內涵，已由實質平衡轉為形式平衡。

第二節　預算之類型

以下從我國《預算法》及預算制度之演進兩個面向，說明預算的種類。

一、依我國《預算法》之分類[1]

(一)普通基金與特種基金

1. 普通基金指歲入供一般用途者,總預算中除屬於特種基金之預算外,均為普通基金之預算,如公務機關或各級公立學校的預算。
2. 特種基金指歲入供特殊用途者,其設立目的在於依法令規定或設立宗旨,執行特定活動完成既定目標。其又分為六大類,分別是:營業基金、債務基金、信託基金、作業基金、特別收入基金及資本計畫基金等。

(二)總預算、單位預算、單位預算之分預算、附屬單位預算與附屬單位預算之分預算

1. 總預算指政府根據施政計畫預估未來一定期間(通常為一年)之收支計畫書。政府每一會計年度就其歲入與歲出、債務之舉借與以前年度歲計賸餘之移用及債務之償還全部所編之預算,稱之為總預算。
2. 單位預算的定義為:在公務機關有法定預算之機關之單位預算,以縣市預算為例,隸屬縣市政府之下的一級機關之預算屬之。
3. 單位預算之分預算的定義則為:單位預算內,依機關別所編之各預算,前述縣市一級單位之次一級機關之預算屬之。
4. 附屬單位預算為特種基金,應以歲入、歲出之一部編入總預算。
5. 附屬單位預算之分預算之定義為:附屬單位預算內,依基金別所編之各預算。

(三)概算、預算案、法定預算及分配預算

依預算編審流程,將概算定義為各主管機關依其施政計畫初步估計之收支;而預算之未經立法程序者,稱為預算案;其經立法程序而公布者,稱為法定預算;在法定預算範圍之內,由各機關依實施計畫按月或按期編造收支計畫書,稱為分配預算。

---

[1] 關於我國《預算法》之分類亦可參考林錫俊(2003,頁8-16)。

（四）追加預算與特別預算

1. 追加預算指法定預算在年度進行中之追加，依預算法規定，因發生以下情況之一時：(1) 依法律增加業務或事業致增加經費；(2) 依法律增設新機關；(3) 所辦事業因重大事故經費超過法定預算；(4) 依有關法律應補列追加預算；各機關得請求提出追加預算，並由財政主管機關籌劃財源平衡之。追加預算所需經費，應儘量先在本單位預算內，統籌設法追減一部分經費充作財源。無法自行籌措，必須另行追加歲入預算者，應先洽財政機關籌妥財源，始得辦理追加歲出預算。
2. 特別預算則是指因應：(1) 國防緊急設施或戰爭；(2) 國家經濟重大變故；(3) 重大災變；(4) 不定期或數年一次之重大政事時，行政院得於年度總預算之外，向立法院提出於有別於一般施政之預算計畫。一般來說，特別預算係因應情勢之特別需要，於總預算之外另提出之預算，不需納入年度總預（決）算之內，亦即總預算和特別預算是兩個單獨的預算。

二、依預算制度演進之分類[2]

（一）單一預算（unitary budget）與複式預算（double or multiple budget）

1. 單一預算是傳統的預算方式，乃是將一切財政收支，不針對其各項收支性質加以區別，而總編成一個預算。此種方式，很容易瞭解整個財政全貌，且比較容易控制監督政府部門的活動。但因其強調年度收支平衡，且對經常門與資本門不加區分，較不適合現今政府經濟功能日益擴大的需求。
2. 複式預算為1930年代世界經濟大恐慌，各國欲以財政做為達成經濟復甦繁榮的工具，從事預算制度改革之下的產物。此制對經常性收支與資本性收支明確劃分，分別編製成以下兩個單獨的預算：(1) 普通預算或經常預算（ordinary/

---

[2] 關於預算制度演進之分類亦可參考林錫俊（2003，頁8-16）。

operating budget），包括一般的經常費用支出，並以經常收入支應，經常收支必須逐年平衡；(2) 資本預算或投資預算（capital/investment budget），包括一切公共投資的支出，其財源來自發行公債。

我國現今公部門預算編列的方式，形式上是單一預算，即只有一個預算，然而其內容其實是就歲入、歲出依其性質劃分為經常門和資本門。我國《預算法》第 23 條規定「政府經常收支，應保持平衡，非因預算年度有異常情形，資本收入、公債與賒借收入及以前年度歲計賸餘不得充經常支出之用。但經常收支如有賸餘，得移充資本支出之財源。」由此可知，我國預算制度為單一預算制兼具複式預算制的精神。

（二）費用項目預算（line-item budget）、績效預算、設計計畫預算、零基預算與多年預算制度

此一分類方式，表現了預算制度從遞增主義（incrementalism）趨向理性決策（rationality）的過程。以下分述之：

1. 費用項目預算：係以費用別或用途別（如人事費、業務費、設備及投資費等）為基礎編製而成，著重財務控制，以支出用途為預算編製之方針。因為其焦點集中於對現存預算要求增加的部分，而不是重新檢討整個預算，故又稱為遞增預算（incremental budget）。

這種預算方式的理論基礎是機構每年的計畫與活動沒有顯著的變化，而且新年度與前年度所需資源的變化占整個預算中很小的百分比。在這種預算制度之下，管理人很少去仔細檢視是否有其他更好的資源應用方法，也就是說預算項目和圖書館執行各個計畫與活動的優先序並沒有關聯性。一般認為費用項目預算的缺點是項目之間的調整沒有彈性；而其優點是編製容易，只需依前年度的預算數字，加上擬增加的額度或通貨膨脹指數即可，因此這種預算容易讓人瞭解，並且很好辯護其正當性（Moran, Stueart, & Morner, 2013, p. 415）。表 7-1 為費用項目預算制度預算表的例子，其分列收入及支出兩大類，支出之下再分為薪資、館藏、其他等三小類，之下列出細項，後面的欄位再列出前一會計年度決算、今年及來年的預算數字。

表 7-1　費用項目預算示意表

控制號		前一會計年度決算	今年度預算	新年度預算
	收入來源			
G100	普通基金	6,884,009	6,782,912	7,073,802
G103	服務收入	113,976	110,000	107,800
	小計	$6,997,985	$6,892,912	$7,181,602
	支出薪資			
100	全職員工	1,451,536	1,490,474	1,550,093
102	兼職員工	996,316	880,653	889,460
103	計時人員	77,757	90,600	92,412
104	福利金	883,963	861,604	886,188
	小計	**$3,409,572**	**$3,232,731**	**$3,325,740**
	館藏			
500	圖書	701,433	715,462	729,771
501	期刊	1,345,666	1,372,579	1,441,208
503	電子資源	1,007,887	1,028,045	1,130,849
505	媒體資料	209,744	213,939	220,357
	小計	**$3,264,730**	**$3,330,025**	**$3,522,185**
	其他			
601	用品／設備	116,555	118,886	121,264
602	差旅	25,144	25,647	25,647
603	郵資	22,090	22,532	21,856
604	維修／保險	59,877	61,075	62,296
605	車輛折舊	10,000	10,200	10,404
606	服務合約	16,550	16,881	17,219
607	交際餐費、招聘，廣告	9,077	9,259	8,000
608	聯盟會員費	20,300	20,706	21,120
609	通訊費	44,090	44,972	45,871
	小計	**$323,683**	**$330,156**	**$333,677**
	合計	$6,997,985	$6,892,912	$7,181,602

資料來源：譯自 Moran 等（2013, p. 416, Fig. 19.1）。

2. 績效預算（performance budgeting system，簡稱 PBS）：以應做的工作或服務為基礎，並彙總表示此一工作或服務所需的成本，使經費的支用與績效相互關聯，因為可以預示績效，故稱績效預算、又稱成本預算、成本分析預算、計畫預算等。其目的在於使計畫與預算合一、成本與工作對照、效率與考核關聯，在預算中顯現。

   其優點是每個活動或計畫可以被辨識出來，並賦予價值；但其最大缺點是整個預算編製的過程十分耗時，而且一個活動或計畫可能是跨單位的，導致資料蒐集的困難。此外，績效預算制度評測量的是組織服務的量化表現，而不是服務品質（Moran et al., 2013, p. 415）。表 7-2 為績效預算制度的表單，每個計畫與活動都得個別編列預算，說明其計畫名稱與目標，其下再分項列出執行此計畫的各細項所需的預算。

3. 設計計畫預算（planning programming budgeting system，簡稱 PPBS）：包括目標的設計（planning）、計畫的擬訂（programming）、預算的籌編（budgeting），將三者結合為一，即以設計為中心，分析為手段，目的在於提高績效。其意義在於確立當前所欲達成之目標與可用之資源，利用成本效益分析與系統分析，評估各種計畫的成本與效益，擬定最佳決策達到效用極大化，成本最小化，以利資源的合理分配的一種預算制度。其最大的問題也是必須花費大量的時間。表 7-3 為設計計畫預算摘要表，表中要填寫的項目包括營運預算、計畫摘要、計畫名稱、計畫目標、計畫描述等。

4. 零基預算（zero-based budgeting system，簡稱 ZBBS）：此制要求在編製預算時，不以舊預算為依據，無論既有或新增項目，一切從頭做起，均以零為基礎，應用成本效益分析評估所有方案之必要性與價值，訂其優先次序，決定資源的分配。其目的在評定和取消無效或過時的計畫或支出，減少浪費，減緩支出的膨漲，同時可以考核績效。

5. 多年預算制度（multi-year budgeting system）：指預算之目標數額（target amount）不以一年為限，應包括未來數年（一般為四年）之計畫需要。其理由在於：(1) 預算以個別年度規劃，將難與經濟發展趨勢配合；(2) 為了促進有限資源之合理分配，有必要對未來數個年度之預算規模、預算結構及業務計畫等，作前瞻性規劃。先進國家如美國、日本早已採用此項制度，他們於年度預算之編製，分別對未來三或四年計畫予以推估。

第七章｜預算管理

表 7-2　績效預算示意表

機構：縣立圖書館	
計畫：行動書車服務	

目標：
此服務提供給住家附近三英里之內沒有公共圖書館的縣民。行動書車服務內容包括雜誌、小說、非小說、圖書、DVD 的借閱，以及網路熱點服務。行動書車將一週五天、每天停駐 10 英里內的兩個點。所需人力為一位兼職上書上貨工作人員、一位駕駛員及一位專業圖書館員。

費用	
人事費	
圖書館員	52,896
駕駛員	25,895
上書上貨人員（每週 4 小時，時薪 9.00 美元 × 52 週）	1,872
福利金	28,300
小計	$108,963
館藏費	
圖書（1,000 冊，平均一冊 52 美元）	52,000
期刊（15 種，每種訂費 65 美元）	975
修護，裝釘	175
小計	$53,150
其他	
車輛折舊	20,000
維修，里程保養	2,000
保險	600
小計	$22,600
總計	$184,713

資料來源：譯自 Moran 等（2013, p. 419, Fig. 19.2）。

表 7-3　設計計畫預算摘要表

縣名： 營運預算：（年分）	計畫摘要：
計畫名稱：	
計畫目標：	
計畫描述：	

資料來源：譯自 Moran 等（2013, p. 421, Fig. 19.3）。

（三）年度平衡預算（annual balanced budget）、功能財政預算（functional budget）與循環性財政預算（cyclically balanced budget）

1. 年度平衡預算：為古典學派所倡導，嚴格要求政府年度預算必須維持收支平衡。此種年度預算平衡的觀念，又稱為健全財政或中性預算。
2. 功能財政預算：其認為政府的預算應尋求達成充分就業和穩定物價，不應只顧及政府稅收與支出是否平衡。主張當政府支出大於稅收且不能以發行公債彌平時，亦應發行通貨來挹注。因此在經濟衰退時，應機動增加政府公共投資支出、減少稅收，在經濟繁榮時，則應降低公共投資支出、增加稅收。
3. 循環性財政預算：修正功能預算的主張，其認為預算收支應維持平衡，但期間非以一會計年度或曆年度為準，而應以整個產業的循環周期為準。亦即政府預算應隨景氣循環的波動，在蕭條時期實行赤字預算，在繁榮時期實行盈餘預算，以資彌補前期的赤字，使每一個經濟循環終了時盈餘與赤字互相抵銷。

第三節　預算之編製

一、圖書館經費之來源

圖書館經費之來源主要有以下五種：

（一）由國家或地方財政預算撥款

包括圖書館創辦費、經常性經費及館藏經費（付立宏、袁琳，2005，頁417）。我國國家圖書館、兩所國立圖書館與各級公共圖書館的主要經費屬之。

（二）由政府資助或臨時撥款

主要包括下列情況：1. 經營性補助：有些社會需求量大且有較好社會效益的圖書館，由於經費不足不能好好運行，由政府提供經營性的財政資助，使其能充分開展活動；2. 補助性資助：少數民族地區或偏遠地區之圖書館事業不發達，由政府提供經濟援助，促其發展；3. 專項性資助：對某些社會需求大、成本高、投資大的計畫，或一個圖書館的財力無法承擔，要由一個地區或多館共同合作的項目，由政府專案進行財政資助；4. 激勵性資助：撥出一筆經費，接受補助的圖書館必須要提出一定比例的自籌經費，其目的在激勵各級政府和單位對圖書館投資的積極性；5. 業務研究開發性資助：對某些新技術的開發或刊物的編譯出版進行資助（付立宏、袁琳，2005，頁417-418）。教育部對國立圖書館及公共圖書館的「閱讀植根與空間改造：102～105年圖書館創新服務發展計畫」、對大學圖書館補助的「臺灣學術電子書暨資料庫聯盟計畫」，以及科技部「補助人文及社會科學研究圖書計畫」均屬此類。

（三）從母機構預算中為所屬圖書館撥款

學校、科研機構、企業、醫院等從其預算總額中，撥給所屬圖書館的經費（付立宏、袁琳，2005，頁418）。教育部於2016年8月11日訂定發布的〈圖書館設立及營運標準〉第6條，即規定了各類型圖書館購置圖書資訊之經費之最低比率。

（四）社會捐助

是圖書館經費的一個重要的補充，社會團體和個人對圖書館的捐贈形式主要有兩種，一種是長期經常性的資助，另一種是一次性的贊助。捐贈的內容有圖書、購書專款、圖書館建築專款、圖書館設備、特定服務項目費等（付立宏、袁琳，2005，頁418）。圖書館募款的相關做法與議題，將於下一節說明。

（五）自籌資金

主要有兩種方式，一是通過對社會團體、地方政府、科研機構提供服務以籌措經費，二是提供有償的收費服務，利用代譯、代查、複印、定題服務等經營性活動方式籌措經費（付立宏、袁琳，2005，頁419）。臺灣比較常見的方式是圖書館經母機構或主管機關同意後，對影印及代檢服務或販售圖書館自行開發之文創紀念品的所得，以專款專用的方式補貼圖書館所需的經費。

由於館藏的經費不斷上漲，各類型圖書館多面臨經費短缺的窘況，因此開源節流是圖書館經費管理很重要的工作。付立宏與袁琳（2005，頁420-422）提議以下方式來因應之：
（一）加強圖書館立法工作，使圖書館經費來源有法可依。
（二）提高政府或主管部門對圖書館的認知程度，擴大其對圖書館的投資。
（三）努力經營有償收費服務，增加圖書館收入。
（四）多管道向社會爭取資源。
（五）合理分配和使用經費。

二、預算編製之技巧

圖書館和資訊服務機構採用許多技巧管理其財政，以下介紹四種常見的技巧（Moran et al., 2013, pp. 425-426）。

（一）企業化預算（entrepreneurial budgeting）

企業化預算是一種新進發展的預算編製態度，在公部門的應用仍處於實驗階段。此技巧與傳統預算制度最大的不同在於，企業化預算是由預算分配管理單位事

先決定要撥給圖書館的預算額度（如去年多兩個百分比），圖書館館長必須負責在這個定額預算之內排序各計畫與活動的執行優先序。若到了會計年度結束，圖書館預算仍有餘額，這些經費可以滾動到下一年度繼續使用，如此可避免不願意經費被收回而胡亂花用的狀況。這個技巧可促使圖書館預算管理時更有創意且企業化。

（二）責任績效預算分配（allocation decision accountability performance，簡稱 ADAP）

ADAP 的關鍵概念就是圖書館必須提交三種預算：1. 預算增加；2. 預算適度減少；3. 營運所需最低預算。圖書館也同時被要求辨識出不得已時，哪些計畫或活動可以被淘汰。預算分配單位之後審視今年度和去年度的預算編列，並辨識績效不佳的計畫與活動，考量是否要淘汰之。

（三）最佳、樂觀和悲觀假定（best, optimistic, and pessimists，簡稱 BOP）

滾動預算（rolling budgets）、可變預算（variable budgets）、應急預算（contingency budgets）和彈性預算（flexible budgets）等都是以不同收入預測為基礎的預算方式，主要被應用於營利機構。這種預算方式的財務假定也稱為 BOP：最佳收入假定組織正常運作；樂觀收入假定為雖會面臨問題但終將克服；悲觀收入則假定最壞的狀況。圖書館依這三個假定編列預算，可以掌握各種可能性，並分別發展出適當因應策略，在經濟不景氣的時代這個技巧很值得應用。

（四）責任中心預算（responsibility centered budgeting，簡稱 RCM）

RCM 預算也稱為分散預算（decentralized budgeting）。由於各種費用上漲、加上預算緊縮，使得高等教育機構必須更加注重財務管理，國外不少大型大學因此採用 RCM，將財務責任授權給校園裡的各個單位。在此制度之下，全校劃分成幾個責任中心，有一類是財務上可自負盈虧的（self-support），包括有學費可收的學院與學系、有能力帶入合約或研究經費的教職員，以及餐飲服務、宿舍等有收入的單位；另一類則是必要但沒有收入的單位（need funding for the good of the institute），包括校行政單位與圖書館等。這些沒什麼收入的單位就得依靠有收入的單位來支持，通常是訂有一個公式來決定額度。因此如果某大學的圖書館經費是由學費中某個百分比來支持，那圖書館的預算總額當然會受到當年度收到多少學費而影響。

三、預算項目之類別

（一）經常門與資本門之劃分

我國行政院主計處訂頒的〈各類歲入、歲出預算經常、資本門劃分標準〉（2009年1月1日）中規定，經常支出是指凡不屬於資本門支出之各類支出均屬之。而資本門支出一般是以使用年限為基礎，或者是以有產生收入的性質而劃分，其有以下14項：

1. 用於購置土地（地上物補償、拆遷及整地等費用）及房屋之支出。
2. 用於營建工程之支出（含規劃設計費、工程管理費及電梯空調等附屬設備費）。
3. 用於購置耐用年限2年以上且金額1萬元以上之機械及設備（含電腦軟體設備費）、交通及運輸設備（含車輛所需之各項配備及貨物稅）及什項設備之支出。
4. 各級學校圖書館及教學機關為典藏用之圖書報章雜誌等購置支出與其他機關購置圖書設備之支出。
5. 分期付款購置及取得產權之資本租賃方式之電腦設備等支出。
6. 用於購置技術發明專利權或使用權、版權等之支出。
7. 為取得資本資產所必須一次性支付之各項附加費用支出。（註：附加費用如為獲得及使用資產前所必須付出之成本，應併入該資產列為資本門，惟如屬分期繳納之汽車燃料使用費、牌照稅等，則應列為經常門。）
8. 用於國內外民間企業之投資支出。
9. 用於對營業基金、非營業特種基金及其他投資國庫撥款增加資本（本金）之支出。
10. 營業基金以盈餘轉作增資之支出。
11. 補助地方政府用於資本性之支出。
12. 委託研究、補助捐贈私人團體用於資本性之支出。
13. 國防支出中用於下列事項支出：甲、土地購置。乙、醫院、學校、眷舍等非

用於軍事設施之營建工程。丙、非用於製造軍用武器、彈藥之廠、庫等營建工程。丁、購置耐用年限2年以上且金額1萬元以上之儀器設備（不含軍事武器與戰備支援裝備）。
14. 其他資本支出：用於道路、橋樑、溝渠等公共工程（含規劃設計費、工程管理費、附屬設施及專責興建各該公共工程機關之人事費用等）之支出。

　　上列歲出資本門之項目，大致可以歸類成土地、房屋建築及設備、其他建築及設備、機械設備、交通及運輸設備、資訊設備、投資和其他等八項。以資本支出所購買的財貨或勞務具有以下特性：屬於耐久財、有較長之生命周期；非經常性、不是年年往復出現；有較高的單位價格，一般來說金額很大。比較特別的是，第14項中提到專責興建道路、橋樑、溝渠等公共工程之人事業屬資本門支出（林錫俊，2003，頁38）。

（二）用途別科目

　　我國《預算法》規定編製歲出預算時，應依用途別科目編列之，其科目名稱及其分類，由中央主計機關定之。2016年核定的「中央政府第一級至第三級用途別科目分類定義及計列標準表」規定：用途別科目計分四級，其中預算之表達，在總預算為第一級科目，在單位預算則為第二級科目，而預算之執行控制僅及於第一級科目。至第二級科目以下（含第三級及第四級科目），則係供會計記錄之用。茲就六大類（第一級科目）及其範圍（第二級科目）列舉於下：

1. 人事費：包括民意代表待遇、政務人員待遇、法定編制人員待遇、約聘僱人員待遇、技工及工友待遇、獎金、其他給與、加班值班費、退休退職給付、退休離職儲金、保險、調待準備等12項。
2. 業務費：包括教育訓練費、水電費、通訊費、土地租金、權利使用費、資訊服務費、其他業務租金、稅捐及規費、保險費、兼職費、臨時人員酬金、按日按件計資酬金、委辦費、國際組織會費、國內組織會費、軍事裝備及設施、物品、一般事務費、給養費、軍事裝備設施養護費、房屋建築養護費、車輛及辦公器具養護費、設施及機械設備養護費、國內旅費、大陸地區旅費、國外旅費、運費、短程車資、機要費、機密費、特別費第31項。
3. 設備及投資：包括土地、房屋建築及設備費、公共建設及設施費、機械設備費、運輸設備費、資訊軟硬體設備費、雜項設備費、權利、投資等九項。

4. 獎補助費：包括對直轄市政府之補助、對臺灣省各縣市之補助、對福建省各縣之補助、政府機關間之補助、對特種基金之補助、對外之捐助、對國內團體之捐助、對私校之獎助、對學生之獎助、社會保險負擔、公保及退撫基金差額補助、社會福利津貼及濟助、公費就養及醫療補助、差額補貼、損失及賠償、獎勵及慰問、其他補助及捐助等 17 項。
5. 債務費：包括債務利息和手續費兩項。
6. 預備金：包括第一預備金、第二預備金、其他準備金等三項。

四、圖書館預算之編製

　　圖書館的類型不同，其經費來源、預算方式和會計組織系統就會有別（付立宏、袁琳，2005，頁 416）。像是圖書館的組織層級，就會影響其編列預算時的項目，例如國家圖書館、國立臺灣圖書館、國立公共資訊圖書館、六都的市立圖書館系統等，由於是獨立館，在其預算書的內容中就會出現人事費、水電費等項目；而大學圖書館由於是學校中的一級單位，人事費則通常統一列在學校人力資源處的預算之下，水電費則統一列在學校總務處的預算之下。然而，不管是什麼類型的圖書館，編製預算時仍有一些共同的注意事項，茲說明如下：

（一）預算編列之項目

　　一般來說，圖書館的預算皆是歲出多於歲入，有些圖書館甚至是沒有任何收入的。在編列歲出預算時，資本門和經常門的劃分是館員首先應該瞭解的。

　　審視本節三、（一）對資本門支出的說明，圖書館常會編列在資本門支出的預算項目為「耐用年限 2 年以上且金額 1 萬元以上」之機械及設備，包括個人電腦、主機、安全門禁系統及設備、自助借還書機、圖書館自動化系統、圖書館傢俱、文書處理影像處理套裝應用軟體等。此外，圖書館為典藏與流通之用的印刷式圖書、報章、雜誌、DVD 等，也通常會以資本門的經費編列採購之。資本門方面，「設備及投資」是圖書館最常編列的第一級科目，以下為設備及投資之下圖書館常用到的第二及第三級科目：

1. 資訊軟硬體設備費：凡公務所需各項電腦設施、周邊設備、裝置（含一次購買時所配置之套裝軟體，如作業系統軟體，以及後續二年以上效益之軟體改版、

升級與應用系統開發規劃設計）及雲端服務等購置（含資本租賃）費用屬之。其第三級科目包括：(1) 硬體設備費；(2) 軟體購置費；(3) 系統開發費。
2. 雜項設備費：凡公務所需事務設備、防護設備、圖書設備、博物等非屬以上各項設備之購置（含資本租賃）費用屬之。

　　在經常門方面，「業務費」是圖書館最常編列的第一級科目，以下為業務費之下圖書館常用到的第二及第三級科目：
1. 資訊服務費：凡公務所需使用資訊操作、維修、購買雲端等服務費用或屬營業租賃性質之資訊設備租金屬之。其第三級科目包括：(1) 資訊操作維護費；(2) 資訊設備租金；(3) 雲端服務費。
2. 臨時人員酬金：凡為應短期或計畫所需遴用臨時人員辦理相關事務，如清潔、安全維護、調查、資料建檔及學術研究等工作所給付之費用屬之。
3. 按日按件計資酬金：凡公務所需聘請個人辦理相關事務，如出席會議、專業顧問、專業審查、演講或授課、講義製作、命題、監考、裁判、閱卷、評鑑及撰稿、審稿、編輯、校對、表演等依作業量計算之費用屬之。
4. 國際組織會費：國家圖書館、國立圖書館及一些學術型大學圖書館會加入美國圖書館學會（American Library Association，簡稱 ALA）、國際圖書館協會聯盟（International Federation of Library Associations and Institutions，簡稱 IFLA）、國際線上圖書館電腦中心（Online Computer Library Center，簡稱 OCLC）等國際專業組織，會員費可編列於此小項之內。
5. 國內組織會費：我國各級圖書館通常會加入圖書館學會或館合組織成為團體會員，國內組織的會員費可編列於此小項之內。
6. 物品：凡公務所需使用年限未及二年或金額未達1萬元之消耗品或非消耗品購置費用屬之。其第三級科目包括：(1) 消耗品（包括油脂、文具紙張、電腦及周邊設備可拆卸分別處理之耗材，如喇叭、磁片、碳粉匣等、衛生、水電器用品耗材、防護等用品及圖書、報章雜誌之購置費用屬之；(2) 油料；(3) 非消耗品。

（二）館藏預算之分配

　　我國《圖書館法》第 2 條明定：「本法所稱圖書館，指蒐集、整理、保存及製作圖書資訊，以服務公眾或特定對象之設施。前項圖書資訊，指圖書、期刊、報紙、視聽資料、數位媒體等出版品及網路資源」，因此圖書館的館藏包括印制

式與電子式的圖書、期刊、資料庫等。圖書館在傳統上需要考量要分配多少比例的館藏預算給圖書、期刊、報紙、多媒體資料等；1990年代後期，我國大多數圖書館也開始引進電子資源，因此圖書館現在也需考量要分配多少比例的館藏預算在印刷式、有載體的資源，以及電子書、電子期刊、電子資料庫等數位資源。

一般來說，公共圖書館及綜合性大學在圖書與期刊方面預算比例分配的比較均衡；而以科學（science）、科技（technology）、醫學（medicine）、工程（engineering）為主的專業性大學或研究機構，因應使用者資訊需求及受制於期刊不斷高漲的訂費（見圖7-1），傾向分配更高比例的預算給學術期刊。而在印刷式與數位館藏預算的分配方面，學術型大學圖書館近年來也分配愈來愈高比例的經費來訂閱電子期刊與資料庫，以配合使用者慣於在網路上蒐尋資訊的行為。此外，由於圖書館的經費實在追不上學術期刊的漲幅，不少大學圖書館面臨必須刪刊、改以文獻傳遞服務滿意使用者對期刊論文全文的需求，也有圖書館積極推動開放取用期刊（open access journals）的使用與投稿。反映在預算編列上的作為是，研究型圖書館近年來亦出現增列補助文獻傳遞費或是開放取用期刊投稿文章處理費（article processing charge，簡稱APC）的項目。

當圖書館的預算編製完成之後，館長通常需要準備一份正式的預算需求報告書，內容除預算的項目與金額之外，亦要包括其他輔助文件，如：圖書館的策略規劃、圖書館館藏資源之通膨指數、技術發展之影響、高等教育發展趨勢對圖書館的影響等（Moran et al., 2013, p. 414）。

第四節　預算之執行與管考

一、預算之執行[3]

圖書館編列的預算經審查（audit）通過之後，通常會依工作計畫分配各項預算執行的時程，定期審視執行進度；於執行期間若有必要得辦理經費流用，會計年度結束時若因不可預料及難以掌控的情況，可辦理預算保留。

---

[3] 關於預算之執行的討論可參考林錫俊（2003，頁8-16）。

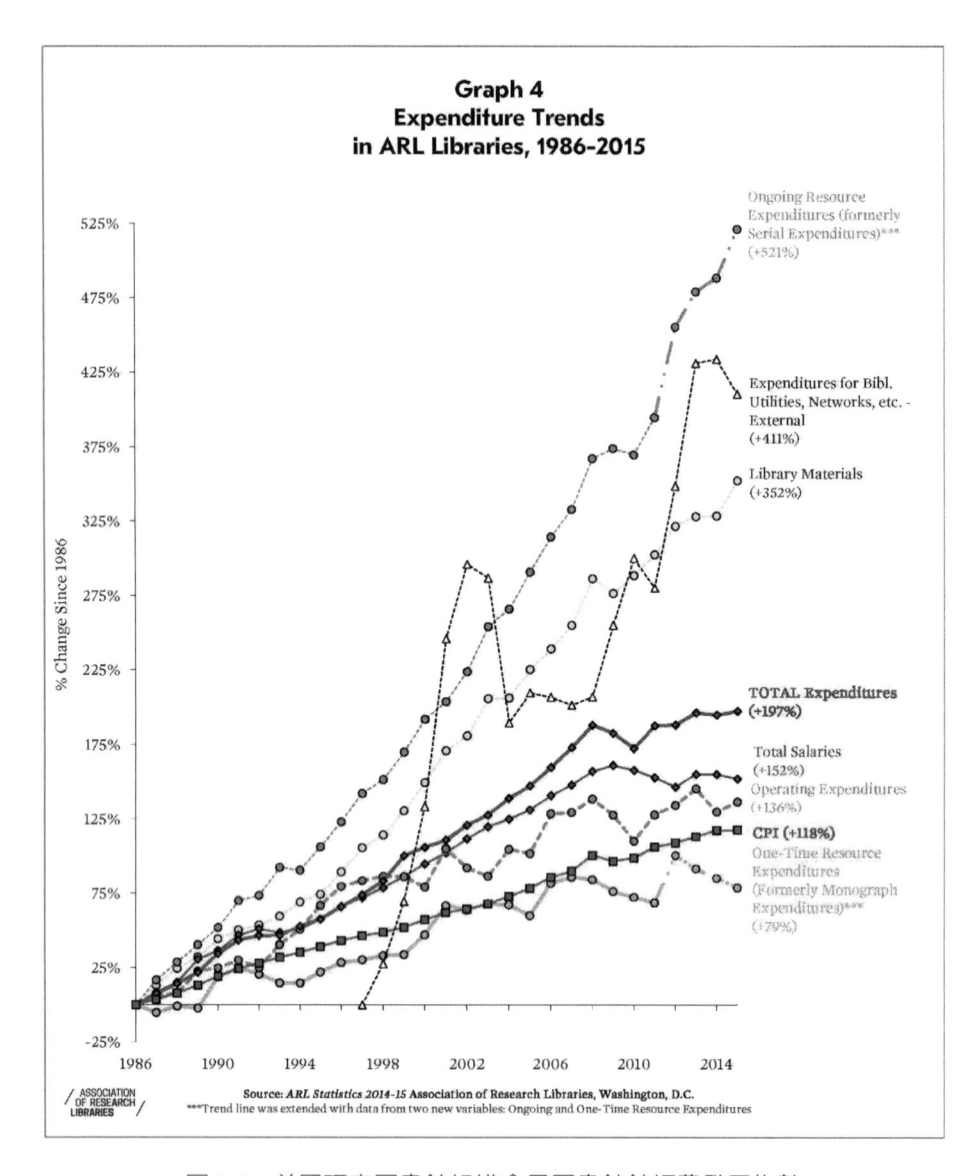

圖 7-1　美國研究圖書館組織會員圖書館館經費發展趨勢
資料來源：Morris 與 Roebuck（2017）。

（一）分配預算

在法定預算範圍之內，由各機關依實施計畫按月或按期編造收支計畫書，稱為分配預算。

（二）經費流用

經費流用或稱科目流用，為預算議定後補救方法之一。預算執行期間，如因臨時偶發事故或物價波動等因素，各機關之計畫或業務之各用途別科目難免發生賸餘或不足，為期彼此調節挹注，給予執行時之彈性以利計畫之有效達成，故有科目經費得予流用之規定。我國《預算法》第 63 條即規定「各機關之歲出分配預算，其計畫或業務科目之各用途別科目中有一科目之經費不足，而他科目有賸餘時，得辦理流用，流入數額不得超過原預算數額百分之二十，流出數額不得超過原預算數額百分之二十。但不得流用為用人經費，且經立法院審議刪除或刪減之預算項目不得流用。」

（三）預算保留

當預算執行時，若遇不可預料及難以掌控的情況發生，為因應這些特殊情況，依《預算法》的規定，可辦理預算保留。該法第 72 條規定「會計年度結束後，各機關已發生尚未收得之收入，應即轉入下年度列為以前年度應收款；其經費未經使用者，應即停止使用。但已發生而尚未清償之債務或契約責任部分，經核准者，得轉入下年度列為以前年度應付款或保留數準備。」除此之外，第 76 條規定「繼續經費之按年分配額，在一會計年度結束後，未經使用部分，得轉入下年度支用之。」因此繼續經費之按年分配額，即使不是已發生而尚未清償之債務或契約責任，亦可轉入下年度支用之。雖然如此，保留預算意味編列計畫預算時，未能妥適考量財政負擔能力及需求輕重緩急，或是機關預算執行的能力低落，未能切實依預算進度執行，以致績效不佳，顯示對有限預算資源不當分配、未能及時發揮效益。且因為機關的人力有限，為了執行保留的預算，將會排擠下年度工作計畫之實施，因此預算保留實會帶來負面影響。

二、預算之管考

　　預算是一種規劃與評估的工具、監控的措施（Moran et al., 2013, p. 409），圖書館管理的教科書指出，預算管理的流程包括以下五個步驟（Moran et al., 2013, pp. 412-413）：
（一）母機構預算分配管理單位發布預算編列指南（budget guidelines）。
（二）圖書館編製並報告下年度之預算。
（三）預算分配管理單位回應圖書館的要求。
（四）圖書館執行預算並監控執行狀況。
（五）會計年度結束之後進行審查，決定預算執行的表現。

　　基本上，預算應依歲出分配預算及計畫進度切實嚴格執行，會計年度結束時經費未經使用者應即停止使用。而預算執行績效及計畫執行進度，除作為工作成果考核之依據外，亦供核列以後年度預算之重要參考（林錫俊，2003，頁244）。因此預算的控制，應包括以下三個部分（王士斌，1993，頁2-3）：
（一）先設定適當目標，作為達成所希望績效之標準。
（二）與原訂目標進行比較，衡量實際之績效。
（三）當實際結果與預定結果發生落差時，應加以解釋，並採取補救行動。

　　在圖書館預算管考的過程中，對預算裡每一項目的執行狀況應保持正確的紀錄，定時提出預算執行報告是非常重要的。其中月執行摘要（monthly summary）是一種管考的機制，有利於對計畫及預算的執行進度進行有效的調整。而預算報告的方式有各種形式，可以是正式的電子式或印刷式、附統計細節的書面報告，也可以是非正式的報告形式，如備忘錄、館務會議、董事會會議資料等（Moran et al., 2013, p. 427）。

　　我國《預算法》對預算管考的相關條文有第61、65、66、69條等，其中規定「各機關執行歲出分配預算，應按月或分期實施計畫之完成進度與經費支用之實際狀況逐級考核之」；而在預算執行報告方面，也規定「各機關應就預算配合計畫執行情形，按照中央主計機關之規定編製報告，呈報主管機關核轉中央主計機關、審計機關及中央財政主管機關」；此外，若有需要，主計機關可隨時派員實地調查；若發現「該機關未按季或按期之進度完成預定工作，或原定歲出預算有節減之必要時，得協商其主管機關呈報行政院核定，將其已定分配數或以後各

期分配數之一部或全部，列為準備，俟有實際需要，專案核准動支或列入賸餘辦理」。

第五節　圖書館之募款

　　大多數的圖書館館長認為圖書館募款而來的經費，雖然不是圖書館預算的主要來源，卻能使圖書館提供的服務與館藏大大不同。因此如果圖書館館長和館員相信自己圖書館的任務與願景，且對未來的目標有清楚的方向，將這些資訊分享給有興趣且有能力幫助圖書館的人士（潛在捐款者），就不是什麼困難的事（Moran et al., 2013, p. 438）。以下分別說明圖書館募款活動的類型及其對捐款者的關係管理，並舉出國內外之實例供參。

一、圖書館募款活動之類型[4]

（一）「圖書館之友」（friends of the library）組織

　　公共圖書館常會成立「圖書館之友」組織，可以試著從這裡開始圖書館的募款計畫。許多圖書館由這個組織成員發展出更大額的捐款。成員們一開始可能只做小額捐款，經過一段時間對圖書館有正面接觸與瞭解之後，就有可能提供更大額的捐款。

（二）募款活動（events）

　　舉辦圖書銷售、拍賣、路跑、高爾夫錦標賽等募款活動，可提高民眾對圖書館的支持度。籌辦活動需要很多志工和館員的參與，這類活動也許並不會募得大量金錢，但卻是加強圖書館公共關係和獲取民眾支持的好機會。

（三）年度募款（annual fund）

　　有的圖書館會每年定期以信件或電話進行募款，這種做法需要有募款對象的

---

[4] 關於圖書館募款活動之類型可參考 Moran 等（2013, pp. 432-434）。

名單，而且通常不會獲得大額捐款。有些公共圖書館會向所有持有圖書館閱覽證的成人，或曾參加過圖書館活動的民眾進行年度募款；學術圖書館則會向校友以外的社會人士請求捐款，因為圖書館不像學院或系所有自己的畢業生，但若是一個家族中的成員從某大學不同系所畢業，他們可能會選擇將款項捐給圖書館，而不指定捐給某一特定學院。

（四）自發性捐贈（unsolicited gifts）

自發性捐贈常是無法預期的，是由捐贈人或其律師主動與圖書館連絡。這種情況常發生在遺產的捐贈，但有時也會是一般捐款人。這類捐贈人直接連絡圖書館，表示因為他的家庭成員曾接受過該館良好的服務，所以他想要捐款支持館內的計畫或活動。這種狀況通常是因為該館的服務相當卓越，而捐款人在館中有過很好的使用經驗。

（五）大型募款（capital campaign）

大型募款通常是為了建設新館或改裝舊館這類大型計畫，圖書館所發起的多年度、巨額目標之募款活動。大型募款活動不但有明確目標，也會擬訂各種小計畫（projects），對不同的捐款人提出訴求。

（六）合作募款（collaborative fund-raising）

圖書館與其他組織機構合作，為了互惠的利益共同募款。這類狀況常發生在為圖書館館藏募集經費，例如大學裡某系所的教師或社區內的機構和圖書館合作，共同向民眾進行為建立某一主題館藏的募款。

高雄市立圖書館就藉由與財團法人高雄市文化基金會合作，於 2013 年到 2016 年發起「高雄市新圖書總館百萬藏書計畫」、「高雄市新圖書總館館藏資源共享計畫」、「104 年高雄市立圖書館百萬藏書計畫」及「105 年高雄市立圖書館館藏倍增計畫」等四項勸募活動募集購書經費，順利募集 70 萬冊圖書的經費，贈予高雄市立圖書館新總館。該基金會於 2017 年再次發起公益勸募活動「106 年高雄市立圖書館館藏倍增計畫」，以高雄市立圖書館 58 個分館館藏倍增為勸

募目標，呼籲各界支持「在地閱讀建設」，協助各分館充實館藏，平衡各分館閱讀資源，此一勸募活動以一年為期，預募金額為新臺幣 5 千萬元。

二、捐款人關係管理

　　圖書館主管除了參與募款活動的規劃，也應積極開發潛在捐款者，並親自向這些人進行勸募，不然光有各式各樣的圖書館募款計畫書也是枉然（Moran et al., 2013, p. 433）。對大專校院圖書館而言，潛在捐款人大多都是校友，也可能是鄰近校園或與學校有密切關係的企業，有些圖書館廠商亦設有可捐贈圖書館相關計畫的基金會。公共圖書館則最可能向服務社區的居民、圖書館閱覽證持有人及當地企業募款。學校圖書館對經費的需求較小，通常是透過家長會向家長募款。人們會捐款的原因，是因為想參與圖書館的發展、因為做為一個使用者曾有美好的經驗，或是因為希望與他人產生連結（stay connected）；捐款讓人們感覺良好、讓人與圖書館有了連結、並讓人受到褒獎表揚。基於上述任一理由，圖書館都應和重要捐款人建立並保持良好的關係（Moran et al., 2013, p. 436）。

　　當捐贈人承諾捐款以後，圖書館要用機構訂定的相關辦法來致謝及表揚其貢獻。許多機構訂有「命名致謝」的相關辦法，例如有些圖書館募款計畫的相關辦法，會將閱覽室、廳翼、甚至整棟建築物依捐款額度提供命名這些空間的機會，而捐贈的基金（endowments）通常也會以捐款人姓名來命名該基金。對於較小額捐款，也可以用在書頁內貼上感謝貼紙（bookplate），或在電子資源相關網頁標註致謝詞、捐款牆（wall of donors）、年度報告中列出捐贈者名冊等方式處理；有些圖書館也會在閱覽桌椅上鑲上致謝銘板（name plaque）（Moran et al., 2013, pp. 436-438）。

　　以臺北醫學大學圖書館「建置圖書育苗」勸募計畫為例，其捐款標的為贈送弱勢學生英文教科書和圖書館傢俱設備更新置換。表 7-4 為該圖書館內各空間及傢俱命名致謝的捐款金額標準。

表 7-4　臺北醫學大學圖書館命名致謝標準一覽表

空間	捐款金額
圖書館命名	新臺幣 4,000 萬元以上
樓層命名	新臺幣 1,000 萬元以上
自主學習共同空間	新臺幣 300 萬元以上
數位學習教室	新臺幣 300 萬元以上
討論室	新臺幣 100 萬元以上
研究小間	新臺幣 50 萬元以上
圖書書架	新臺幣 20 萬元以上
閱覽桌	新臺幣 10 萬元以上
閱覽椅	新臺幣 5 萬元以上

資料來源：臺北醫學大學（2013）。

　　而輔仁大學圖書館「知識—翻轉世界的力量」募款計畫，募款標的為期刊、資料庫及圖書。希望開發小額捐款人，勸募金額以新臺幣 1,000 元為單位，由該圖書館依年度計畫分配購置各類圖書。其回饋方案為：1. 圖書館網站設有專區，可查得年度「捐款芳名錄」，捐款芳名錄亦可連結至捐款購置之圖書、期刊及資料庫等資源；2. 資料庫之全額認捐者，可於圖書館資料庫網頁清單標註致謝詞；3. 紙本期刊於期刊封面貼感謝貼紙；4. 紙本圖書於書內頁貼感謝貼紙。高雄市立圖書館新總館則以「感恩樹」的方式表達對捐款者的謝意，該館在三樓大廳設計了一面捐款榮譽牆，以「點燃智慧之燈」的概念，讓各企業透過捐款回饋社會並在牆上掛名，榮譽牆的形狀是一棵樹，意為集眾人之力，在高雄栽培灌溉一棵「智慧之樹」，捐款 100 萬及 300 萬元者於樹葉掛名，捐款 500 萬者在樹枝掛名，捐款 1 千萬者則在樹幹掛名。

　　在收到捐款之後，圖書館主管應適當且即時地表達感謝之意。有些捐款人希望不要有正式的致謝活動，也有人期望受到持續的感謝。內容適切的手寫感謝信是很好的方式，其他像是邀請捐款人共進午餐或晚餐，為捐款人其及家人舉辦一場接待會（reception），或是在捐款典禮上授與紀念別針或紀念盤等，都是機構向捐款人表達謝意的選擇方案（Moran et al., 2013, pp. 436-438）。以輔仁大學圖書館「知識—翻轉世界的力量」募款計畫為例，校方除依相關規定辦理開立可扣

繳所得的捐款收據及公開徵信之外，也會寄送感謝信函、年度校長謝卡及圖書館館長謝卡給捐款人。

圖書館和捐款人的聯繫並不能止於命名致謝或感謝信，建議圖書館事後要維持個人拜訪或簡短信函，向捐款人回報以其命名的空間之使用狀況，或是提供教師對圖書館利用該筆捐款採購館藏資源的感謝信影本；捐款人知道了圖書館如何使用他的捐款，會讓他們感到與圖書館有很好的連結。許多專業募款人相信，如果捐款人感受到自己第一次捐款有得到感激，他們再次捐款的機率會很高。此外，圖書館主管必須確保所有的捐款花用在當初募款同意書上指定的項目。隨意將募款而來的經費挪用到不同的、不恰當的項目，即使是為了疏緩急迫的需求，也是不道德的行為（Moran et al., 2013, pp. 436-438）。

三、著名的圖書館建築捐建案例

美國鋼鐵大王卡內基（Andrew Carnegie）於 1881 年對故鄉蘇格蘭東部的一個小鎮贈送一所圖書館建築，1896 年對美國 14 所圖書館建築捐贈了 186 萬美元。據 1920 年的統計，他過世前曾對美、英、加拿大等國總共捐贈了至少 2,500 所圖書館建築，捐贈超過 4,100 萬美元。美國福特基金會也長期資助美國圖書館資源委員會，透過該委員會幫助全美圖書館解決藏書補充和資源共享的相關問題，開展新的技術和方法（付立宏、袁琳，2005，頁 418-419）。

1980 年代初期，香港慈善家梁銶琚捐款 350 萬港幣給中國廣東省順德縣建設新圖書館。1981 年原香港環球航運主席包玉剛捐款 1 千萬美元用於建設上海交通大學徐匯校區的和閔行校區的圖書館。香港知名人士邵逸夫自 1985 年起，分批向全中國各地 47 所大學捐建 49 個項目，大部分是建圖書館，捐款共計 4 億多港幣。1995 年初，香港首富李嘉誠也捐款 1 千萬美元建北京大學新圖書館（付立宏、袁琳，2005，頁 418-419）。

在臺灣，旺宏電子公司捐贈新臺幣 4 億元，做為為新竹國立清華大學新圖書館學習資源中心大樓內裝工程基金，命名為旺宏館。而「李科永文教基金會」捐資興建公共圖書館，前兩座分別設立於苗栗縣竹南鎮與宜蘭縣羅東鎮，而位於臺北市士林區的李科永紀念圖書館是其其捐贈的第三座圖書館。

關鍵詞彙

預算法	Budget Act
單一預算	Unitary Budget
複式預算	Double or Multiple Budget
普通預算或經常預算	Ordinary or Operating Budget
資本預算或投資預算	Capital or Investment Budget
費用項目預算	Line-Item Budget
績效預算	Performance Budgeting System, PBS
設計計畫預算	Planning Programming Budgeting System, PPBS
零基預算	Zero-Based Budgeting System, ZBBS
多年預算制度	Multi-Year Budgeting System
企業化預算	Entrepreneurial Budgeting
責任績效預算分配	Allocation Decision Accountability Performance, ADAP
最佳、樂觀和悲觀假定	Best, Optimistic, and Pessimists, BOP
責任中心預算	Responsibility Centered Budgeting, RCM
資本門	Capital Account
經常門	Current Account
用途別科目	Objectives Accounts
經費流用	Virement System
預算保留	Budget Reservation
募款	Fund-Raising

參考文獻

王士斌（1993）。企業預算管理。臺北市：天一。

中央政府第一級至第三級用途別科目分類定義及計列標準表，主會字第1050500267號函核定（2016年4月28日）。檢索自 https://www.dgbas.gov.tw/public/Data/6521556205LG6LH5T.doc

付立宏、袁琳（編著）（2005）。圖書館管理教程。武漢市：武漢大學出版社。

各類歲入、歲出預算經常、資本門劃分標準，修正發布全文2點（2009年1月1日）。

林錫俊（2003）。地方預算管理制度。高雄市：復文。檢索自 http://law.moj.gov.tw/LawClass/LawAll.aspx?PCode=T0020001

預算法，總統華總一義字第 10500146941 號令修正公布（2016 年 11 月 30 日）。

輔仁大學圖書館（n.d.）。知識──翻轉世界的力量：圖書館募款計劃。檢索自 http://web.lib.fju.edu.tw/chi/donate

臺北醫學大學（2013）。臺北醫學大學圖書館「建置圖書育苗」勸募計畫。檢索自 http://opa.tmu.edu.tw/files/15-1000-418,c89-1.php?Lang=zh-tw

圖書館法，總統華總一義字第 10400012521 號令修正公布（2015 年 2 月 4 日）。檢索自 https://law.moj.gov.tw/LawClass/LawAll.aspx?PCode=H0010008

圖書館設立及營運標準，教育部臺教社（四）字第 1050100147B 號令訂定發布（2016 年 8 月 11 日）。檢索自 https://www.ncl.edu.tw/information_237_6867.html

Moran, B. B., Stueart, R. D., & Morner, C. J. (2013). *Library and information center management* (8th ed.). Santa Barbara, CA: Libraries Unlimited.

Morris, S., & Roebuck, G. (Eds.). (2017). *ARL Statistics 2014–2015*. Retrieved from http://www.arl.org/storage/documents/expenditure-trends.pdf

作者簡介

邱子恒
(tzchiu@tmu.edu.tw)
臺北醫學大學
通識教育中心教授

第八章
法規與政策

學習目標

研讀本章內容之後，學習者應能夠：

- 瞭解我國法律之名稱與位階
- 瞭解各國國家圖書館之法定任務
- 瞭解訂定《圖書館法》之意義
- 瞭解《圖書館法》之內容
- 瞭解〈圖書館設立及營運標準〉之內容
- 瞭解《著作權法》與圖書館相關的之條文
- 瞭解《學位授予法》與大學圖書館相關之條文

本章綱要

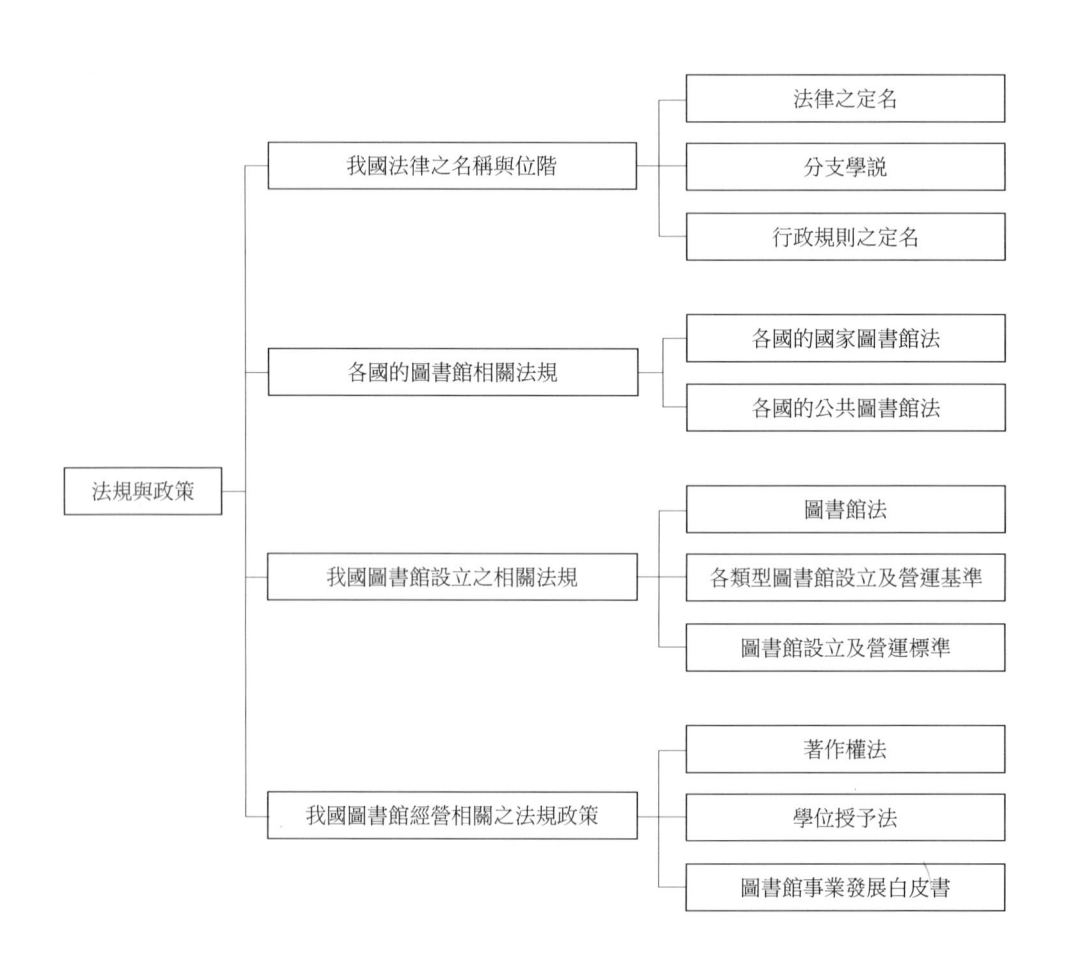

- 法規與政策
  - 我國法律之名稱與位階
    - 法律之定名
    - 分支學說
    - 行政規則之定名
  - 各國的圖書館相關法規
    - 各國的國家圖書館法
    - 各國的公共圖書館法
  - 我國圖書館設立之相關法規
    - 圖書館法
    - 各類型圖書館設立及營運基準
    - 圖書館設立及營運標準
  - 我國圖書館經營相關之法規政策
    - 著作權法
    - 學位授予法
    - 圖書館事業發展白皮書

第八章
法規與政策

第一節　我國法律之名稱與位階

　　法律之定義有廣狹之分，狹義之法律指「經立法院通過，總統公布之法律」；廣義之法律泛指「成文之憲法、立法機關通過之法律、行政機關發布之命令、各地方自治團體制定之自治法規、國家與國家間所締結之條約及不成文之習慣、法理、判例、學說等」；而一般人所習稱之法律為廣義之概念（李天河，2003）。

　　我國法律之名稱不勝枚舉，但適用時，自其名稱即可瞭解其性質。包括：一、凡經立法院通過，總統公布之法律，定名為法、律、條例或通則。二、各機關發布之命令（或稱法規命令），依其性質稱為規程、規則、細則、辦法、綱要、標準或準則。三、行政規則，計有須知、要點、注意事項、作業規定等。茲分別簡述其名稱及用法（李天河，2003）：

一、法律之定名

（一）法：屬於規定全國性、一般性或長期性之事項，以「法」命名。例如：《技師法》、《建築師法》、《民法》、《刑法》、《公司法》、《票據法》等。

（二）律：屬於規定戰時軍事機關之特殊事項，以「律」命名。例如 1947 年由立法院通過之《戰時軍律》，現行有效之法律，稱「律」者只有《戰時軍律》一種而已。

（三）條例：屬於規定地區性、專門性、特殊性或臨時性之事項，以「條例」命名。例如：〈貪污治罪條例〉、所得稅稅率條例、〈外國人投資條例〉、〈臺

灣地區與大陸地區人民關係條例〉、〈山坡地保育利用條例〉等。特別要注意的是，依《地方制度法》第25條制定之「自治條例」，雖有條例之名，但僅為地方立法機關所制定，其位階在法律甚至命令之下，即「自治條例」與憲法、法律、基於法律授權之法規，或上級自治團體之自治條例相抵觸者無效。

(四) 通則：屬於規定同一類事項共通適用之原則或組織，以「通則」命名。例如：〈農田水利會組織通則〉、〈經濟部商品檢驗局所屬各分局組織通則〉、〈財政部各地區國稅局組織通則〉等。

法律之中英文名稱、使用原則及說明，參見表8-1。

二、法規命令之定名

法規命令係指行政機關基於法律授權，對多數不特定人民就一般事項所作抽象之對外發生法律效果之規定，共有七種：

(一) 規程：屬於規定機關組織或處務準據等，以「規程」命名。例如：〈行政院公共工程委員會組織規程〉、〈技師懲戒委員會及技師懲戒覆審委員會組織規程〉等。

(二) 規則：屬於規定應遵守或照辦等事項，以「規則」命名。例如：〈建築技術規則〉、〈公共工程專業技師簽證規則〉、〈建築物結構與設備專業工程技師簽證規則〉、〈行政院公共工程委員會會議規則〉、〈土地登記規則〉、〈道路交通安全規則〉等。

(三) 細則：屬於規定法規之施行事項或就法規另作補充解釋者，以「細則」命名。例如：〈技師法施行細則〉、〈政府採購法施行細則〉、〈國家賠償法施行細則〉、〈勞動基準法施行細則〉、〈行政院公共工程委員會辦事細則〉等。

(四) 辦法：屬於規定辦理事務之方法、權責或時限者，以「辦法」命名。例如：〈技師執業執照換發辦法〉、〈建築執照預審辦法〉、〈山坡地建築管理辦法〉、〈營建事業廢棄物再利用管理辦法〉等。

(五) 綱要：屬於規定一定原則或要項者，以「綱要」命名。例如：〈社區發展工作綱要〉。

表 8-1　經立法院通過、總統公布之「法律」名稱用語表

法規名稱	使用原則	英譯標準化用語	說明
法	屬於全國性、一般性或長期性事項之規定者。	1. Act 2. Code	1. Act：使用於其他一般之「法」。"Act" 一詞在英美國家，係指須由國會經過立法程序通過之成文法律；而 "Law" 一詞，係較廣義之概念，包括法理、法律原則、判例、習慣法等，不僅僅指立法機關通過之成文法而已。因此，依我國憲法及中央法規標準法規定之法律位階，係指經立法院（國會）通過之「法」。將「法」之名稱，於英譯時使用 "Act" 一詞。而於編纂成法典型態者或具基本法之性質之「法」，使用 "Code" 一詞。某某施行「法」，則譯成：Enforcement Act of ...。 2. Code：使用於編纂成法典型態或規範為基本法性質之法律，例如：現行之《民法》、《刑法》、《民事訴訟法》、《刑事訴訟法》、《行政訴訟法》等五部基本法，或類似性質之基本法，使用 "Code"。
律	屬於戰時軍事機關之特殊事項之規定者。	Act	《戰時軍律》已廢止，現行法中目前已無使用「律」之中文法律名稱。惟若以後有使用「律」作為法律名稱者，英譯時亦應譯為 "Act"。
條例	屬於地區性、專門性、特殊性或臨時性事項之規定者。	Act	為求統一英譯名稱用語，條例之英譯名稱亦採用 "Act"，以免混淆，亦可明白瞭解係國會通過位階之法律。
通則	屬於同一類事項共通適用之原則或組織之規定者。	Act	「通則」多見於章節用語，少見於法律名稱。為簡化英譯名詞之翻譯，並避免誤解及明確界定法律位階，如有使用「通則」作為法律名稱，其英譯時使用 "Act"。

資源來源：法規名稱英譯統一標準表（2003 年 7 月 3 日）。

（六）標準：屬於規定一定程度、規格或條件者，以「標準」命名。例如：〈土地複丈費及建築改良物測量費收費標準〉、〈國家公園計畫內容標準〉、〈國家公園管理站設置標準〉、〈公共管道工程設計標準〉、〈圖書館設立及營運標準〉等。
（七）準則：屬於規定作為之準據、範式或程序者，以「準則」命名。例如：〈特定水土保持區劃定與廢止準則〉、〈經濟事務財團法人設立許可及監督準則〉、〈專利規費收費準則〉、〈票據掛失止付處理準則〉等。
　　法規命令之中英文名稱、使用原則及說明，參見表 8-2。

三、行政規則之定名

　　行政規則係指上級機關對下級機關；或長官對屬官，依其權限或職權為規範機關內部秩序及運作，所為非直接對外發生法規範效力之一般、抽象之規定。可分為二大類：（一）關於機關內部之組織、事務之分配、業務處理方式、人事管理等一般性規定；（二）為協助下級機關或屬官統一解釋法令、認定事實及行使裁量權，而訂頒之解釋性規定及裁量基準。行政規則所規範之對象為機關內部之事務，故以對內生效為原則，無需法律直接授權依據，不具法規命令之性質，習稱為不具法規性質之非法規命令（職權命令、行政規章、行政規定等），依其規範內容及性質，常用之行政規則名稱有「要點」、「注意事項」、「規定」、「規約」、「基準」、「須知」、「程序」、「原則」、「措施」、「範圍」、「規範」、「計畫」、「作業程序」、「範本」、「方案」、「守則」、「章程」、「表」。茲介紹以下四種：
（一）須知：例如技師報投稿須知、內政部戶政司事務登記須知等。
（二）要點：例如公共工程施工品質管理作業要點。
（三）注意事項：例如行政院暨所屬各機關處理公共工程施工損害應注意事項。
（四）作業規定：例如公共工程委員會內部採購作業規定。
　　行政規則之中英文名稱、使用原則及說明，參見表 8-3。

表 8-2　法律授權之「法規命令」名稱用語表

法規名稱	使用原則	英譯標準化用語	說明
規程	屬於規定機關組織、處務準據者。	Regulations	Regulations一詞在美國係指由行政機關制定頒布之法規（issued by executive authority of government, e.g., by federal administrative agency），與我國《中央法規標準法》第3條所定由各機關發布之命令類同，惟美國不像我國中央標準法中，區分機關訂定命令之種類，以「規程」、「規則」、「細則」、「辦法」、「綱要」、「準則」等為法規之名稱，英文中並無較精準之對應名詞，英譯名稱統一為"Regulations"；「施行細則」，通用為"Enforcement Rules"，此部分則援用；至於中央法規標準法命令名稱中之「標準」，依其使用原則，可對應英文名詞中之"Standard"，此名稱英譯名稱可使用"Standards"。
規則	屬於規定應行遵守或應行照辦之事項者。	Regulations	同上說明。
細則	屬於規定法規之施行事項或就法規另行補充解釋者。	1. Enforcement Rules 2. Regulations	「施行細則」使用"Enforcement Rules"；「細則」使用"Regulations"，其餘同規程之說明。
辦法	屬於規定辦理事務之方法、時限或權責者。	Regulations	同規程之說明。
綱要	屬於規定一定原則或要項者。	Regulations	同規程之說明。
標準	屬於規定一定程度、規格或條件者。	Standards	同規程之說明。
準則	屬於規定作為之準據、範式或程序者。	Regulations	同規程之說明。

資源來源：法規名稱英譯統一標準表（2003年7月3日）。

表 8-3　內部規範之「行政規則」名稱用語表

行政規則名稱	使用原則	名稱英譯標準化用語	說明
各種行政規則	行政機關規範內部之行政規則	Directions	非上述基於法律授權訂定發生對外效力之法規命令，而係由行政機關訂定規範行政機關內部行為之行政規則名稱，均統一使用之。

資源來源：法規名稱英譯統一標準表（2003 年 7 月 3 日）。

第二節　各國的圖書館相關法規

　　日本於 1950 年通過《圖書館法》，歷經多次修訂。韓國於 1963 年通過《圖書館法》，亦經多次修訂。美國自 1956 年通過《圖書館服務法》（Library Service Act，簡稱 LSA）、1964 年通過《圖書館服務與建設法》（Library Service and Construction Act，簡稱 LSCA），提供、規劃美國公共圖書館發展所需要的經費、人力和發展目標，又在 1971 年設立「圖書館學暨資訊科學國家委員會」（National Commission on Libraries and Information Science，簡稱 NCLIS），並在白宮設有總統諮詢單位，稱為「白宮圖書館與資訊服務會議」（White House Conference on Library and Information Services，簡稱 WHCLIS），整體擘劃美國的圖書館資訊服務政策。這些圖書館服務法制化的過程，可以說明自由民主國家為維護民主制度和經濟發展，十分重視圖書館發展，視圖書館事業為維護民主制度的不二法門。美國又在 1996 年由參、眾兩議會通過《博物館暨圖書館服務法》（Museum and Library Services Act，簡稱 MLSA）──公共法案 104-208（Public Law104-208），規定設立「博物館暨圖書館服務局」（Institute of Museum and Library Services，簡稱 IMLS），將原來由教育部主管的圖書館業務移至該專業機構中。如此，透過「圖書館學暨資訊科學國家委員會」和「白宮圖書館與資訊服務會議」作為圖書資訊服務政策的規劃單位外，又將圖書資訊服務行政管理機構獨立（吳美美，2000b）。

一、各國的國家圖書館法

很多國家除了《圖書館法》之外，也設有《國家圖書館法》。我國沒有獨立的國家圖書館法，但《圖書館法》第 5 條規定「圖書館之設立、組織、專業人員資格條件、經費、館藏發展、館舍設備、營運管理、服務推廣及其他應遵行事項之標準，由中央主管機關定之」，因此該法於 2015 年修正之後，教育部終身教育司責成國家圖書館協助研擬各類型圖書館營運之相關標準。為了擬定《國家圖書館營運標準》草案，國家圖書館館長帶領館內各組室主任及專業人員組成讀書會，蒐集各國《國家圖書館法》，並挑選了英國、加拿大、紐西蘭、澳洲、新加坡、馬來西亞、南非等國做深入研究，針對法案中總則、設立、功能任務、財政經費、建築與設施、服務、經營管理等面向進行研讀與中譯。後來雖然教育部決定不為各類型圖書館分立營運標準，國家圖書館卻也從這次讀書會更加瞭解各國狀況。茲整理這些國家圖書館的法定任務如表 8-4。

表 8-4　各國國家圖書館之法定任務

法案名稱	國家圖書館之功能與任務
大英圖書館法 British Library Act 1972	1. 作為科技與人文相關的參考、研究及書目與其他資訊服務之國家中心。 2. 促進館藏服務與資源利用，尤其是教育與學習機構、其他圖書館與產業。
加拿大國家圖書館與檔案館法 Library and Archives of Canada Act, SC 2004, c11	1. 獲得與保存文獻遺產。 2. 促進國人以及對加拿大有興趣的民眾對文獻遺產的認識與利用。 3. 永久保存加拿大政府出版品、有歷史或檔案價值的政府與行政紀錄。 4. 促進政府機構的資訊管理。 5. 協調政府機構的圖書館服務。 6. 支援圖書館界與檔案界的發展。
紐西蘭國家圖書館法 National Library of New Zealand Act 2003	1. 收集、保存與保護文獻，尤其是與紐西蘭相關的文獻，並提供所有紐西蘭人民使用。 2. 輔導與促進紐西蘭其他圖書館的工作。 3. 與其他有相似目的之機構合作，包括國際圖書館界。

表 8-4　各國國家圖書館之法定任務（續）

法案名稱	國家圖書館之功能與任務
澳洲國家圖書館法 National Library Act 1960, Australia	1. 維護與發展國家圖書資料的典藏，全面典藏和澳洲與澳洲人相關的圖書資料。 2. 由議會以國家重點館藏最有效使用的觀點，讓民眾、機構能夠使用國家典藏的圖書資料。 3. 提供議會認為合適的圖書事務或資料相關的其他服務，尤其是與下列機構相關的服務：(1) 國會圖書館、(2) 聯邦政府、(3) 領地、(4) 附屬單位。 4. 與澳洲或其他地方的政府或個人共同合作推動圖書館事務。
新加坡國家圖書館管理局法 National Library Board Act (Chapter 197), 2014ed, Singapore	1. 建立與維護圖書館，並提供圖書館資訊服務。 2. 透過圖書館利用及其服務，推廣閱讀與鼓勵學習。 3. 典藏新加坡出版的圖書資料。 4. 獲得與維護與新加坡及其人民有關的圖書資料。 5. 建立新加坡圖書館館員培訓標準。 6. 提供圖書館與圖書資訊服務相關的諮詢服務。 7. 收集與維護國家聯合目錄與國家編目資料。 8. 以國家利益與政策觀點，就新加坡公共圖書館與圖書資訊服務相關事務，提供政府建議。 9. 永久保存國家或歷史上重要的紀錄，並增進其利用。 10. 為政府從事紀錄管理計畫。 11. 透過口述歷史或其他方法，記錄、保存與宣傳新加坡的歷史。
馬來西亞國家圖書館管理局法 National Library Board Act 1972, Malaysia	1. 在資訊管理與圖書館發展上成為國家的領導者。 2. 提供最佳的圖書館服務，即時、快速傳遞正確資訊給使用者。 3. 建立各種馬來西亞資料庫，提供國內外使用。 4. 加強閱讀與寫作，豐富馬來西亞人的知識遺產。 5. 保存與鼓勵利用不同媒體的馬來西亞文化。

表 8-4　各國國家圖書館之法定任務（續）

法案名稱	國家圖書館之功能與任務
南非國家圖書館法 The National Library of South Africa Act 92 of 1998	1. 增進完整典藏來自南非或相關的出版文獻。 2. 維護與擴展來自南非或相關的已出版及未出版的文獻。 3. 推廣作為一個國家資源的南非圖書館最理想的文獻館藏管理方式。 4. 為前款所稱作為國家資源的圖書館充實特定文獻。 5. 記錄第一款至第四款所提文獻。 6. 擔任國家書目中心，提供國家書目服務。 7. 促進出版文獻在國內外獲得最佳取用。 8. 在國內與國外提供參考與資訊服務。 9. 擔任國家保存圖書館，並在國家的基礎上提供保存服務。 10. 促進對國家文獻遺產的認識與欣賞能力。 11. 提升資訊意識與資訊素養。

資料來源：中譯自各國國家圖書館法案相關條文。

二、各國的公共圖書館法

　　李國新等（2013）出版專書研究國外的公共圖書館法，包括美國、英國、加拿大、澳洲、日本、韓國等國家。書中介紹了美國聯邦政府於 1956 年發布的《圖書館服務法》、1964 至 1990 年持續修訂的《圖書館服務與建設法》及 1996 年發布的《圖書館服務與技術法》；並分析美國各州政府的公共圖書館法之主要內容與修訂趨勢；在英國方面，介紹 1964 年的《公共圖書館與博物館法》，以及 2010 年之後其公共圖書館系統的政策與實踐；加拿大方面，介紹其公共圖書館法的主要內容，並以安大略省公共圖書館的立法為個案深入討論；澳洲方面，介紹公共圖書館法的發展與演變，以及其主要內容；日本方面，介紹其 1950 年通過之《圖書館法》確立的基本制度，以及公共圖書館建設與服務標準；韓國方面，介紹其 1963 年通過之《圖書館法》的主要內容，及該國司書資格的制度。

第三節　我國圖書館設立之相關法規

　　我國圖書館設立之相關法規，包括《圖書館法》、各類型圖書館設立及營運基準，以及〈圖書館設立及營運標準〉，茲分別介紹如下。

一、圖書館法

　　《圖書館法》乃各國經營圖書館的基本法律，王振鵠（2002）認為各國訂定圖書館法之目的，在於：
（一）奠定圖書館事業設置與發展的法治基礎，保障圖書館永續經營。
（二）建立完善的圖書館體系及有效的管理機制。
（三）保障民眾知的權利，提供終身學習資源。
（四）促進圖書館設立普遍化、組織網路化、管理科學化、作業自動化、服務全民化。
（五）推廣圖書館合作組織，謀資訊之共建共享。
（六）確立中央及地方政府在圖書館事業發展中的職責。
（七）鼓勵私人及法人團體興建圖書館或贊助圖書館服務。
（八）保障專業人員之任用。

　　我國《圖書館法》的訂定，乃經過圖書館界多年的努力：1966 年，中國圖書館學會（現為中華民國圖書館學會）年會中即提出相關概念。1983 年 7 月，行政院修訂《加強文化及育樂活動方案》，明訂《圖書館法》的制定為重要措施之一。1987 年，國立中央圖書館（現為國家圖書館）與中國圖書館學會辦理《圖書館法》製法相關事務，提出 16 條草案條文，內容較趨向遠景與理念。1989 年，教育部成立「圖書館事業委員會」。1991 年，「圖書館事業委員會」成員修改過去草案條文，提出 5 章 33 條的《圖書館法》草案，之後陸續經過中央政府、地方政府等相關機構修改與更正。2001 年 1 月 17 日，總統令公布《圖書館法》，全文 20 條。2015 年 2 月 4 日，總統令修正公布《圖書館法》，全文共 19 條（王振鵠，2002）。

　　《圖書館法》確立各種類型圖書館的設立宗旨與功能，以及明列所屬機關。當中並指出由中央機關統一制定圖書館營運基準與技術規範，建立標準。此外，

對圖書館服務層面、重視人員專業能力、促進館際合作、建立輔導體系與評鑑制度、明文規定出版單位須呈繳出版品予國家圖書館與立法院圖書館，對圖書資訊的典藏與傳承有所助益，條文全文參見附錄一。

該法訂定之宗旨為「為促進圖書館之健全發展，提供完善之圖書資訊服務，以推廣教育、提升文化、支援教學研究、倡導終身學習」（第1條），也明定了圖書資訊的定義為「圖書、期刊、報紙、視聽資料、數位媒體等出版品及網路資源」（第2條），並將圖書館分為國家圖書館、公共圖書館、大專校院圖書館、中小學圖書館、專門圖書館第五類（第4條）。在館藏管理方向，規定「每年在不超過館藏量百分之三範圍內，得辦理報廢」（第14條）；也規定國家圖書館為全國出版品之法定送存機關（第15條），更規定國家圖書館依法可催繳出版品及相關罰則（第18條），對我國圖書館事業的健全發展有很大助益。

二、各類型圖書館設立及營運基準

2001年《圖書館法》公布之後，主管機關教育部於2002年到2004年間陸續發布各類型圖書館設立及營運基準（見表8-5），第一節中已說明，「基準」是一種「行政規則」，係指上級機關對下級機關；或長官對屬官，依其權限或職權為規範機關內部秩序及運作，所為非直接對外發生法規範效力之一般、抽象之規定。因此，公共圖書館、國民小學圖書館、國民中學圖書館、高級中學圖書館、專科學校圖書館、大學圖書館及職業學校圖書館之設立及營運基準，可謂是教育部為協助下級機關統一解釋法令、認定事實及行使裁量權，而訂頒之解釋性規定及裁量基準。這些基準的立法理由有二：（一）為使圖書館能發揮其功能，服務品質具一定水準，爰就其設立及營運事項訂定相關基準，並明定由中央主管機關定之，始有一致之規範；（二）「營運基準」為圖書館設立及服務之基本要項，其內容包括圖書資料、館舍設備、人員配置及服務要項等方面之基準，並可作為圖書館業務發展及評鑑之具體指標，又於各國已行之有年，且對提升圖書館之服務品質有其必要。

2015年《圖書館法》修正公布之後，教育部依第5條之規定，「圖書館之設立、組織、專業人員資格條件、經費、館藏發展、館舍設備、營運管理、服務推廣及其他應遵行事項之標準，由中央主管機關定之」，積極著手訂定〈圖書館

設立及營運標準〉，並於 2016 年 8 月 11 日發布，其內容包括《圖書館法》所規範的所有圖書館類型，並以三個附表規範各類型圖書館之設立及組織、館藏發展與館舍設備等項之基準。此標準公布之後，這些基準於 2016 年 9 月至 2017 年 1 月間逐一廢止（見表 8-5），功成身退。

表 8-5　各類型圖書館設立及營運基準發布及廢止日期一覽表

基準名稱	發布日期	廢止日期
〈公共圖書館設立及營運基準〉	2002 年 10 月 28 日	2016 年 9 月 12 日
〈國民小學圖書館設立及營運基準〉	2002 年 10 月 30 日	2016 年 12 月 8 日
〈國民中學圖書館設立及營運基準〉	2002 年 10 月 30 日	2016 年 12 月 8 日
〈高級中學圖書館設立及營運基準〉	2003 年 1 月 24 日	2017 年 1 月 25 日
〈專科學校圖書館設立及營運基準〉	2003 年 7 月 29 日	2016 年 10 月 17 日
〈大學圖書館設立及營運基準〉	2004 年 7 月 28 日 2008 年 2 月 19 日 （修正）	尚未廢止
〈職業學校圖書館設立及營運基準〉	2004 年 11 月 4 日	2017 年 1 月 25 日

資料來源：本研究整理。

然而其中〈大學圖書館設立及營運基準〉自 2004 年 7 月 28 日發布以來，國內各大學圖書館十多年來一直參考其內之相關規定來經營圖書館，至今尚未廢止。在 2001 年《圖書館法》公布之後，由圖書館界初擬提出的〈大學圖書館設立及營運基準〉草案原本在館員員額、圖書館經費占全校年度總經費百分比、館藏基本數量、開館時間及閱覽席位方面，皆有明確定最低門檻之數字，但 2004 年通過發布的基準，卻改以質性文字來規範，只有對圖書館專業人員占全館人員之百分比有明確的數字化規定。此基準包括：總則、設立、組織與人員、經費、圖書資訊資源、建築與設施、服務、經營管理等八大項共 36 條（全文參見附錄二），2008 年的修正主要針對第 10 點，明白規定大學圖書館應有三分之二以上之專業人員。應具備下列條件之一：

（一）國家公務人員高等考試及普通考試圖書資訊管理類科及格；或相當高等考試及普通考試之圖書資訊管理類科特考及格，並取得任用資格者。

（二）國內外大學校院圖書資訊學系本科系、所或相關學系、所畢業者。

（三）國內外大學以上畢業，曾修習大學校院開設之圖書資訊學科目（含推廣教育學分班）二十學分以上，或經圖書館各級主管機關核准或委託之圖書館、圖書館專業團體辦理之圖書資訊學科目三百二十小時以上者。
（四）國內外大學以上畢業，並有圖書館專門學科論著經公開出版，或三年以上圖書館專業工作經驗者。

前述對圖書館專業人員資格之規定，也為國內圖書館界所認定與遵循。

三、圖書館設立及營運標準

〈圖書館設立及營運標準〉於2016年8月11日由教育部訂定發布全文14條，並自發布日施行，此標準之全文參見附錄三，其中第5條規定圖書館專業人員之資格，為因應各類型圖書館大環境之不同，比前述〈大學圖書館設立及營運基準〉之規定更為寬鬆：

（一）國內外大學圖書資訊系、所或相關系、所畢業；或有圖書館專門學科論著經公開出版者。
（二）具公務人員圖書資訊管理職系任用資格。
（三）依教育人員任用條例進用之具國內外圖書資訊、人文社會相關科系、所及學位學程碩士以上畢業資格者。
（四）曾修習政府機關（構）、大專校院、圖書館及圖書館相關法人團體辦理之圖書資訊學課程二十學分或三百二十小時以上者。
（五）具三年以上圖書館專業工作經驗者。

條文中也規定，國民中學圖書館及國民小學圖書館如無前項資格人員，得由曾修習圖書資訊或閱讀推動相關專業課程者擔任專業人員。

茲列舉〈圖書館設立及營運標準〉中明確規定數字之量化項目如下：

（一）圖書館專業人員之比率

〈圖書館設立及營運標準〉第4條規定，圖書館至少應置專業人員一人，且占圖書館工作人員之比率如下：
1. 國家圖書館：四分之三。
2. 公共圖書館：三分之一。

3. 大學圖書館：三分之二。
4. 專科學校圖書館：二分之一。
5. 高級中等學校圖書館：三分之一。
6. 國民中學圖書館、國民小學圖書館：三分之一。
7. 專門圖書館：四分之一。

（二）購置圖書資訊經費應占之比率

〈圖書館設立及營運標準〉第 6 條規定，圖書館購置圖書資訊之經費，以不低於下列比率為原則：
1. 國家圖書館占圖書館年度預算百分之十五。
2. 公共圖書館占圖書館年度預算百分之十五。
3. 大學圖書館占圖書館年度預算百分之十五。
4. 專科學校圖書館占圖書館年度預算百分之十五。
5. 高級中等學校圖書館：(1) 普通型高級中等學校占教學設備費百分之十五；(2) 其餘類型高級中等學校占教學設備費百分之七。
6. 國民中學圖書館、國民小學圖書館占教學設備費百分之十。
7. 專門圖書館占圖書館年度預算百分之二十。

前項圖書館年度預算包括各項業務支出費用及財產購置費用。但不包括人事費及新建館舍之經費。

（三）公立公共圖書館之開放時間

〈圖書館設立及營運標準〉第 10 條規定，公立公共圖書館基本館舍開放時間依下列規定辦理：
1. 國立、直轄市立、縣（市）立圖書館每週至少開放 56 小時。
2. 鄉（鎮、市）立圖書館及直轄市山地原住民區立圖書館每週至少開放 48 小時。
3. 週六或週日至少開放一日；午間或夜間應至少開放一時段。

公立公共圖書館如因所在位置、人力或讀者需求等因素，經主管機關同意，開放時間得不依前項規定辦理。

（四）公立公共圖書館員額之基準

〈圖書館設立及營運標準〉之附表一「設立、組織基準」規定各級公立公共圖書館員額之計算方式如下：

1. 國立圖書館依館舍面積、館藏量、流通量及分館數定之。
2. 直轄市立圖書館：人口總數每 5 千人，置專職工作人員 1 人。
3. 縣（市）立圖書館：
    (1) 人口總數未達 50 萬人者，置專職工作人員 15 人。
    (2) 人口總數 50 萬人以上未達 100 萬人者，置專職工作人員 20 人。
    (3) 人口總數 100 萬人以上者，專職工作人員以不低於 25 人為原則。
4. 鄉（鎮、市）立圖書館及直轄市山地原住民區立圖書館：
    (1) 人口總數未達 15 萬人者，置專職工作人員 2 人。
    (2) 人口總數在 15 萬人以上者，置專職工作人員 3 人。

（五）各類型圖書館館藏發展之基準

〈圖書館設立及營運標準〉之附表二「館藏發展基準」規定各類型圖書館之館藏數量如下，並明定公立公共圖書館及各級學校圖書館之館藏量應於本標準發布日起五年內符合規定。

1. 國家圖書館為全國出版品之法定送存機關，力求徵集每年之出版品，故不以館藏數量限定之。
2. 公立公共圖書館館藏量應以人口總數每人 2 冊為發展目標；其基本藏量及年增加量如下：
    (1) 國立圖書館：
        a. 總館至少應有 100 萬冊，每年至少增加 1 萬冊。
        b. 分館至少應有 10 萬冊，每年至少增加 3,000 冊。
    (2) 直轄市立圖書館：
        a. 總館至少應有 50 萬冊，每年至少增加 7,000 冊。
        b. 分館至少應有 3 萬冊，每年至少增加 3,000 冊。
    (3) 縣（市）立圖書館：

a. 人口總數未達 50 萬人者，至少應有 15 萬冊，每年至少增加 5,000 冊。
b. 人口總數在 50 萬人以上未達 100 萬人者，至少應有 20 萬冊，每年至少增加 6,000 冊。
c. 人口總數在 100 萬人以上者，至少應有 25 萬冊，每年至少增加 7,000 冊；分館至少應有 2 萬冊，每年至少增加 1,000 冊。
(4) 鄉（鎮、市）立圖書館及直轄市山地原住民區立圖書館：應有 2 萬冊，每年至少增加 1,000 冊。

公立公共圖書館館藏期刊之種類數量，其基準如下：
(1) 國立圖書館及直轄市立圖書館至少應有 1,000 種。
(2) 縣（市）立圖書館至少應有 300 種。
(3) 鄉（鎮、市）立圖書館及直轄市山地原住民區立圖書館，至少應有 30 種。

3. 大學圖書館基本館藏至少應有 15 萬冊，館藏總數量各校應視發展方向、重點及特色，配合增設系、所、班及學生增長逐年成長。
4. 高級中等學校圖書館基本館藏如下：
   (1) 圖書、視聽資料及數位媒體等出版品至少應有 15,000 冊；全校學生人數在 1,000 人以上者，每逾 1 人，應增加 10 冊；且普通型高級中等學校每年館藏增加量不得低於基本館藏之百分之四，其餘類型高級中等學校以不低於百分之二為原則。
   (2) 期刊及報紙合計 100 種；全校學生人數在 1,000 人以上者，每逾 50 人應增加 1 種。
5. 國民中學、國民小學圖書館基本館藏如下：
   (1) 國民中學圖書館圖書、視聽資料及數位媒體等出版品至少 9,000 種或每名學生 60 種以上；學校班級數逾 13 班者，每增一班增加圖書 400 種，並有期刊至少 30 種，報紙 3 種。
   (2) 國民小學圖書館圖書、視聽資料及數位媒體等出版品至少 6,000 種或每名學生 40 種以上；學校班級數逾 13 班者，每增一班增加圖書 200 種，並有期刊至少 15 種，報紙 3 種。
6. 專門圖書館服務對象以所屬人員或特定人士為主，差異性甚巨，故館藏量依服務對象不同而權衡之。

（六）各類型圖書館館舍設備之基準

〈圖書館設立及營運標準〉之附表三「館舍設備基準」對各類型圖書館之館舍設備規定如下，並明定本標準發布後所規劃興建之圖書館的面積應符合規定。

1. 國家圖書館
   (1) 基本館舍面積，應依服務需要及館藏數量多寡定之，總館總樓地板面積至少應在 4 萬平方公尺以上，並預留空地以備擴充、綠化與停車之需。
   (2) 應依館藏總量擴充館舍，建置典藏空間，並應建立分級典藏與調閱制度，妥善管理與保存圖書資訊，提供民眾調閱服務。

2. 公共圖書館
   基本館舍面積，得依人口總數及館藏數量多寡定之，並預留空地以備擴充、綠化與停車之需；其總樓地板面積計算基準如下：
   (1) 國立圖書館：總館 2 萬平方公尺以上；分館 3,000 平方公尺以上。
   (2) 直轄市立圖書館：總館 2 萬平方公尺以上；分館 1,800 平方公尺以上。
   (3) 縣（市）立圖書館：總館 1 萬平方公尺以上；分館 700 平方公尺以上。
   (4) 鄉（鎮、市）立圖書館及直轄市山地原住民區立圖書館：700 平方公尺以上。

3. 大學圖書館及專科學校圖書館之基本館舍面積，得依學校規模、師生總數及館藏數量多寡由該校自定之。

4. 高級中等學校圖書館基本館舍面積除考量未來發展需求外，其計算基準如下：
   (1) 閱覽席位之數量，以全校學生人數每 30 人一席計。
   (2) 閱覽席位應設置網路設備，提供讀者上網，其面積每席 2.3 平方公尺以上；並提供電腦供讀者使用，設置適量之資訊檢索席位，其面積每席 2.8 平方公尺以上。
   (3) 行政服務所需之樓地板面積，每人 10 平方公尺以上。
   (4) 開架書庫之樓地板面積，每平方公尺置圖書 123 冊計；且其每平方公尺置裝訂期刊 107 冊計。
   (5) 閉架書庫之樓地板面積，每平方公尺置圖書 248 冊計；且其每平方公尺置裝訂期刊 124 冊計。
   (6) 現期期刊之樓地板面積，每平方公尺置期刊 10 種計。
   (7) 現期報紙之樓地板面積，每平方公尺置報紙 8 種計；過期報紙之面積，每平方公尺置報紙 11 種計。

5. 國民中學、國民小學圖書館基本館舍面積以下列數量為原則，並得視學校條件調整之：
   (1) 12 班以下學校，至少 2 間普通教室大小。
   (2) 13 至 24 班學校，至少 3 間普通教室大小。
   (3) 25 至 36 班學校，至少 4 間普通教室大小。
   (4) 37 至 60 班學校，至少 5 間普通教室大小。
   (5) 61 班以上學校，按照比例增加。
6. 專門圖書館 基本館舍面積，得依其服務對象人數及館藏數量多寡定之。

第四節　我國圖書館經營相關之法規政策

　　我國與圖書館經營關係最密切的法規為《著作權法》和《學位授予法》，以下分別介紹其沿革，以及其中與圖書館相關的之條文。此外，政策領航文件為專業領域健全發展的重要文件，因此，本節介紹我國的《圖書館事業發展白皮書》之研擬與訴求。

一、著作權法

　　我國的《著作權法》目前有 117 條，該法之立法目的除為保障著作人的著作權益外，並要求著作權人容忍特定情形社會各界對於著作之利用（即調和社會公共利益之部分）進行平衡，其最終目的是希望能促進國家文化發展。圖書館向來扮演調和社會公益中介者的角色，具有調和公共利益目的之合理使用在《著作權法》中占有極大篇幅。另透過強制授權是希望能使著作更充分被合理使用，以促進國家文化之發展。所以圖書館在合理使用範圍內提供服務，是受到《著作權法》所保障的。《著作權法》要求著作權人容許圖書館在合理範圍內，可將其著作流通、散布，主要是希望讓多數讀者透過圖書館接觸到多樣且多元的資訊，並創造出更多創新產業，進而促進國家文化發展。但圖書館在利用科技工具及技術提供服務前仍應審慎評估，並顧及是否會對著作權人權益造成損害（賴文智，2011，頁 18-19）。

（一）沿革

我國《著作權法》於 1928 年 5 月 14 日由國民政府制定公布，全文共 40 條；1944 年 4 月 27 日修正公布，全文 37 條；之後經 1949 年、1964 年的增修遞改，1985 年 7 月 10 日總統令修正公布，全文 52 條；1990 年 1 月 24 日公布增訂及修正條文；1992 年 6 月 10 日總統令，修正公布全文 117 條。1992 年、1993 年再修正增訂；1998 年 1 月 21 日總統號令修正公布全文 117 條，自公布日施行（但第 106-1 條至第 106-3 條之規定，自世界貿易組織協定在中華民國管轄區域內生效日起施行，我國於 2001 年 11 月 12 日簽署臺灣、澎湖、金門及馬祖個別關稅領域加入馬拉喀什設立世界貿易組織協定之議定書，並自 2002 年 1 月 1 日生效）。之後又歷經 2002 年、2003 年、2004 年、2006 年、2007 年、2009 年、2010 年、2014 年的修正；目前最新版本為 2016 年 11 月 30 日總統華總一義字第 10500146961 號令修正公布。

（二）與圖書館相關的之條文

我國《著作權法》中與圖書館經營管理相關的條文主要是第 48 條（重製）、第 48-1 條（重製摘要）及第 65 條（合理使用）。以下分別列舉條文內容：

第 48 條

供公眾使用之圖書館、博物館、歷史館、科學館、藝術館或其他文教機構，於下列情形之一，得就其收藏之著作重製之：

一、應閱覽人供個人研究之要求，重製已公開發表著作之一部分，或期刊或已公開發表之研討會論文集之單篇著作，每人以一份為限。

二、基於保存資料之必要者。

三、就絕版或難以購得之著作，應同性質機構之要求者。

第 48-1 條

中央或地方機關、依法設立之教育機構或供公眾使用之圖書館，得重製下列已公開發表之著作所附之摘要：

一、依學位授予法撰寫之碩士、博士論文，著作人已取得學位者。
二、刊載於期刊中之學術論文。
三、已公開發表之研討會論文集或研究報告。

第 65 條

著作之合理使用，不構成著作財產權之侵害。著作之利用是否合於第四十四條至第六十三條所定之合理範圍或其他合理使用之情形，應審酌一切情狀，尤應注意下列事項，以為判斷之基準：
一、利用之目的及性質，包括係為商業目的或非營利教育目的。
二、著作之性質。
三、所利用之質量及其在整個著作所占之比例。
四、利用結果對著作潛在市場與現在價值之影響。
著作權人團體與利用人團體就著作之合理使用範圍達成協議者，得為前項判斷之參考。前項協議過程中，得諮詢著作權專責機關之意見。

（三）圖書館常見與《著作權法》相關事項適法性說明

1. 圖書資源的影印：由於《著作權法》第 48 條規定「應閱覽人供個人研究之要求，重製已公開發表著作之一部分」，很多圖書館會在自助影印機上張貼「請尊重著作權，影印勿超過三分之一」的警語。但這樣的警語容易讓使用者誤解在圖書館內影印只要篇幅低於著作的三分之一就屬於合理使用；因此為避免誤導民眾衍生不必要爭議，律師建議圖書館在提供著作權警語時，直接標示「請尊重著作權，勿超出合理使用範圍影印」等類似字眼較為妥適（賴文智，2011，頁 21）。

2. 圖書館將「基於保存資料目的」數位化之重製物置於館內網域查檢利用，且限制只能於館內瀏覽、列印紙本：律師認為，由於把數位化重製物置於館內網域供讀者瀏覽涉及「公開傳輸」行為，第 48 條雖無規定，但因為圖書館在館內所提供之設備未具備重製功能，利用人無法將館藏著作另行重製為電子檔，或

將該檔案進行傳輸之情形下，對於著作權人權益影響有限，故可依第 65 條第 4 項規定主張合理使用（賴文智，2011，頁 23）。

3. 圖書館提供遠距服務之方式：律師說明第 48 條第 1 款並未限制閱覽人提出要求之方式，故圖書館可提供讀者不必親自到館，透過郵寄、電話、傳真、電子郵件或網路，申請影印著作之一部分或期刊中之單篇論文。而館員在影印紙本或利用重製物列印成紙本後，再以郵寄、傳真傳送時，仍可主張合理使用之規定（賴文智，2011，頁 23）。

4. 圖書館重製已開公發表著作之摘要：智慧財產局解釋函中提到「中央或地方機關、依法設立之教育機構或供公眾使用之圖書館，就已公開發表，刊載於期刊中之學術論文，或已公開發表之研討會論文集或研究報告，得重製該等著作所附之摘要，不會有侵害著作權的問題」。至於後續利用型態或與其他國際資料庫洽談合作事宜，如涉及透過網路傳輸利用就是公開傳輸行為，律師認為考量此等利用行為對著作權人造成之影響尚屬有限，故在符合《著作權法》第 48 條之 1 合理使用前提下，尚可依第 63 條第 3 項規定予以散布，而其後續之「公開傳輸」行為似亦有依第 65 條第 2 項規定，有主張合理使用之空間（賴文智，2011，頁 23-24）。

5. 圖書館視聽資料的播放與外借：律師解釋，視聽資料的公開使用牽涉是否取得公開播放授權，如果沒有取得公開上映的授權，即屬一般使用家用版範圍。家用版視聽資料雖可供讀者外借使用，但若要對大眾播放時，則必須事先取得公開播放的授權，同時為支援教學所採購之視聽資料，也需有公開播放的授權。另外，因圖書館屬於公共場所，除非能證明不構成「公開上映」行為，否則供讀者於館內欣賞用的影音館藏仍應使用「公播版」（賴文智，2011，頁 24）。

6. 出版商提供之過期期刊影印本：圖書館向出版商採購過期期刊，但因已絕版或年代久遠，出版商表示無法提供正本以影印本取代，請問圖書館是否可以接受？是否可以開放讀者閱覽或提供借閱服務？律師認為，影印本不等於非法重製，重點在於是否屬合法影印。如果因為期刊已絕版，出版商提供影印本並附上授權書，圖書館是可以公開供讀者閱覽與出借，但為避免造成讀者誤會，圖書館可在影印本上加註相關說明及證明書編號等資訊（賴文智，2011，頁 26）。

7. 圖書館掃瞄舊報紙提供服務：已不再發行之報紙，且市面上無其他媒體形式版售，基於學術利用需求，圖書館可否將館內保存之報紙掃描，提供讀者到館使用？律師認為，對於將「基於保存資料目的」數位化之重製物置於館內網域查檢利用，且限制只能於館內瀏覽、列印紙本，依法是被允許的（賴文智，2011，頁 26）。

8. 圖書館透過 Ariel 進行館際合作服務：律師解釋，由於透過 Ariel 進行館際合作涉及重製行為，因此建議各圖書館在使用 Ariel 系統時，應注意限於 48 條第 3 款規定的「絕版或難以購得」這個條件。此外，也建議應爭取尋求改變作業程序，以符合第 48 條第 1 款規定「由使用者以個人名義」自行向他館申請文獻傳遞，並建議在申請書上聲明僅供個人研究之用，且限制單一申請者不得重複申請同一期刊、會議論文集之論文或書籍的一小部分，再由接收檔案的圖書館館協助列印出後轉交給讀者（賴文智，2011，頁 28-29）。

9. 機構典藏著作權問題之處理：律師建議圖書館在建置機構典藏政策時，應依下列原則加以制定：(1) 無須強求典藏全文甚至是正式出版版本，先從目錄、連結（無著作權問題）、摘要（第 48-1 條）、非正式全文、正式出版全文逐步製作，以減少著作權處理成本與風險；(2) 機構典藏單位應協助教師統一向出版單位確認可否供機構典藏利用，例如：圖書館可根據已建置的目錄，統計較多教師投稿的期刊，取得其投稿應簽署的文件後，就相關疑慮問題與該期刊接洽機構典藏授權事宜；(3) 學校應與教師進行著作權歸屬及授權機構典藏使用之約定，並應要求教師在有多數創作者時，協助校方取得其他創作者之同意（賴文智，2011，頁 32）。

10. 圖書館播放的閉館音樂：圖書館每日在閉館前播放的閉館音樂，因涉及公開播送或公開演出他人音樂及錄音著作，應取得授權或付費。律師建議圖書館可選擇與著作權集體管理團體簽署「錄音著作公開演出授權證明」，是比較簡單省事的做法；另外，因同時涉及音樂著作公開演出之利用，也應與音樂著作之著作財產權人或著作權集體管理團體簽署「音樂著作公開演出授權證明」（賴文智，2011，頁 33-34）。

二、學位授予法

我國高等教育學位之授予，由《學位授予法》規定之，該法最新修正日期為 2018 年 11 月 28 日，全文共 20 條。

（一）沿革

我國《學位授予法》於 1935 年 4 月 22 日由國民政府制定公布，全文共 12 條，並自 1935 年 7 月 1 日施行。政府來臺之後，於 1954、1959、1972 年修正公布，並刊於總統府公報。1977 年 2 月 3 日總統令修正公布，全文共 17 條。1983 年修正公布。1994 年 4 月 27 日總統令修正公布全文 17 條。之後於 2002 年 6 月 12 日增訂公布第 7-1、7-2 條條文；2004 年修正公布第 2、3、13、17 條條文，並增訂第 2-1 條、第 5-1 條條文；2013 年 6 月 11 日增訂公布第 7-3 條條文；2018 年 11 月 28 日總統令修正公布，除第 4 條及第 5-1 條之施行日期由行政院定之外，自公布日施行。

（二）與大學圖書館相關之條文

我國《學位授予法》中與大學圖書館經營管理相關的條文主要是第 16 條（學位論文送存）、第 17 條（學位撤銷）及第 18 條（不當行為罰則）。以下分別列舉條文內容：

第 16 條

取得博士、碩士學位者，應將其取得學位之論文、書面報告、技術報告或專業實務報告，經由學校以文件、錄影帶、錄音帶、光碟或其他方式，連同電子檔送國家圖書館及所屬學校圖書館保存之。

國家圖書館保存之博士、碩士論文、書面報告、技術報告或專業實務報告，應提供公眾於館內閱覽紙本，或透過獨立設備讀取電子資料檔；經依著作權法規定授權，得為重製、透過網路於館內或館外公開傳輸，或其他涉及著作權之行為。但涉及機密、專利

事項或依法不得提供，並經學校認定者，得不予提供或於一定期間內不為提供。
前二項圖書館之保存或提供，對各該博士、碩士論文、書面報告、技術報告或專業實務報告之著作權不生影響。

第 17 條

學校授予之學位，有下列情事之一者，應予撤銷，並公告註銷其已頒給之學位證書；有違反其他法令規定者，並依相關法令規定處理：
一、入學資格或修業情形有不實或舞弊情事。
二、論文、作品、成就證明、書面報告、技術報告或專業實務報告有造假、變造、抄襲、由他人代寫或其他舞弊情事。

該管學校主管機關發現學校就前項情事之處理有違法或不當之疑義者，應通知學校限期改正；屆期未改正者，主管機關得予糾正。
學校經主管機關糾正後仍未就第一項違法或不當之情事妥為處理者，主管機關得邀集學者專家、學校代表組成審查委員會，對於違反情形作具體處分認定及建議，由學校據以辦理；屆期未辦理者，主管機關得予糾正，並減少各項獎補助及招生名額。
學校依第一項規定撤銷學位後，應通知當事人繳還該學位證書，並將撤銷及註銷事項，通知其他專科學校、大學及相關機關（構）。

第 18 條

有下列情形之一者，處行為人或負責人新臺幣三十萬元以上一百萬元以下罰鍰，並得按次處罰：
一、以廣告、口述、宣播或其他方式，引誘代寫（製）論文、作品、成就證明、書面報告、技術報告或專業實務報告。
二、實際代寫（製），或以口述、影像等舞弊方式供抄寫（製）論文、作品、成就證明、書面報告、技術報告或專業實務報告。

前項罰鍰之處罰，由主管機關為之。

第 16 條則是規定學位論文送存事宜，目前多由各大學圖書館或教務處收齊畢業生紙本論文精裝本之後，分批寄到國家圖書館送存。此外，各大學研究所畢業生除提交紙本論文之外，亦會提交電子版全文論文給學校，多數學校除送存紙本論文外，亦會在畢業生同意之下，將電子全文上傳至國家圖書館「臺灣博碩士論文知識加值系統」永久典藏。此條文與教育部於 2016 年公布的〈圖書館設立及營運標準〉附表二「館藏發展基準」中之相關規定：「國家圖書館為全國大學博碩士學位論文之法定送存機關，應依法要求各大學將該校博碩論文以文件、錄影帶、錄音帶、光碟或其他方式，連同電子檔定期送存永久典藏，並以授權公開閱覽為原則」互為呼應。

而第 17 和 18 條是關於畢業生取得學位的作品涉及學術不端情事之處理方式，大學圖書館除對學術倫理相關觀念對進行宣導之外，亦有不少研究型大學圖書館引進剽竊抄襲偵測軟體（如 Turnitin），協助師生自我偵測。

三、圖書館事業發展白皮書[1]

（一）研擬白皮書之重要性

在快速變動的社會中，制訂一份具前瞻性、明確指引未來發展方向的領航文件，對於任何專業領域的健全發展都是十分必要的。20 世紀末，圖書館事業走到發展與轉型的關鍵時刻，新世紀來臨前，全球受到資訊和通訊技術的衝擊，圖書館事業在形貌上有巨大的改變，與此同時，國家建設與社會發展，包括教育改革、終身教育政策、社區重整運動、國家資訊基礎建設等，對圖書館服務產生迫切的要求，研擬一份有關資訊服務的領航文件具有莫大的意義。

圖書館事業發達的國家，通常都有一些著名的領航文件做為依循，如英國在 1959 年出版「羅伯茲委員報告書」（*Roberts Report*），確立後來英國公共圖書館制度；1968 年的「丹頓報告書」（*Dainton Report*），促成英國在 1971 年通過合併四個國家圖書館的法案，成立了大英圖書館（British Library）。大英圖書館正式成立 12 年之後，該館於 1985 年出版一份稱為《與知識同進》（*Advancing*

---

[1] 關於《圖書館事業發展白皮書》之討論可參考吳美美（2000a，2000b，2000c）。

with Knowledge: The British Library Strategic Plan, 1985–1990》）的文件，研訂圖書館服務的主旨、目標及主要發展策略；1989 年又重新檢驗、修正該館以後五年發展方向，出版《通往知識之門，大英圖書館策略計畫，1989–1994》（*Gateway to Knowledge: The British Library Strategic Plan 1989–1994*）；1993 年再出版《大英圖書館：研究與創新，2000 年策略目標》（*The British Library: For Scholarship, Research, and Innovation: Strategic Objective for the Year 2000*），此文件羅列該館在 1993 至 2000 年的發展計畫，分別由服務項目、館藏發展、館際合作、學術、人員訓練、資訊科技、建築、經費等詳細規劃。英國一直以知識大國自居，其圖書館事業也持續穩定發展，和這些領航的報告書、計畫書有密切的關係。近年來，我國政府單位和各行各業都競相發表「白皮書」，如：教育白皮書、國防白皮書、電信白皮書等。新加坡政府也在 1994 年出版《圖書館 2000 年》（*Library 2000: Investing in a Learning Nation*），全面規劃該國圖書館事業的發展藍圖。上述各國政府為教育和資訊服務所研擬的各項文件，提供一個重要的訊息：21 世紀是重視教育和公共資訊服務的世紀，唯有事先良好的規劃，國家和民眾才能和其他先進國家有公平競爭的機會。這些規劃書的重要意義，在於引起廣泛的重視和討論、經營共識，使白皮書這種領航文件實際擔任指引方向的功能。

（二）研擬經過

1994 年 8 月中國圖書館學會（現為中華民國圖書館學會）理事長王振鵠教授召開常務理事會，會中鑑於圖書館資訊服務受到資訊社會、資訊科技、民眾終身學習和資訊需求改變等衝擊，圖書館界應有重大的變革，乃決議交辦第 41 屆研究發展委員會研擬《二十一世紀圖書館事業發展白皮書》。研究發展委員會於 1994 年年底學會年會中提出「綱要」供眾討論，之後組成撰稿小組、專案研究小組、圖書館事業發展白皮書編輯委員會，歷經四任理事長、歷時五年完成。

該白皮書主要內容包括：1. 圖書館事業願景與發展目標，敘述圖書館事業五大願景、圖書館事業發展目標，以及各類型圖書館任務；2. 圖書館事業現況及問題，描述圖書館事業現況、圖書館事業經營的困境，以及各類型圖書館發展問題；3. 未來圖書館發展策略，分政策面、資源面、經營面，以及專業面，共陳述 16 大項建議。草稿既定，於學會網站公布、並送請學會常務理事審閱，務求白皮書內容謬誤最少。2000 年 4 月 21 日，理事長黃世雄教授於臺大校友會館舉行記者會，正式發表《圖書館事業發展白皮書》。

（三）主要訴求

《圖書館事業發展白皮書》的主要建議，共分為政策面、資源面、經營面和專業面四方面，列舉如下：

1. 政策面

期待政府儘速就下列四項，健全圖書館服務的環境：
(1) 建立法制管理基礎，訂頒修改圖書館相關法規標準。
(2) 健全各類型圖書館組織及輔導體系。
(3) 設立圖書館事業發展與研究基金。
(4) 整體規劃建立各學科知識服務系統。

2. 資源面

期待主管圖書館行政機關，儘速就下列四項，厚實圖書館資源：
(1) 增加經費以充實各類型圖書館館藏、館舍、人員等圖書館基礎建設。
(2) 建設各類型、各主題圖書館資訊服務網路體系。
(3) 建立館際合作、資源共享具體方案。
(4) 加強提供圖書館員繼續教育機會，提升圖書館館員專業能力。

3. 經營面

期待圖書館經營者，儘速就下列四項，提升圖書館服務品質：
(1) 制訂圖書館服務規範。
(2) 加強館藏的質與量，提供優質的資訊服務。
(3) 加強各類型圖書館事業發展必要之經營管理技能。
(4) 推展全民資訊素養，促進終身學習。

4. 專業面

期待專業學會，儘速就下列四項，建構專業服務基準：
(1) 全面規劃圖書館學與資訊科學教育課程，加強各項專業技術與科技應用知能。
(2) 制訂圖書館員專業倫理，健全專業素養。
(3) 研訂圖書資訊服務宣言。

(4) 各類型圖書館積極規劃發展行動綱領。

　　《圖書館事業發展白皮書》研擬完成之時機，正逢我國《圖書館法》在立法院審議，圖書館界藉由此份領航文件加強宣導，終於促成圖書館界多年來引頸期盼的《圖書館法》之通過，於 2001 年 1 月 17 日公布，為我國圖書館事業之發展寫下新的一頁。

關鍵詞彙

法律 Act, Code	圖書館法 Library Act
法規命令 Regulations	圖書館設立及營運標準 Library Standards
行政規則 Directions	著作權法 Copyright Act
標準 Standards	學位授予法 Degree Conferral Law
基準 Standards	圖書館事業發展白皮書 Library Development White Paper

自我評量

- 我國法律的位階分為哪三級？其定義與名稱用語分別為何？
- 一個國家設立《圖書館法》之意義為何？
- 依據我國〈圖書館設立及營運標準〉之規定，圖書館專業人員之資格為何？
- 我國《著作權法》規定在什麼情況之下，圖書館得就其收藏之著作重製之？
- 《圖書館事業發展白皮書》這類領航文件之重要性為何？

參考文獻

大學圖書館設立及營運基準,教育部台高(四)字第0970018494C號令修正發布(2008年2月19日)。

王振鵠(2002)。圖書館法與圖書館事業之發展。在國家圖書館(編),中華民國九十年圖書館年鑑(頁25-34)。臺北市:國家圖書館。

李天河(2003)。淺釋我國法律之定義與定名。檢索自 http://www.twce.org.tw/info/%E6%8A%80%E5%B8%AB%E5%A0%B1/343-2-1.htm

李國新等(2013)。國外公共圖書館法研究。北京市:國家圖書館出版社。

吳美美(2000a)。領航二十一世紀閱讀的重要文件——我看圖書館事業發展白皮書。全國新書資訊月刊,*17*,3-5。

吳美美(2000b)。領航文件之必要——兼為「圖書館事業發展白皮書」研擬過程報告。中國圖書館學會會報,*64*,61-72。

吳美美(2000c)。《圖書館事業發展白皮書》發表與期待。在國家圖書館(編),中華民國八十九年圖書館年鑑(頁31-35)。臺北市:國家圖書館。

法規名稱英譯統一標準表,行政院院臺規字第0920086471號函核定訂定發布(2003年7月3日)。

著作權法,總統華總一義字第10500146961號令修正公布(2016年11月30日)。

圖書館法,總統華總一義字第10400012521號令修正公布(2015年2月4日)。

圖書館設立及營運標準,教育部臺教社(四)字第1050100147B號令訂定發布(2016年8月11日)。

賴文智(2011)。圖書館與著作權法。國立成功大學圖書館館刊,*20*,18-34。

學位授予法,華總一義字第10700129041號令修正公布(2018年11月28日)。

附錄一　圖書館法

修正日期：民國 104 年 2 月 4 日

第 1 條
為促進圖書館之健全發展，提供完善之圖書資訊服務，以推廣教育、提升文化、支援教學研究、倡導終身學習，特制定本法。本法未規定者，適用其他法令之規定。

第 2 條
本法所稱圖書館，指蒐集、整理、保存及製作圖書資訊，以服務公眾或特定對象之設施。
前項圖書資訊，指圖書、期刊、報紙、視聽資料、數位媒體等出版品及網路資源。

第 3 條
本法所稱主管機關，在中央為教育部；在直轄市為直轄市政府；在縣（市）為縣（市）政府。

第 4 條
政府機關（構）、學校應視實際需要普設圖書館，或鼓勵個人、法人、團體設立之。
圖書館依其設立機關（構）、服務對象及設立宗旨，分類如下：
一、國家圖書館：指由中央主管機關設立，以政府機關（構）、法人、團體及研究人士為主要服務對象，徵集、整理及典藏全國圖書資訊，保存文化、弘揚學術，研究、推動及輔導全國各類圖書館發展之圖書館。
二、公共圖書館：指由各級主管機關、鄉（鎮、市）公所、個人、法人或團體設立，以社會大眾為主要服務對象，提供圖書資訊服務，推廣終身學習及辦理閱讀等文教活動之圖書館。
三、大專校院圖書館：指由大專校院所設立，以大專校院師生為主要服務對象，支援學術研究、教學、推廣服務，並適度開放供社會大眾使用之圖書館。
四、中小學圖書館：指由高級中等學校以下各級學校所設立，以中小學師生為主要服務對象，供應教學及各類學習資源，並實施圖書館利用教育之圖書館。

五、專門圖書館：指由政府機關（構）、個人、法人或團體所設立，以所屬人員或特定人士為主要服務對象，蒐集特定主題或類型圖書資訊，提供專門性資訊服務之圖書館。

第 5 條
圖書館之設立、組織、專業人員資格條件、經費、館藏發展、館舍設備、營運管理、服務推廣及其他應遵行事項之標準，由中央主管機關定之。

第 6 條
圖書資訊分類、編目、建檔及檢索等技術規範，由中央主管機關指定國家圖書館、專業法人或團體定之。

第 7 條
圖書館應提供其服務對象獲取公平、自由、適時及便利之圖書資訊權益。前項之服務，應受著作權法有關合理使用館藏規定之保護。

第 8 條
圖書館辦理圖書資訊之閱覽、參考諮詢、資訊檢索、文獻傳遞等項服務，得基於使用者權利義務均衡原則，訂定相關規定。

第 9 條
圖書館辦理圖書資訊之採訪、編目、典藏、閱覽、參考諮詢、資訊檢索、文獻傳遞、推廣輔導、館際合作、特殊讀者（視覺、聽覺、學習及其他閱讀困難障礙者等）服務、出版品編印與交換、圖書資訊網路與資料庫之建立、維護及研究發展等業務。
前項特殊讀者服務，其圖書資訊特殊版本之徵集、轉製、提供與技術規範及其他應遵行事項之辦法，由中央主管機關定之。
圖書館應寬列經費辦理第一項業務。

第 10 條
圖書館置館長、主任或管理員,並得置專業人員辦理前條所定業務。
公立圖書館之館長、主任或管理員,應由專業人員擔任。
公立圖書館進用第一項人員,應依公務人員任用法規定任用,必要時,得依教育人員任用條例規定聘任或依其他法規聘兼。

第 11 條
各級主管機關得分別設立諮詢會,策劃、協調並促進全國及所轄圖書館事業之發展等事宜。
前項諮詢會之全體委員,任一性別比例不得少於三分之一。

第 12 條
為加強圖書資訊之蒐集、管理及利用,促進館際合作,各類圖書館得成立圖書館合作組織,並建立資訊網路系統。

第 13 條
圖書館為謀資源共享,各項圖書資訊得互借、交流或贈與。

第 14 條
圖書館如因館藏毀損滅失、喪失保存價值或不堪使用者,每年在不超過館藏量百分之三範圍內,得辦理報廢。

第 15 條
為完整保存國家圖書文獻,國家圖書館為全國出版品之法定送存機關。
政府機關(構)、學校、個人、法人、團體或出版機構發行第二條第二項之出版品,出版人應於發行時送存國家圖書館及立法院國會圖書館各一份。但屬政府出版品者,依有關法令規定辦理。
中央主管機關應鼓勵前項出版人將其出版品送存各國立圖書館。

第 16 條
中央主管機關應建立圖書館輔導體系。

第 17 條
各級主管機關應定期實施圖書館業務評鑑,經評鑑成績優良者,予以獎勵或補助,績效不彰者,應促其改善。

第 18 條
出版人違反第十五條第二項規定,經國家圖書館通知限期寄送,屆期仍不寄送者,由國家圖書館處該出版品定價十倍之罰鍰,並得按次連續處罰至其寄送為止。

第 19 條
(刪除)

第 20 條
本法自公布日施行。

附錄二　大學圖書館設立及營運基準

修正日期：民國 97 年 2 月 19 日

壹、總則

一、本基準依據圖書館法（以下簡稱本法）第五條規定訂定之。

二、本基準所稱大學圖書館，指以大學校院教職員生為主要服務對象，負責蒐集教學及研究資料，提供圖書資訊服務，並適度開放予社會大眾使用之設施。

貳、設立

三、大學應依本法第四條及大學法第十一條第一項第四款等相關規定設立大學圖書館。

參、組織與人員

四、大學圖書館為大學教學及研究資料之統一管理及服務單位，應參與校務、行政與教學相關會議，規劃全校圖書資訊之整體發展與服務事宜。

五、大學設圖書館委員會，協助策劃全校圖書資訊服務發展方針與重大興革事宜，其設置要點，由各校另定之。

六、大學圖書館置館長，承校長之命，綜理全校圖書館業務，並得視業務需要及法令規定置秘書一人至二人襄助之。

七、大學圖書館為辦理本法第九條之業務，得分組辦事，各組置組長一人，掌理組務。

八、大學得視教學及研究需要，於各校區或學院設分館、分部，置主任一人，承館長之命，掌理館務。

九、大學圖書館依工作性質置職員若干人。必要時，得置研究人員。

前項職員人數應滿足圖書館法第九條之業務推動。

十、大學圖書館應有三分之二以上之專業人員。

　　　　前項專業人員應具備下列條件之一：

　　　　（一）國家公務人員高等考試及普通考試圖書資訊管理類科及格；或相當　高等考試及普通考試之圖書資訊管理類科特考及格，並取得任用資格者。

　　　　（二）國內外大學校院圖書資訊學系本科系、所或相關學系、所畢業者。

（三）國內外大學以上畢業，曾修習大學校院開設之圖書資訊學科目（含推廣教育學分班）二十學分以上，或經圖書館各級主管機關核准或委託之圖書館、圖書館專業團體辦理之圖書資訊學科目三百二十小時以上者。

（四）國內外大學以上畢業，並有圖書館專門學科論著經公開出版，或三年以上圖書館專業工作經驗者。

十一、大學圖書館應重視工作人員在職訓練及進修教育，提升服務品質。

肆、經費

十二、大學應寬列圖書館各項經費，以維持館藏量之合理成長及提供各項服務，其書刊資料費，應由圖書館統籌編列及運用。

十三、大學圖書館每年書刊資料費及業務費應占全校年度總預算之一定比例，此預算總額不含建築費、學生公費及獎助學金。圖書館並應保留書刊資料費一定比例，以充實一般性圖書資訊及參考館藏。

伍、圖書資訊資源

十四、大學圖書館應研訂館藏發展計畫，並注重館藏特色，辦理圖書資訊徵集事宜，並應蒐集該校出版品、教職員生著作及其他相關資料等。

十五、大學圖書館應提供本法第二條所列之各項圖書資訊，以利教職員生獲取館內典藏及網路資源。

十六、大學圖書館應有基本館藏，包括各類通識教育、專業課程所需圖書、學術期刊、電子資料庫等。館藏總數量各校須應視發展方向、重點及特色，配合增設系所班及學生增長逐年成長。

陸、建築與設施

十七、大學圖書館建築之規劃設計，應就其業務需要及未來發展提出需求書，並得組織籌建委員會負責監督審議。

十八、大學圖書館宜位於校園之適中地點，需預留擴展空間，建築與設施應力求實用、安全、美觀、易於維護及節約能源，其設計應考量樓板載重量、空間與動線配置、業務運作及讀者利用之安全與便利、資料量與服務對象之成長、特殊讀者及未來科技發展。

十九、大學圖書館館舍空間配置，得視功能區分為讀者服務、技術服務、推廣服

務、行政管理、資訊系統、公共設施等空間，建築規劃設計應考量適宜之各類空間樓板面積比例與相對位置及動線。

二十、大學圖書館館舍空間之規劃，各校得依其圖書館館藏發展政策、重點、服務需求及特色等考量因素，自行訂定。

柒、服務

二十一、大學圖書館依本法第七條規定，應提供其服務對象獲取公平、自由、適時及便利之圖書資訊資源。

二十二、大學圖書館應積極推展館際及其他資料服務單位之合作事宜，促進國內外圖書資訊之共建與共享。

二十三、大學圖書館應以大學設立宗旨為服務依歸，主動提供本法第九條第一項規定之各項服務。

二十四、大學圖書館每週開放總時數除法規另有規定，依其規定辦理外，由各校自行訂定。

二十五、大學圖書館為提升讀者資訊蒐集與應用能力，奠定終身學習基礎，應積極推展圖書訊利用教育。

二十六、大學圖書館應舉辦圖書館導覽、參考工具、資料庫檢索、網路資源等圖書資訊利用相關教育活動。

二十七、大學圖書館應加強參考諮詢服務，輔導學生善於利用圖書資訊。

二十八、大學圖書館應協同教學，並得開設圖書資訊素養相關課程，提升教學研究品質。

二十九、大學圖書館應遵循國內外通用之書目標準，編製各類型資源目錄，提供多人同時使用，並明確顯示圖書資訊資源之位置或內容。

三十、大學圖書館應研訂電子資訊資源取用相關政策，以有效傳遞電子資訊資源。

三十一、大學圖書館應參與圖書資訊資源聯盟、連結電子資源、提供文件傳遞與遠距服務，以利館外圖書資訊資源之取得。

捌、經營管理

三十二、大學圖書館依本法第八條規定，應訂定行政管理規則及服務規定。

三十三、大學圖書館為便利交流與利用，其圖書資訊之處理應採國內外通用標準。

三十四、大學圖書館館藏以集中典藏為原則，並應定期清點，如有毀損滅失、喪失保存價值或不堪使用者，依本法第十四條規定辦理註銷報廢。

三十五、大學圖書館應定期進行館藏、讀者服務及技術服務之調查統計，實施績效評估，並據以改進服務品質。其績效評估規定另定之。

三十六、大學圖書館應注重公共關係及社會服務，與校內相關單位建立良好之溝通管道，並結合社會資源，協助館務發展。

附錄三　圖書館設立及營建標準

發布日期：民國 105 年 8 月 11 日

第 1 條
本標準依圖書館法（以下簡稱本法）第五條規定訂定之。

第 2 條
圖書館分類如下：
一、國家圖書館。
二、公共圖書館：
　　（一）公立公共圖書館：
　　　　　1. 國立圖書館。
　　　　　2. 直轄市立圖書館。
　　　　　3. 縣（市）立圖書館。
　　　　　4. 鄉（鎮、市）立圖書館。
　　　　　5. 直轄市山地原住民區立圖書館。
　　（二）私立公共圖書館：個人、法人或團體設立之圖書館。
三、大專校院圖書館：
　　（一）大學圖書館。
　　（二）專科學校圖書館。
四、中小學圖書館：
　　（一）高級中等學校圖書館。
　　（二）國民中學圖書館。
　　（三）國民小學圖書館。
五、專門圖書館：
　　（一）公立專門圖書館：由政府機關（構）、公法人所設立之圖書館。
　　（二）私立專門圖書館：個人、私法人或團體設立之圖書館。

第 3 條
圖書館之設立及組織基準，規定如附表一。

第 4 條
圖書館至少應置專業人員一人，且專業人員占圖書館工作人員之比率如下：
一、國家圖書館：四分之三。
二、公共圖書館：三分之一。
三、大學圖書館：三分之二。
四、專科學校圖書館：二分之一。
五、高級中等學校圖書館：三分之一。
六、國民中學圖書館、國民小學圖書館：三分之一。
七、專門圖書館：四分之一。

第 5 條
圖書館專業人員應具備下列資格之一：
一、國內外大學圖書資訊系、所或相關系、所畢業；或有圖書館專門學科論著經公開出版者。
二、具公務人員圖書資訊管理職系任用資格。
三、依教育人員任用條例進用之具國內外圖書資訊、人文社會相關科系、所及學位學程碩士以上畢業資格者。
四、曾修習政府機關（構）、大專校院、圖書館及圖書館相關法人團體辦理之圖書資訊學課程二十學分或三百二十小時以上者。
五、具三年以上圖書館專業工作經驗者。
國民中學圖書館及國民小學圖書館如無前項資格人員，得由曾修習圖書資訊或閱讀推動相關專業課程者擔任專業人員。
前二項專業人員，每年應接受二十小時以上之專業訓練。

第 6 條
圖書館購置圖書資訊之經費，以不低於下列比率為原則：

一、國家圖書館：占圖書館年度預算百分之十五。
二、公共圖書館：占圖書館年度預算百分之十五。
三、大學圖書館：占圖書館年度預算百分之十五。
四、專科學校圖書館：占圖書館年度預算百分之十五。
五、高級中等學校圖書館：
　　（一）普通型高級中等學校：占教學設備費百分之十五。
　　（二）其餘類型高級中等學校：占教學設備費百分之七。
六、國民中學圖書館、國民小學圖書館：占教學設備費百分之十。
七、專門圖書館：占圖書館年度預算百分之二十。
前項圖書館年度預算包括各項業務支出費用及財產購置費用。但不包括人事費及新建館舍之經費。

第 7 條
圖書館圖書資訊之選擇及採訪，應符合圖書館設置目的，並配合社區環境特性、校務發展或專門性資訊服務之需要，訂定館藏發展政策。
前項館藏發展政策，應包括各類型圖書資訊之蒐藏範圍、徵集工具、採訪分級、館藏評鑑及維護等項目。
圖書館應邀請使用者代表參與選書機制及館藏發展政策之訂定，並公告周知。

第 8 條
圖書館館藏發展基準，規定如附表二。
圖書館應定期辦理館藏清點，其每年在不超過館藏量百分之三範圍內，得依本法第十四條規定辦理報廢。

第 9 條
圖書館宜建於交通便利、校園適當之地點或機關（構）合宜之空間；其建築及設備應配合業務需要、善用資訊科技、應用通用設計原則，並考量未來長期之發展。
圖書館館內空間之分配，應滿足典藏、服務及行政工作等需求。
圖書館建築設備，應參考公共圖書館建築設備之國家標準，並考量特殊讀者之需求。
圖書館館舍設備基準，規定如附表三。

第 10 條

公立公共圖書館基本館舍開放時間依下列規定辦理：

一、國立、直轄市立、縣（市）立圖書館每週至少開放五十六小時。

二、鄉（鎮、市）立圖書館及直轄市山地原住民區立圖書館每週至少開放四十八小時。

三、週六或週日至少開放一日；午間或夜間應至少開放一時段。

公立公共圖書館如因所在位置、人力或讀者需求等因素，經主管機關同意，開放時間得不依前項規定辦理。

第 11 條

圖書館應就營運管理事項研訂中程發展及年度工作計畫，並每年至少辦理一次績效考評及滿意度調查。

第 12 條

圖書館應注重公共關係、社會服務、閱讀推廣等工作，並結合社會資源，協助館務發展。

第 13 條

公立公共圖書館及各級學校圖書館之館藏量，應於本標準發布日起五年內符合附表二之規定。

本標準發布後規劃興建圖書館之面積，應符合附表三之基準。

第 14 條

本標準自發布日施行。

作者簡介

黃元鶴

(yuanho@lins.fju.edu.tw)

天主教輔仁大學
圖書資訊學系教授

第九章
倫理

學習目標

研讀本章內容之後，學習者應能夠：

- 瞭解倫理學的定義與範疇、倫理與法律及道德的差異，如何應用倫理決策規範架構來輔助判斷倫理議題

- 知曉專業倫理的範疇與內容，瞭解我國圖書館員專業倫理守則，將核心原則融入圖書館實務工作，具備專業倫理問題判斷與解決能力

- 知曉工作倫理的範疇與內容，將倫理文化融入組織文化，並加以實踐

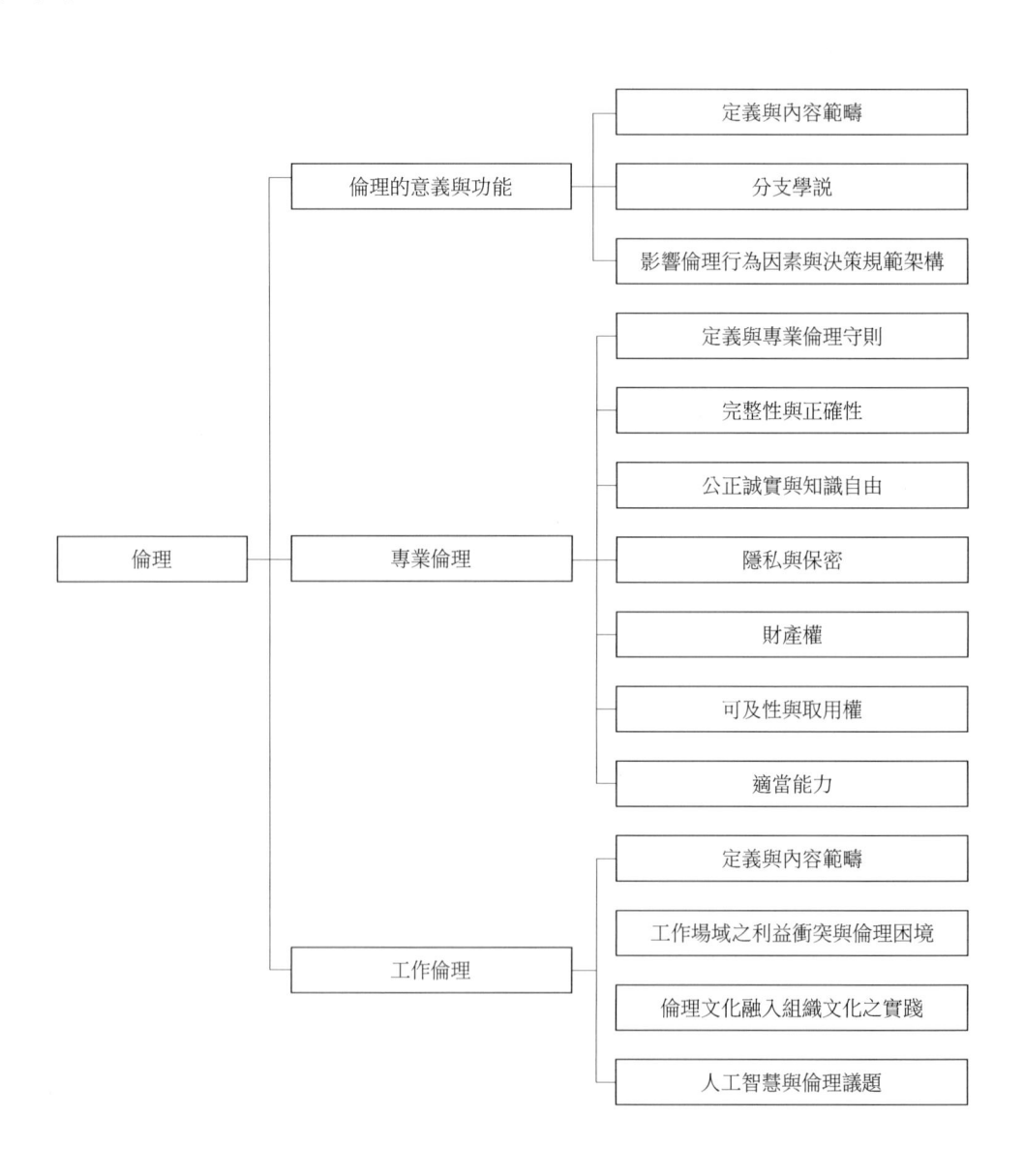

本章綱要

- 倫理
  - 倫理的意義與功能
    - 定義與內容範疇
    - 分支學說
    - 影響倫理行為因素與決策規範架構
  - 專業倫理
    - 定義與專業倫理守則
    - 完整性與正確性
    - 公正誠實與知識自由
    - 隱私與保密
    - 財產權
    - 可及性與取用權
    - 適當能力
  - 工作倫理
    - 定義與內容範疇
    - 工作場域之利益衝突與倫理困境
    - 倫理文化融入組織文化之實踐
    - 人工智慧與倫理議題

第九章
倫理

第一節　倫理的意義與功能

一、倫理學定義與內容範疇

　　倫理學（ethics）是研究人類行為對與錯、是與非等判斷準則的學科，廣義的倫理包含社會的一切規範、慣例、制度、典章、行為標準、良知的表現與法律的基礎（莊道明，1996）。

　　一般人往往會混淆倫理與法律的意涵，倫理是哲學的分支，其原則源自於對與錯的理論闡釋；法律則是基於穩定社會秩序下而制定的規則。有些事情合法，但不見得合乎倫理，倫理往往比法律要採納更高的標準。此外，倫理也常交錯使用「道德」（moral）一詞，有些哲學家認為其內涵實則有所不同，道德較偏向是個人做法，而倫理則顧及整體的合理性，如某些人基於個人的信仰，認為喝酒是不道德的，然而喝酒本身並未違反倫理（Moran, Stueart, & Morner, 2013）。因此，倫理學並非有關事實的問題，而是價值或價值判斷。林火旺（1999）提出道德與法律不同之處如下：（一）合法不一定合乎道德，若辯護律師以合法程序為有罪的當事人脫罪，不見得合乎道德判斷；（二）法律無法涵蓋某些面向，如說謊是不道德的，但大部分說謊者不會受到法律的制裁；（三）法律所禁止的行為不一定是不道德，如交通法規為維持社會秩序而有許多規範，但違反其規定並不見得違反道德；（四）違反法律與道德的制裁者與制裁方式不同，違反法律會受到政府公權的制裁，但違反道德則會受到社會大眾的譴責。

二、倫理學分支學說

　　倫理學亦稱之為道德哲學（moral philosophy），其特點即是為日常生活的道德規定與要求，依人們的生活經驗，建立理性基礎。可分為三種分支學說：後設倫理學（meta-ethics）、規範倫理學（normative ethics），以及應用倫理學（applied ethics）。後設倫理學是關於道德語言的意義、本質與證成（justification），如探索「為什麼要有道德？道德是相對還是客觀？」等問題。應用倫理學包含政治哲學（如什麼是正義的社會？）、職業倫理、實用倫理（如：墮胎、安樂死、死刑等議題）。規範倫理學是系統性地瞭解道德觀念與判斷，並探討道德原則合理性，目的是要將日常生活的道德箴言，探討其合理性，為道德判斷的依據，以做為面臨道德問題時的行為指導（林火旺，1999，2010）。

　　規範倫理學包含三種論說：目的論（teleological theory）、義務論（deontological theory）、德行倫理學（virtue ethics），簡述內容如下（林火旺，2010）：

（一）目的論：是判斷行為對與錯的標準，以達成的結果或實現目的為依據。此論說可再區辨為倫理利己主義（ethical egoism）與效益主義（utilitarianism），前者是指該行為最終整體結果是對行為者最有利，後者是指能夠達成整體最佳結果的行為。

（二）義務論：行為對錯是依據行為本身具有的特性，而非決定於結果。康德倫理學（Kantian ethics）與直覺主義（intuitionism）屬於此論說。

（三）德行倫理學：倫理核心概念是人，先決定個人信念，則能決定該如何決策與行動。

　　莊道明（1995，1996）曾就規範倫理學說之三大觀點，分述各論說如何影響圖書館相關事務的倫理決策與行為。例如：館員若發現讀者詢問炸藥製作方法，若依義務論，應保護讀者隱私，不主動向警方通報某嫌疑人；但若依目的論，則應考量全體社會的最佳利益，主動向警方通報，以預防可能的災害。

三、影響倫理行為因素與決策規範架構

　　影響倫理行為的因素可分為三大層面，包含個人、工作場域，以及外部環境。

個人層面的因素來自於家庭價值觀、宗教信仰、非工作場域的同儕價值觀；工作場域的影響因素則包含管理者與同事的行為、組織政策與守則；外部環境包括社會規範、法律規章、專業倫理守則等（Moran et al., 2013）。其中工作場域層面，來自組織結構設計與組織文化，前者如組織目標、考核制度與獎懲制度，如可能因設定難以達成的目標而導致員工的不道德行為，另有些考核標準只看結果而未注意過程，員工可能不擇手段以達成目標；此外，組織文化來自組織成員共同的信念與價值觀，其內容與強度亦會影響倫理行為，決定事件的強度包含如下六種特性：傷害的程度、對好壞的共識、造成傷害的機率、影響的立即性、受害者的親近性與影響的集中性（Robbins & Coulter, 2014/2015）。

當面臨倫理難題時，管理者如何做決策？前述基於道德哲學之不同學派觀點，應會做出不同的決策。Moran 等（2013）提出簡明版的倫理決策規範架構（圖9-1），以輔助圖書館館員與主管判斷倫理行為的對與錯。若採效益主義觀點，則所有工作場域皆應禁煙，以維護眾人健康；若採個人權利觀點，則重視讀者隱私；若採社會正義觀點，則平等對待所有讀者，重視相關規章的公平性。

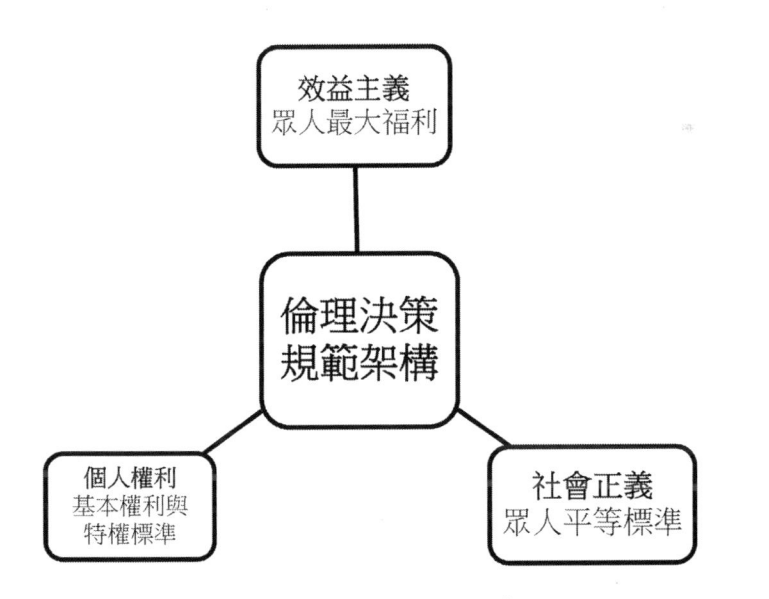

圖 9-1　倫理決策規範架構
資料來源：譯自 Moran 等（2013, p. 327, Fig. 15.4）。

第二節　專業倫理

一、專業倫理定義與專業倫理守則

專業倫理（professional ethics）定義如下：「探討專業環境下，專業的倫理價值、行為規範、專業服務的目的、專業人員與客戶間的關係、專業服務對社會大眾造成的影響（尤其是客戶利用專業服務對社會大眾造成傷害的問題）、專業人員在公司的地位與角色問題」（莊道明，1996）。

美國醫學學會（American Medical Association）於19世紀中葉即提出專業團體的倫理守則（code of ethics），其定義為：「專業人員從事專業服務工作時，應該遵守的行為準則」（莊道明，1995）。倫理守則的功用如下：（一）告訴剛進入該行業的新鮮人，該注意或遵守的倫理規範；（二）表達專業的價值觀；（三）告訴顧客及社會大眾該行業的專業責任與價值觀（莊道明，1995）。

「資訊倫理」（information ethics）一詞，最早出現於1988年，而圖書資訊學領域首度應用可追溯自Hauptman（1988）之書 Ethical Challenges in Librarianship，自此之後，圖書館專業倫理朝向較為廣泛而公眾的、全球化觀點（Smith, 2001）。隨著資訊技術發展快速，圖書館高度倚賴資訊科技來提供資訊服務，吳寂絹與邱銘心（2011）建議圖書資訊學領域可統一使用「資訊倫理」一詞，然而資訊倫理之內容範疇，不同學者各有其見解，可詳見吳寂絹與邱銘心（2011）文中的討論。

鑑於英美日等國之圖書館學會分別於1970、1980年代公布其圖書館專業倫理守則，李德竹與莊道明（1996）調查大學圖書館館員之專業倫理認知，採用文獻分析法、問卷訪問調查與座談會等方法，收集大學圖書館館員與圖書資訊學系所相關教師的意見，是我國圖書館專業倫理守則初稿之前導研究。「圖書館館員倫理守則初稿」由國家圖書館委託中國圖書館學會（現已易名為中華民國圖書館學會）研訂，於2002年12月於中國圖書館學會會員大會討論通過後正式頒布，守則條文詳見本章附錄，下一節詳述我國圖書館員專業倫理守則涵蓋的核心概念內容。

二、圖書資訊專業倫理相關議題

本節內容整合 Mason（1986）所提及之四項資訊時代應重視的倫理議題：隱私（privacy）、正確性（accuracy）、財產權（property）、取用權（accessibility），簡稱 PAPA，以及莊道明（1995）圖書館專業倫理內涵之可及性、隱私與保密（confidentiality）、完整性、適當能力、公正誠實等五項原則，選錄分述如下專業倫理議題。

（一）完整性與正確性

館員應基於公正客觀的角度來選擇館藏資源，並力求資源的完整性，包含資料形式外觀與內容的完整。當為選錄的資訊資源組織整理與主題分析等過程中，需重視其正確性與完整性。網路環境往往充斥許多片斷、扭曲、偽造、錯誤的資訊，館員應加以查證，力求提供正確的資訊服務。

實務工作中，較易達成遵守資源完整性的原則，然而，假新聞與偽科學充斥的時代，尤其在具高度專業的健康醫療領域存在更多的偽科學，因此不僅一般民眾難辨真假，館員亦不見得有能力辨別資訊的真偽，如楊恩（Robert O. Young）提出的「酸鹼體質」說法於 2018 年被判決詐欺，被判賠償 1 億多美元，經數十年後才戳破此非正規醫療的謊言。而新聞媒體也常斷章取義，貿然套用「細胞試驗」或「動物試驗」的局部研究結果來擴大詮釋人體生理學現象，以超越研究結果的聳動新聞標題來吸引人們的目光（陳亮恭，2018）。因此，館員應客觀多方查證資訊，求教於領域專家，切勿將個人信念與價值來判定真偽資訊。

關於錯誤資訊案例，美國曾有一例，M 先生向銀行貸款，每月還款後，銀行在他的還款紀錄簿蓋章，某日 M 先生收到銀行通知，他因拖欠上月款項，而拒收本月款項，M 先生趕緊取出蓋滿收訖章的還款紀錄簿來證明自己已還款的紀錄，然而行員在電腦系統中無法查得 M 先生的還款紀錄，而認定 M 先生未還款，最後經數月訴訟，銀行查證並確定資料錯誤後，終於還該 M 先生公道（Mason, 1986）。現今各類型資料或資訊往往收集、組織整理、並儲存於電腦系統中，若資料處理的環節中出錯，將造成許多後續問題，關於正確性的倫理問題，Mason（1986）提出以下數個思考方向：誰應負責辨識資訊的真偽、準確度呢？誰應承擔錯誤資訊的責任呢？如何完整地評估並彌補因錯誤資訊而受害的個人或群體呢？

完整性與正確性個案探討

　　某公共圖書館的分館主任發現電腦室中放置一些由網路上列印的資訊，是關於癌症治療的民俗療法，館員表示讀者諮詢相關問題，她在網路上查找後，列印關於正面思考與冥想有助於癌症治療的資訊，分館主任知道該館員的個人健康保健方式常採取替代療法，而非正規醫療管道，但館主任當日才知該館員在提供讀者諮詢服務時，也將她的個人信念加諸其中，甚至當讀者呈現網站當中水晶球可治療癌症的資訊給該館員看時，該館員還推薦市區有哪一家店可買到水晶球。館主任覺得事態嚴重，應該有所因應與處置。

　　館主任該採取以下哪一方案呢？(1) 館主任告訴所有館員不可將個人信念加諸於工作中；(2) 館主任聯絡該讀者，告知該資料是不可信賴的資訊；(3) 館主任為所有館員發展關於網路資訊真偽的資訊素養課程；(4) 館主任建立一個新政策，任何資訊需經她本人或資深館員核可後始能交給讀者（McMenemy, Poulter, & Burton, 2007, Case study 4.2, p. 53）。

（二）公正誠實與知識自由

1. 公正誠實

　　公正誠實原則源自於《圖書館權利宣言》（Library Bill of Rights）的精神。《圖書館權利宣言》於1939年由美國圖書館學會（American Library Association [ALA], 2016b）提出，經多次修正後條款如下：

第一條、圖書館提供圖書與相關資源應基於社區讀者的興趣與需求，不可因作者的起源與背景、立場與觀點而排除該資源。
第二條、圖書館應提供具現代史觀的各種立場與觀點的資源，不能因為黨派或信仰的不同而排除該資源。
第三條、圖書館應挑戰審查制度（censorship）以維護資訊自由。
第四條、為維護言論與思想自由，圖書館應與所有人員及團體合作。
第五條、不可因個人的出身背景、年齡或立場與觀點而剝奪使用圖書館的權利。
第六條、圖書館應基於公平原則，開放所有設施給公眾，不可因該個人或群體的信仰或立場而有所限制。

　　《圖書館權利宣言》第 3 條提及的審查制度又稱「檢查制度」，其定義為：「指國家政府或機構透過立法或執行程序，對持有異議的作品之出版、傳播、流

通或銷售採取改變內容、扣留或禁止寫作出版、銷售、流通與演說之行動，是一種鎮壓思想與資訊的行為。檢查多基於與主政者政治理念相左、不同宗教觀、淫穢或輕視神祇等理由。最早的審查制度主要和言論與表達自由的限制有關；後來才有禁書及書刊審查制度」（宋雪芳，2012）。

基於公正誠實原則，落實於圖書館工作中，技術服務之圖書資源選粹工作，則應尊重各式資源所傳達的思想，不可因政治、宗教與道德等理念相異而排除任何資源，圖書館收藏任何觀點的資訊資源，並非表示圖書館贊同該作者觀點，而是基於任何人有權利並有能力判斷圖書館所引進的各式資源的信念，館員應公平公正客觀擬定館藏發展政策；而在讀者服務工作中，館員應基於公平原則，為所有讀者提供適切的服務。

審查制度的形成主因是為了箝制人民的思想，所以若干國家政府採取行政手段來阻斷人民可自由接觸各式資訊的機會，許多經典名著都曾在某些時空背景下淪為「禁書」（banned books）。當今美國已是民主社會，但尚有若干資訊內容因涉及暴力、色情、LGBT[1]等議題而被公共圖書館或學校圖書館視為禁書，自1980年代起至今，美國圖書館學會每年皆舉辦禁書週（banned book week）活動，挑戰審查制度，以呼籲知識自由（ALA, 2012）。

2. 知識自由

知識自由（intellectual freedom）是個人可不受限制地尋找與獲取不同觀點之資訊的權利，可使人自由存取各種觀點的陳述方式，並可加以探索各層面問題、成因或進展等（ALA, 2007）。知識自由包括持有、接受和傳播思想的自由（Buchanan & Henderson, 2009）。

為落實知識自由的理念，美國圖書館學會及美國圖書出版者委員會（American Book Publishers Council），[2]於1953年提出「閱讀自由宣言」（freedom to read statement），具體主張如下：(1) 為了公眾的利益，出版者及圖書館員應促使各種意見，包括多數人視為異端邪說或不受歡迎者，能夠充分表達其見解；(2) 出版者、

---

[1] LGBT 是女同性戀者（lesbian）、男同性戀者（gay）、雙性戀者（bisexual）與跨性別者（transgender）的英文首字母縮略字。

[2] 1970年美國圖書出版者委員會與美國教育出版者協會（American Educational Publishers Institute）合併為美國出版者協會（Association of American Publishers）。

圖書館員及書商不需贊同其所提供利用的資訊資源所包含的概念或陳述；(3) 以著者的經歷或政治關係作為取捨圖書的依據，是違背公眾利益的做法；(4) 強制他人的嗜好，限制成人只能閱讀適於青少年的讀物，或禁止作者致力於藝術表現等行為均為社會所不容；(5) 因為該資訊資源內容或著者具破壞性、危險性，而強迫讀者接受對任何資訊資源「貼標籤」，是此乃違反公益的措施；(6) 作為閱讀自由的守護者，出版者與圖書館員必須對抗個人或團體圖謀以其標準或喜好，強施於整個社會所造成的侵害；(7) 出版者及圖書館員應提供足以豐富思想與表現的各類圖書，來賦予閱讀自由最完善的意義（原文請見 ALA, 2006a；中譯文除第 5 項外，取自陳敏珍，1995）。

為維護人民閱讀權利以力促知識自由，宣言中特別強調不容任何壓制與剝奪人們的閱讀權利。圖書是形成思想與態度的媒介，為獲取自由的有效途徑，因此人們必須捍衛圖書的自由流通，圖書館館員與出版者更應擔負起保障閱讀自由的重任（陳敏珍，1995）。

21 世紀後，美國圖書館員面臨更多知識自由的挑戰，包含政府要求圖書館以內容過濾軟體管控電腦檢索網際網路所呈現資訊、公開取用（open access）趨勢所造成的困擾與工作的挑戰、少數民族的言論自由與管制對「對少數民族有害」的資訊等（毛慶禎，2012）。

3. 知識自由個案探討

某公共圖書館附近有一高中，該公共圖書館僅提供二臺自由上機電腦，一臺在參考室，另一臺在兒童區，高中生下課後，常聚集在上機電腦玩線上遊戲，也常占用在兒童區的電腦，在兒童區的家長抱怨高中生玩的線上遊戲太暴力，擔心小孩受到不好的影響，建議館員應限制高中生使用兒童區的電腦，且應對於高中生玩的線上遊戲有所過濾，然而高中生認為他們有權利使用圖書館的任何電腦，因為圖書館並未明定高中生不可利用兒童區服務的政策。

待思考的問題如下：如何制定圖書館中玩電腦遊戲相關的政策？此個案中的知識自由議題為何？圖書館是否需限制使用兒童區的對象嗎？圖書館是否需限制電腦的用途呢？當論及審查制度時，為何暴力經常被忽略而不是色情呢（Buchanan & Henderson, 2009, Case #2.12, p. 36）？

（三）隱私與保密

　　隱私議題愈顯重要之因來自二大驅力：由於電腦技術進步而提升監控、傳播、運算力、儲存及檢索等能力，以及做決策愈來愈倚賴有價值的資訊，甚至侵犯他人隱私以獲取寶貴資訊（Mason, 1986）。

　　隱私權（right of privacy）是「不讓別人無端干預私人領域的自由權」，此權利始於1860年，以個人主義、自由主義為理念的主要基礎，可視為人格權的一部分，人格權為個人所享有的私權，每一個人之姓名、身分、名譽、自由、生命、身體都構成了人格權，是隱私權的主要內容（鄧毓浩，2000）。凡揭露他人隱私者，皆應受到法律制裁，然而隱私權也有其保護限度，基於公眾利益考量而公開的事項並不算侵犯隱私權，因他人口頭傳播，但未造成實際損害，則難以主張隱私權的保障，以及經當事人同意公開，則喪失其隱私權等（莊道明，1995，頁34）。

　　隱私對於言論自由、自由思想至關重要，在圖書館中，隱私權是指個人興趣可不受他人審查的權利，圖書館擁有讀者的相關資訊且有責任為讀者保密，保密範圍擴展至尋求、接收資訊，以及諮詢、借用、獲取與傳播資訊資源，如讀者個人身分資訊、借還書紀錄、資料庫檢索紀錄、館際互借紀錄、參考諮詢紀錄、參與活動紀錄等（ALA, 2006c）。對讀者而言，讀者利用圖書館各項服務，均屬讀者個人隱私，在未獲讀者本人同意下，均不得任意公開或提供給其他人（莊道明，1995，頁34）。林呈潢與陳虹碩（2011）綜整我國大學圖書館可能的隱私侵害來自外部與內部，外部來自外部人士向圖書館要求提供讀者個人資料，或有人利用資訊安全缺口，竊取讀者資訊，亦或是服務中非刻意造成讀者的個資洩漏的情況，如校外人士入館申請單等；內部則來自圖書館對讀者的監控，公開張貼逾期還書名單，有洩露讀者借書資訊之疑慮，或是館員對讀者資料的不當使用。

　　關於隱私的倫理問題，Mason（1986）提出以下數個思考的方向：關於個人或組織的哪些資訊是可被揭露的？在何種情況下，個人可受到保護，可不需被迫對外公開其個人相關資訊呢？

隱私個案探討

　　國際健康照護公司圖書館的服務對象為公司員工，圖書館政策規定讀者需簽下姓名、所屬部門、資訊服務種類內容等資訊，以利圖書館統計其使用率。某一天，公司主管因懷疑某員工涉及出賣公司專屬資訊給競爭廠商，而到圖書館要求調閱該員工利用圖書館的簽到紀錄、利用次數，以及該員工研讀的資訊。由於公司規定監控所有工作場所，所以員工並不期待隱私權的保護。館員覺得與專業倫理有衝突，而向美國專門圖書館學會（Special Libraries Association）諮詢，但該學會表示並無專業倫理守則，所以館員需自行決定，是要維護讀者隱私並保密其資訊呢？亦或是遵守公司規定？後來館員還是向公司提供該員工相關資訊。

　　待思考的問題如下：請問館員的決策適當嗎？關於收集讀者的圖書館利用資料是否有其他替代方案呢？專門圖書館館員當面臨公司規定與隱私之兩難問題時如何決策？如何因應專業倫理與行為產生衝突的價值觀呢（Buchanan & Henderson, 2009, Case #3.5, p. 55）？

（四）財產權

　　財產權議題而言，現代社會強調無形資產權，即智慧財產權（intellectual property right），內容範圍如下：文學、藝術及科學之著作；演藝人員之演出、錄音物以及廣播；人類之任何發明；科學上之發現；產業上之新型及新式樣；製造標章、商業標章及服務標章，以及商業名稱與營業標記；不公平競爭之防止；其他在產業、科學、文學及藝術領域中，由精神活動所產生之權利（經濟部智慧財產局，2015）。著作權（copyright）、專利（patent）、商標（trademark）等為保護智慧財產權之其中三項重要標的，各自有其相關法律。智慧財產權除了倫理議題之外，亦涉及法律與經濟等因素。如何有效地防止資訊資源未經授權即任意地複製、變造與傳播，是數位時代相當重要的課題。

　　圖書館所收藏的資源來自不同作者的各式創作，作者享有其著作權，因此圖書館相當重視著作權，英國於1710年即制定《著作權法》，美國則於英國《著作權法》基礎下，於1790年頒布其《著作權法》（Buchanan & Henderson, 2009, p. 72）。我國於1928年首次頒布《著作權法》，全文共40條，經多次修法，目前《著作權法》為2016年修訂，全文共117條（網址：https://law.moj.gov.tw/LawClass/LawHistory.aspx?PCode=J0070017）。

館員應向讀者宣導合理使用（fair use）議題，圖書館制定相關政策時，亦應考量保護著作權因素。如 W 大學圖書館的借閱規定，僅規定總量 30 件，音樂光碟借期 7 天，W 大學音樂分館並未制定讀者一次至多可借走幾張音樂光碟，某日一位大學生借走 30 張音樂光碟，流通部門主管與該分館主任協商，應限制音樂光碟的借閱量為 5 張，因 7 天內怎可能聽完 30 張音樂光碟？若未設限，形同默許該學生複製 30 張音樂光碟於個人電腦中（Buchanan & Henderson, 2009, Case #4.1, p. 77）。

當今新科技發展迅速，檔案分享機制便利，因此數位版權管理議題、電子資源資料庫之授權議題等，更增加財產權相關倫理問題的複雜度，Mason（1986）曾提出以下數個思考的方向：誰擁有該資訊的財產權？何種合理價位可公平地交換該資訊？誰擁有資訊傳遞管道權？可傳送哪些資訊？應如何分配稀有資訊的存取權？

財產權個案探討

某大學的電子資源館員 A 小姐，正要將新購的商學相關資料庫導入圖書館電子資源服務，該資源是公司圖書館常購的資料庫，近來才提供大學版本的折扣價，若干教授試用後也覺得不錯。C 小姐負責檢視電子資料庫的授權，她告訴 A 館員，該電子資源合約中有一項特別條款，校園內若有學生在某特定公司工作，則該生不可查檢該廠商提供的資料庫，此項違反圖書館政策。因為該廠商與某特定公司間有法律爭議，因此合約中載明此特別條款。A 館員向 C 館員表示，應向廠商告知圖書館無法得知學生的工作場域資訊，以及圖書館無權禁止任何人存取該資料庫的立場，C 館員表示已告知廠商，但廠商仍執意如此做。該資料庫對於商學課程很重要，教授們詢問何時可正式上線使用。

待思考的問題如下：請問該接受此種歧視條款嗎？若決定不接受，如何向教授們證明此為明智的決策？若決定接受該條款，如何向那些被禁止使用的學生證明此選擇是正確的（Buchanan & Henderson, 2009, Case #4.7, p. 81）？

（五）可及性與取用權

館員收集、組織整理、保存資訊資源，最終目的都是便利讀者使用館藏資訊資源，始可發揮圖書館的價值。吳寂絹與邱銘心（2011）定義取用權是「探討誰有權利取得何種資訊，以維護個人對資訊存取的權利，及規範擁有資訊資源者的義務。」

關於取用權的倫理問題，Mason（1986）提出以下思考方向：個人或組織在哪些條件或保障措施下可享有權利或特權來獲取哪些資訊呢？圖書館在可及性與取用權之專業倫理議題中，往往涉及教育與經濟等層面，前者包含如何教導讀者使用各類型資料，以利讀者在最適時機獲取最佳資源，若未提供利用教育，甚至可視為違反專業倫理；後者則是若干電子資源資料庫之費用高昂，若因此而採取使用者付費政策，是否妨礙讀者使用資訊而形成不公平的狀況呢？此外，資訊科技進展快速，若需設置必要的資訊科技設備或軟體介面始能獲取該資源，將使部分無法擁有該軟硬體配備的人們難以取得資訊，則觸及取用權的倫理問題（莊道明，1995；Mason, 1986）。Gormann（2000）對於平等存取（equity of access）提出如下定義：任何人享有索取他所需的資訊或知識的權利，不論該資訊或知識以何種形式呈現與何種存取的方法（包含實體圖書館或遠端存取），圖書館應盡力協助讀者，使圖書館資源發揮最佳效用（as cited in McMenemy, Poulter, & Burton, 2007, p. 86）。

可及性與取用權個案探討

B 小姐在某大學圖書館擔任藝術學科館員，某天一位 A 同學來向她反映圖書館的電腦因安裝內容過濾軟體，使得他無法到某些網站存取資料，B 館員回覆該內容過濾軟體主要阻擋色情網站，這是圖書館的政策。A 同學表示他的博士論文主題即是研究色情資訊於網際網路中的社會影響狀況，若圖書館的電腦封鎖該類型網站，他無處可上網取得研究資料。隔天 A 同學的指導教授聯繫 B 館員，請她允許 A 同學可利用圖書館電腦連到任何網站，不受任何限制，教授本人將負全責擔保 A 同學的行為，若 B 館員不為 A 同學調整政策，他將告知館長。

館員該採取以下哪一方案呢？(1) 立場不變，向該指導教授重申圖書館的政策；(2) 館員說明個人無權決策，將轉告館長；(3) 館員進一步與研究者協商，看看是否能在不違反圖書館的政策下查找到相關研究資料；(4) 館員稍加退讓，使該生在一隔離的環境存取他所要的資訊（McMenemy et al., 2007, Case study 6.2, pp. 97-98）。

（六）適當能力

當今內外部環境變化快速，館員需時常吸取新知並提升個人技能，才能提供適切而優質的資訊服務。圖書館業務主要可區分為技術服務與讀者服務，館員應

不斷增進圖書資訊專業知識、抱持熱誠，道德操守符合社會期待的價值觀，具倫理判斷力以因應圖書館各項業務，莊道明（1996）與嚴鼎忠（2010）曾分述技術服務與讀者服務中的倫理議題，概述如下。

1. 技術服務過程中的倫理議題

　　技術服務包含資源選取、採訪、主題分析與資訊組織、館藏發展等業務。資源選取的倫理議題主要為本節前述之「完整性與正確性」、「公正誠實與知識自由」。採訪包含採購、交換與贈送，採購業務涉及書商或代理商的選擇，避免接受廠商的招待，並以圖書館全體利益為最優先考量，不可因職務之便，獲取個人利益，採納公平、客觀中立與合法的商業交易；交換與贈送業務應嚴守公私分明的態度，並依館藏發展政策收藏資源。主題分析與資訊組織業務，館員應時常更新關於分類與編目相關標準與規範的知識，採納符合國際潮流的規範，詳實記錄正確的館藏資源，並遵行合作編目、館藏合作等業務的協定。館藏發展政策制定過程中，應符合本節前述之「完整性與正確性」、「公正誠實與知識自由」、「財產權」等原則。

2. 讀者服務過程中的倫理議題

　　讀者服務包含流通、參考諮詢與資訊檢索服務等業務。應基於本節前述之「公正誠實與知識自由」、「隱私與保密」、「完整性與正確性」、「可及性與取用權」等原則，平等對待所有讀者，滿足讀者合理資訊需求，維護讀者追求知識自由的權利，維護讀者個人的隱私權，館員需具備判斷資訊真偽的能力，積極辦理行銷推廣活動與教學課程，以利讀者瞭解相關獲取資源管道並充分運用圖書館資源。

第三節　工作倫理

一、工作倫理定義與內容範疇

　　工作倫理（work ethics）或稱職場倫理，是應用倫理學的範疇。廣義而言，工作倫理「反映一個社會團體或整個社會對勞動的價值規範概念的綜合體」（沈

六，2000），是「個人在職場工作時，對自己、他人、社會大眾及工作本身所應遵循的行為準則與倫理規範」（楊政學、楊百川、陳勁甫，2015），包括「個體的態度和價值觀以及反映這些態度的外在行為」（工作倫理，2018）。其內容包含職業倫理（職業觀、職業道德、工作態度）與工作場域的人際關係。狹義的工作倫理即指工作場域的人際關係，即老闆與主管間、主管與部屬間、同部門或跨部門同事間人際關係（工作倫理，2018；楊政學、楊百川、陳勁甫，2015）。

國際品格教育聯盟（Character Education Partnership）會議於1992年推出「品格六大支柱」（the six pillars of character）內容如下：值得信賴（trustworthiness）、尊重（respect）、責任（responsibility）、公平（fairness）、關懷（caring）、公民責任（citizenship），是現代公民應具備的基本品格（楊政學、楊百川、陳勁甫，2015），前述概念往往融入企業倫理守則中。值得信賴包含誠實、正直與忠誠等要素，不論是員工彼此之間，或員工與顧客等外部成員互動時，首重「值得信賴」品格。尊重包含文明與禮節、尊嚴與自治、包容和接受等要素，即使面對不愉悅的人事物，仍保持尊重的風度。責任則包含了問責（accountability）、自我控制與追求卓越等要素。

國內外知名企業領袖提出的工作倫理，其共通性如下：（一）品格與道德是企業及員工的核心素質；（二）最核心的品格與道德，為誠實不欺、不貪汙、關懷、守信、負責、尊重、公正、團隊合作等；（三）品格與道德需內外合一；（四）即使業績好，若品格或道德不佳，仍應加以開除（楊政學、楊百川、陳勁甫，2015）。

在工作場域中，員工有如下倫理責任：（一）對雇主提供勞務與服從指揮；（二）認同組織使命；（三）忠實地遵守勞動契約；（四）廉潔並盡守員工本分；（五）協同同儕與團隊合作；（六）愛護組織資產，不濫用網路資源；（七）禁止散布不實與不法訊息。另一方面，員工也有如下的倫理權利：（一）雇主對員工負有合理勞務給付、長期僱用、安全保護、協助職涯發展、尊重員工等基本義務；（二）雇主應尊重員工的隱私，以誠實、信任、合作的態度營造職場氣氛；（三）雇主不徇私短利，組織經營合法、誠實；（四）組織所得之分配應符合社會正義，力求公開與公平（楊政學、楊百川、陳勁甫，2015）。

二、工作場域之利益衝突與倫理困境

若能實踐前述理想的工作倫理是最佳狀況，實際上，工作場域中往往面臨若干利益衝突與倫理困境，Moran 等（2013）提出如下幾種圖書館員可能面臨的狀況與違反職業道德之例，希望能有所防範。（一）利用管理職權享有個人特權，如與親友經營的公司簽訂合約等；（二）接受廠商招待，可能影響採購的公正判斷；（三）利益交換的妥協，如選擇圖書館資訊系統時，某特定廠商為獲取支持而提供館員兼職工作的交換條件；（四）將公物（如授權軟體等）取回家使用；（五）濫用機密資訊，參考館員可能因參考晤談工作而掌握讀者私密資訊；（六）館員在外兼職，因投入太多心力於外部工作，而忽略本職工作。

正確的工作態度指的是符合組織文化與價值觀，究竟是何種特質和行為，才算是正確的工作態度，如「加班」不必然代表正向工作態度，因為有些機構會認為加班代表工作效率不佳，或是加班會增加機構的人事成本與其他額外成本，如電費等，因此，充分瞭解與認同組織文化才能具備正確的工作態度（許書揚，2013）。

三、倫理文化融入組織文化之實踐

倫理在組織中徹底實踐並非易事，倫理文化需融入組織文化，較易達成目標，如何有效地宣導倫理的重要性並融入於組織文化中，曾淑賢（2010）提出如下建議：（一）重視倫理道德教育，培養圖書館館員的專業倫理精神；（二）建立符合倫理文化的組織價值和組織文化，分別為一般與特殊情況訂定規範，兼具向館員提醒與讀者保證之目的；（三）管理者以身作則，並常在會議中溝通與宣導；（四）重視顧客需求、尊重顧客隱私，保護顧客個人資料，避免發生濫用或誤用情況；（五）建立組織內部的倫理計畫，並獎勵優良的倫理行為；（六）需要不斷自我診斷本身的專業服務倫理問題，以工作坊或小組討論方式，採群體決策，並形成案例，以供日後參考；（七）重視工作夥伴的倫理關係；（八）制定適宜專業人員的專業倫理規範。

不論何種工作所適用的工作倫理皆有其一致的原則，然而專業倫理因其職業

類型之不同而有其特殊性，雖然中華民國圖書館學會頒布「我國圖書館員專業倫理守則」，但由於各類型圖書館的使命、目標、服務對象不同，不同類型圖書館應可在該基礎下，考量組織文化與機構特性，訂定符合該類型圖書館經營現況的倫理規範。嚴鼎忠（2010）曾以技術服務、讀者服務、行政管理等三面向來綜整世界各國圖書館專業倫理守則，各國因風俗民情不同，其專業倫理守則內容略有不同。因此，制定符合組織使命、目標、文化之工作倫理與專業倫理規範，才能使組織相關人員認同並遵行規範。

四、人工智慧與倫理議題

人工智慧（artificial intelligent）技術不斷提升，其相關應用產品將逐步融入人類社會，雖為人類帶來整體效益，然而也可能促成政治、經濟、文化、社會等生活模式的改變，而引發倫理的挑戰，如自動駕駛車之倫理議題，該如何製造出契合人類價值觀的機器呢？曾有學者提出二個具體建議：（一）自動駕駛車上，應內建安裝客製化的倫理系統；（二）德國聯邦政府自駕車倫理委員會已於2017年提出20點提議，臺灣產官學界宜儘速提出符合臺灣社會文化脈絡的倫理規則（陳柏良、張澄清、曾秉倫、陳可欣，2018）。

目前幾乎所有民航機裝設的自動導航、雷達裝置和全球定位系統，技術上都應能發揮防撞功能，然而，當年九一一事件的歹徒，挾持了三架民航機，以人為控制取代智能系統，而撞上建築物。當前機器學習功能日漸強化，人們應要教導機器有哪些不可踩的禁區，設法建立預防機制，勿使惡意或粗心者利用機器做出傷害人類的行為（Tegmark, 2017/2018）。因此，建立人工智慧的倫理守則應是當務之急，以維護社會秩序與確保人民安康。

關鍵詞彙

道德哲學 Moral Philosophy	閱讀自由宣言 Freedom to Read Statement
專業倫理 Professional Ethics	保密 Confidentiality

倫理守則 Code of Ethics	智慧財產權 Intellectual Property Right
資訊倫理 Information Ethics	平等存取 Equity of Access
隱私 Privacy	值得信賴 Trustworthiness
正確性 Accuracy	尊重 Respect
財產權 Property	責任 Responsibility
取用權 Accessibility	公平 Fairness
圖書館權利宣言 Library Bill of Rights	關懷 Caring
審查制度 Censorship	公民責任 Citizenship

自我評量

- 請說明倫理學定義內容為何？與法律、道德有何不同？
- 請說明專業倫理定義為何？專業倫理守則之功用為何？
- 我國專業倫理守則包含哪些核心概念？
- 試舉例說明 Mason（1986）之四項資訊時代應重視的倫理議題 PAPA。
- 請舉例分別說明完整性與正確性、公正誠實與知識自由、可及性與取用權、適當能力等倫理原則。
- 請說明工作倫理之廣義與狹義內容為何？

參考文獻

Robbins, S. P., & Coulter, M.（2015）。管理學（林孟彥、林均姸譯）。臺北市：華泰文化。（原著出版於 2014 年）

Tegmark, M.（2018）。*Life 3.0*：人工智慧時代，人類的蛻變與重生（陳以禮譯）。臺北市：遠見天下。（原著出版於 2017 年）

工作倫理（2018）。在 *MBA 智庫百科*。檢索自 https://wiki.mbalib.com/zh-tw/%E5%B7%A5%E4%BD%9C%E4%BC%A6%E7%90%86

中華民國圖書館學會（n.d.）。我國圖書館員專業倫理守則。檢索自 http://www.lac.org.tw/law/12

毛慶禎（2012）。智識自由和美國圖書館學會：歷史概述 Intellectual Freedom and the American Library Association (ALA): historical overview。在圖書館學與資訊科學大辭典。檢索自 http://terms.naer.edu.tw/detail/1679301/

沈六（2000）。工作倫理 work ethics。在教育大辭書，檢索自 http://terms.naer.edu.tw/detail/1302180/

宋雪芳（2012）。審查制度 censorship。在圖書館學與資訊科學大辭典，檢索自 http://terms.naer.edu.tw/detail/1678918/?index=2

吳寂絹、邱銘心（2011）。「資訊倫理」在國內圖書資訊學領域的發展概況。圖書資訊學刊，*9*(2)，123-156。doi:10.6182/jlis.2011.9(2).123

李德竹、莊道明（1996）。我國大學圖書館資訊倫理認知與問題之研究。臺北市立圖書館館訊，*14*(1)，3-19。

林火旺（1999）。倫理學。臺北市：五南。

林火旺（2010）。第一講：倫理學是什麼？檢索自 http://homepage.ntu.edu.tw/~hwlin/teaching_virtuescamp2010.html

林呈潢、陳虹碩（2011）。我國大學圖書館隱私權政策探討。圖書館學與資訊科學，*37*(2)，94-110。

陳柏良、張澄清、曾秉倫、陳可欣（2018）。AI 與法律、哲學、社會議題跨領域對談。科技部人文社會科學研究中心 *NEWSLETTER*，*14*，18-24。檢索自 http://www.hss.ntu.edu.tw/upload/file/201811/90f8940e-3c90-42b9-ac55-1db54ce3a2f2.pdf

陳亮恭（2018）。假新聞與偽科學。聯合新聞網。檢索自 https://udn.com/news/story/7340/3494570?from=udn-catelistnews_ch2

陳敏珍（1995）。閱讀自由宣言（美國）Freedom to Read Statement。在圖書館學與資訊科學大辭典，檢索自 http://terms.naer.edu.tw/detail/1680006/?index=2

許書揚（2013）。*CEO 最在乎的事：職場倫理與工作態度*。臺北市：天下。

莊道明（1995）。圖書館專業倫理意義與內涵初探。*中國圖書館學會會報*，*55*，27-37。

莊道明（1996）。*圖書館專業倫理*。臺北市：文華。

曾淑賢（2010）。公共圖書館專業倫理探討。*臺北市立圖書館館訊*，*27*(3)，1-23。

楊政學、楊百川、陳勁甫（2015）。*職場倫理：邁向 WE 職場倫理認證*。新北市：臺科大圖書。

經濟部智慧財產局（2015）。（一）著作權基本概念篇──*1～10*。檢索自 https://www.tipo.gov.tw/ct.asp?xItem=219594&ctNode=7561&mp=1

鄧毓浩（2000）。隱私權 Right of Privacy。在*教育大辭書*，檢索自 http://terms.naer.edu.tw/detail/1315034/

嚴鼎忠（2010）。圖書館館員的專業道德規範：圖書館館員倫理守則綜述。*臺北市立圖書館館訊*，*27*(3)，24-46。

American Library Association. (2006a). *The freedom to read statement*. Retrieved from http://www.ala.org/advocacy/intfreedom/freedomreadstatement. Document ID: aaac95d4-2988-0024-6573-10a5ce6b21b2

American Library Association. (2006b). *Library bill of rights*. Retrieved from http://www.ala.org/advocacy/intfreedom/librarybill. Document ID: 669fd6a3-8939-3e54-7577-996a0a3f8952

American Library Association. (2006c). *Privacy: An interpretation of the library bill of rights*. Retrieved from http://www.ala.org/advocacy/intfreedom/librarybill/interpretations/privacy. Document ID: 5c653c23-920b-b254-d94c-6dcf4ccd86c6

American Library Association. (2007). *Intellectual freedom and censorship Q & A*. Retrieved from http://www.ala.org/advocacy/intfreedom/censorship/faq. Document ID: e8ae9ed7-a469-f0d4-adf0-f2770d2ca8e8

American Library Association. (2012). *Banned books week (September 22-28, 2019)*. Retrieved from http://www.ala.org/advocacy/bbooks/banned. Document ID: be933510-a8c2-4f72-9b65-9a8eb7b89f69

Buchanan, E. A., & Henderson, K. A. (2009). *Case studies in library and information science ethics*. Jefferson, NC: McFarland.

Gormann, M. (2000). *Our enduring values: Librarianship in the 21st century*. Chicago, IL: American Library Association.

Mason, R. O. (1986). Four ethical issues of the information age. *MIS Quarterly*, *10*(1), 5-12.

doi:10.2307/248873

McMenemy, D., Poulter, A., & Burton, P. F. (2007). *A handbook of ethical practice: A practical guide to dealing with ethical issues in information and library work*. Oxford, UK: Chandos.

Moran, B. B., Stueart, R. D., & Morner, C. J. (2013). *Library and information center management* (8th ed.). Santa Barbara, CA: Libraries Unlimited.

Smith, M. (2001). Information ethics. In F. C. Lynden (Ed.), *Advances in librarianship* (Vol. 25, pp. 29-66). Bingley, UK: Emerald Group. doi:10.1016/S0065-2830(01)80019-2

附錄　圖書館員專業倫理守則[3]

國家圖書館委託中國圖書館學會研訂　2002 年 12 月

前言：圖書館員受社會之付託，依據民主及專業理念，為善盡社會責任，確保服務品質，增進人民福祉，訂立本守則。

第一條、館員應積極維護閱讀自由，並抗拒不當壓力。
第二條、館員應基於平等原則提供服務，不得為差別待遇。
第三條、館員應本中立原則，蒐集各種圖書資訊，維護讀者權益。
第四條、館員應努力保存各種圖書資訊，促進文化交流。
第五條、館員應重視讀者終身學習之需要，提升教育功能。
第六條、館員應不斷提升讀者運用圖書資訊能力，提供最高層次服務。
第七條、館員應抱持熱忱態度，積極主動為讀者服務。
第八條、館員應精確、有效處理圖書館業務，提供最佳服務。
第九條、館員應參與學術活動、吸取新知、充實專業技能，增進優質服務。
第十條、館員執行職務時，應嚴守業務機密、維護讀者隱私，不圖利自己或加損害他人。

---

[3] 各條文之詳細內容說明請見中華民國圖書館學會（n.d.）。

第十章
21 世紀圖書館管理

作者簡介

林呈潢

(lins1028@mails.fju.edu.tw)

天主教輔仁大學
圖書資訊學系
退休助理教授

學習目標

研讀本章內容之後，學習者應能夠：

- 瞭解現代圖書館的組織架構
- 瞭解現代圖書資訊服務組織面對的挑戰
- 瞭解國內外圖書資訊服務的相關專業組織
- 瞭解現代圖書館員所需的管理知能
- 瞭解取得專業管理知能的管道

本章綱要

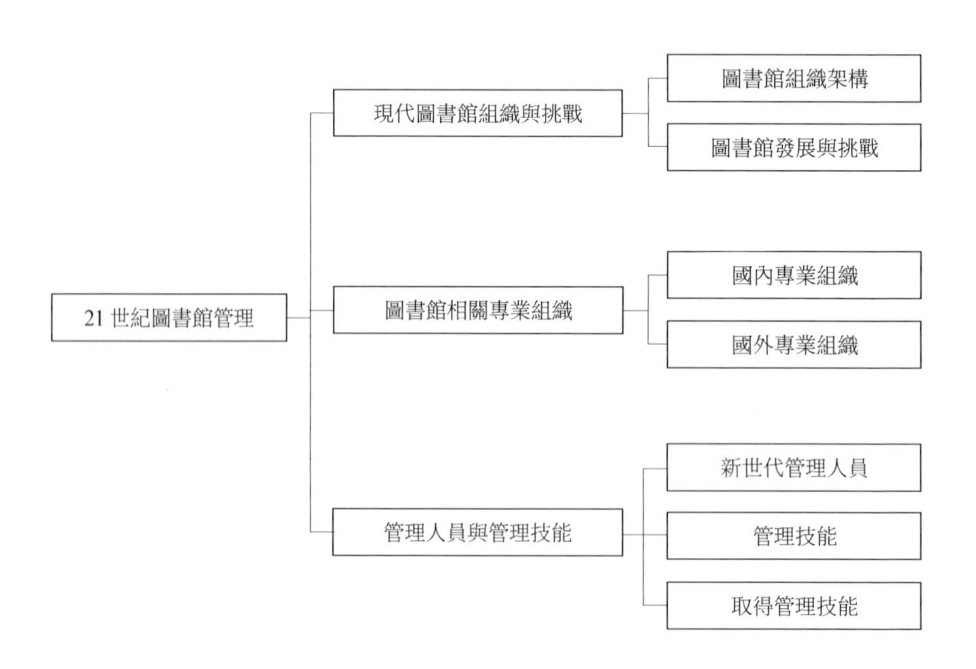

```
                                              ┌─ 圖書館組織架構
                        ┌─ 現代圖書館組織與挑戰 ─┤
                        │                     └─ 圖書館發展與挑戰
                        │
                        │                     ┌─ 國內專業組織
21世紀圖書館管理 ────────┼─ 圖書館相關專業組織 ─┤
                        │                     └─ 國外專業組織
                        │
                        │                     ┌─ 新世代管理人員
                        └─ 管理人員與管理技能 ─┼─ 管理技能
                                              └─ 取得管理技能
```

第十章
21 世紀圖書館管理

第一節　現代圖書館的組織和挑戰

　　過去幾十年來，圖書館的環境是穩定、可預測的。因為，圖書館使用者的多元性有限，使用者的需求變化很少。所以，圖書館以明確的層級組織結構反映了這種穩定性；時至今日，這一種具有明確定義的官僚機構，面臨讀者多元化和需求變化快速的挑戰，這些前所未有的挑戰，包括（Rubin, 2016）：

一、公共責任的增加：圖書館的上級單位，對圖書館的期望很高，愈來愈關注圖書館為提供服務所形成之組織的各種功能和有效性。

二、知識環境的改變：圖書館仍然是文化知識的主要來源，但這些知識的整理和傳遞方式愈來愈重要。雖然圖書、期刊和印刷資料仍然占有重要地位，但強調以電子方式提供的資訊正在快成長，甚至傳統資料也已逐漸轉換為電子資料。

三、技術環境的改變：與知識整理方式的變化並行的是獲取知識的方式。計算機、網路、資料庫和 Web 的技術環境，顯著改變了圖書館的外貌和工作方式。

四、經濟環境的改變：近年來政府財政的緊縮，以及不斷變化的稅收環境使得財政環境難以預測。圖書館領導者必須全力關注其經費來源，並尋找新的模式和資金來源。同樣，不斷變化的知識環境和技術環境，也影響圖書館預算在資源和服務方面的比例。

五、人力資源環境的改變：隨著環境變得更加複雜，傳統職位經常發生變化；因此，圖書館需要具有不同訓練之技能的員工。此外，雖然傳統組織型態在圖書館仍然很重要；但，跨部門工作團隊的組織型態愈來愈受到重視，多元化工作場所的需求也愈來愈高。

本節簡要介紹傳統上為執行這些功能而設計的組織結構，然後更深入地探討影響公共、學術、學校和專門圖書館等四種類型圖書館的主要趨勢。

一、圖書館組織架構

如果圖書館的功能與其組織單位之間存在一對一的對應關係，那麼無論提供服務或達成圖書館使命都會很方便。但事實上並非如此，不同類型的圖書館組織架構幾乎沒有一致性；儘管如此，圖書館組織的總體情況，仍然可以分成三大類：讀者服務、技術服務，以及支援服務（Rubin, 2016）。

（一）讀者服務

讀者服務（user services）一詞，可以有各種不同的意義，完全取決於特定圖書館的組織。它可以狹義地解釋為包括參考、學科部門和次級單位（如：圖書館分館）；或者廣泛地解釋為包括參考、館際互借、流通、媒體服務，以及在學術和專門圖書館則設置指定參考書和數位學習服務。常見讀者服務部門如下（Rubin, 2016）：

1. 資訊服務（reference services）

圖書館通常將協助讀者尋找資料定位為參考服務，美國圖書館學會的參考與讀者服務學會（Reference and User Services Association，簡稱 RUSA）定義「參考與讀者服務館員」為：「那些協助、建議、指導讀者使用各種形式知識紀錄的專業人員。包括以面對面或數位服務方式，使用印刷資料、非印刷資料和數位資源回答讀者提出的問題；幫助讀者選擇印刷和數位資訊；解釋資源；準備各種讀者使用指南或提供直接指導。資訊服務部門也因為圖書館規模不同而不同，較大的圖書館會再依學科（如歷史、科學、商業）、年齡（如兒童、成人、青少年）、使用者的特性（如視障、聽障）或地理位置（如分館）。

2. 流通（circulation）或存取服務（access services）

流通一般指圖書借還的流程。現代圖書館的流通部門或稱為存取服務部門。

傳統上，這一部門主要任務是圖書館資料的流通和遺失處理，以及逾期罰款。流通館員也兼處理指示性參考服務問題，如圖書館開放時間或圖書在書架的位置等一般諮詢問題。存取服務的工作，還包括期刊管理、館際合作，以及限閱資料管理。自動化環境下，此一部門有時還參與數位資源評估和選擇。

3. 視聽服務（audiovisual services）

顧名思義，視聽服務部門提供各種媒體和設備，有時還提供諮詢服務。但是，在實務上，並非所有視聽資料都必須存放在該部門中。例如，儘管視聽資料包括DVD，但音樂或美術部門仍可能存在音樂光碟。此外，由於視聽部門的主要活動是管理或流通資料，它有時位於流通部門中。

4. 檔案（archives）或特藏服務（special collections）

檔案和特殊館藏服務是處理重要的歷史紀錄或稀有資料及脆弱不易保存的資料。不同圖書館，特藏部門的規模和業務範圍差別很大。研究型圖書館（包括專門、公共或學術圖書館）會較有系統的管理及收藏。傳統上，這些資料在圖書館會限制使用，在資料處理和管理使用方面也非常謹慎。然而，檔案數位化的發展對這些資料的角色和可用性產生了很大的變化。當數位館藏在網路上提供時，它們的覆蓋範圍將遍及全球。

5. 特殊或推廣服務（special or outreach services）

有些圖書館針對特殊讀者設置服務的部門，如視障或聽障讀者，或者無法前往圖書館的人（如：囚犯、療養院居民或居家看護的人）。行動圖書館服務是公共圖書館常見的一種推廣服務方式。

（二）技術服務

傳統上，技術服務（technical services）的編目館員依據複雜的編目規則，編輯和描述書目資料。Evans、Intner與Weihs（2011）提出技術服務的九項職能，其中前五項被認為是「傳統的」職能。

1. 識別（identification）：找到具潛在價值的資料添購到館藏。

2. 選擇（selection）：確定要添購的選定資料。
3. 採購（acquisition）：取得所選資料。
4. 組織（organization）：以有助於最終使用者找到資料的方式，索引和編目所獲得的資料。
5. 準備（preparation）：製作書標及其他標籤，便於檢索使用。
6. 儲存（storage）：將處理好的資料，存放在可以長期保存的部門中，同時可以使館員和讀者都能輕鬆獲取資料。
7. 解釋（interpretation）：幫助讀者找到合適的資料。
8. 利用（utilization）：提供設備和空間，使工作人員和讀者能夠更有效地使用檢索到的資料。
9. 傳遞（dissemination）：建立一個允許讀者在沒有進入圖書館的情況下，也可以獲取和使用資料的系統。

　　許多傳統的技術服務工作，現在已經轉由外部代理商和書目供應中心（bibliographic utilities）利用網路訂購、書目描述和編目技術與處理。Mackenzie與Aulich（2009）認為這些有效的外部服務可能會永遠改變圖書館的技術服務，他們同時也認為技術服務部門是20世紀的圖書館部門，不是21世紀圖書館的部門，每一個圖書館都有自己的編目館員處理書目描述的日子不會太多，圖書館管理者會尋求一種更明智的方式調配人力與財政資源。或許一些傳統技術服務的角色會減少，但會出現其他重要的角色。Evan等（2011）提出以往被視為在後臺進行工作的技術服務館員，已重新被命名為後設館員（metadata librarians）。他們熟悉網路環境中識別、描述、組織資訊資源和應用電子資源的技術。數位版權管理（digital rights management，簡稱DRM）是另一個需要特別訓練和專業知識的技術服務領域，工作範圍包括：瞭解眾多的供應商及其產品、數位館藏的開發、合約的協商、電子書和電子期刊、蒐集和分析來自系統的數據、進行資料庫測試、資料庫維護和數位保存。DRM圖書館員作為技術服務部門的一部分或者獨立於技術服務部門之外，取決於圖書館的規模。儘管如此，這些新的職責將挑戰圖書館員制定新政策、應用新技術、開發新能力，並承擔新的風險（Leffler & Newberg, 2010, as cited in Rubin, 2016）。

　　總之，技術服務的目標在確保能為所有圖書館使用者提供高品質的服務。

（三）支援單位

支援單位的服務使圖書館能夠執行整個組織的基本功能。這些單位包括行政管理、資訊技術和系統，以及設施維護和安全。

1. 行政

廣泛的行政類別，包括：館長室、會計與財務、人力資源管理，以及市場行銷和公共關係部門。

(1) **館長室**

館長是圖書館的最高階主管，負責確保以合法、有效和健全的財政方式執行和實施圖書館的任務、目標和營運。館長之下通常設助理館長或副館長協助。某些類型圖書館（如學術圖書館或學校圖書館）的館長職位實際上都嵌入在更大的層級組織中。

(2) **會計與財務**

會計與財務負責圖書館組織的財務運作，確保所有財物的作業合法；此外，也負責協調預算編制、預測當前和未來的收入與支出，以及妥善維護財務帳戶。

(3) **人力資源**

人力資源辦公室負責與圖書館人員相關的工作符合圖書館的政策、程序，且符合所有相關法律與規範，人力資源管理的工作包括招聘、考核評估、契約管理、員工激勵，以及健康計畫等。

(4) **市場行銷與公共關係**

行銷和公共關係負責確保使用者、社區及其他利益相關者將圖書館視為一個積極的組織，向使用者傳遞圖書館提供的服務與資源，以及報告圖書館對社區和上級機構的成就、目標和使命。行銷與公共關係人員為圖書館的計畫與活動宣傳、制定重大活動的公關計畫、負責與媒體、政治、民眾和宗教領袖的溝通、爭議出現時的危機管理，同時，也要協助開發圖書館網站並為其提供內容。

2. 資訊技術與系統

許多圖書館在資訊技術、系統和網路都有專用的經費和人力資源，他們為圖書館所提供之基本服務的角色也愈來愈重要。資訊技術與系統人員主要在提供：

(1) 圖書館員和供應商有關採購、建置和使用新技術及系統的建議與合作；(2) 根據需要，負責系統維護、維修和更新；(3) 針對新系統或更新的系統與技術，實施館員的教育訓練；(4) 協助評估新系統與新技術；(5) 維護網路安全，防止病毒或未經授權，抑或不適當的使用系統。

3. 設備維護

舒適、乾淨且維護良好的環境可以吸引使用者上門，設備維護部門在確保建築物和內部環境的有效維護。在規模較小的圖書館，設備維護人員可能也兼執行保全工作。

4. 安全部門

不論員工或讀者都期望有一個安全的圖書館環境，保全的需求取決於圖書館的規模大小和地理位置。工作範圍從處理一般的干擾秩序到重大的犯罪行為。包括巡邏、監控保全設施、看守出入口、協助處理問題讀者，提供安全流程和處理程序的建議，以及必要時與其他安全單位的聯繫。

二、各類型圖書館的發展與挑戰

公共圖書館、學術圖書館、學校圖書館，以及專門圖書館雖然都有其各自的特色和使命，但也存在許多相似之處。本節從類型說明圖書館現況及面臨的挑戰。

（一）公共圖書館

大多數公共圖書館的使命都在滿足社區的教育、資訊、娛樂和文化需求。一些公共圖書館的使命宣言，還包括提高知識、強化社區、豐富生活或服務社區內其他機構的願景。也有愈來愈多公共圖書館強調鼓勵公民參與的義務，包括向公民宣傳社會和政治問題，並鼓勵和促進參與民主進程（Rubin, 2016）。亦即，圖書館納入了滿足社區需求以及實現社區目標的使命。此種，圖書館在滿足一系列已經明確定義的社區需求後，為民眾所提供的服務，稱為「服務回應」（Nelson, 2008），今天的公共圖書館規劃必須具靈活、適應性強、能夠快速滿足環境變化的條件。以下說明公共圖書館主要發展和挑戰（Rubin, 2016）。

1. 新資訊技術

新的資訊和通訊技術以及網際網路的發展改變所有圖書館的服務、設備和組織結構。一些公共圖書館正在建置「數位分館」（digital branch），數位分館是在全球資訊網上，以數位方式傳播資訊的圖書分館。它提供的不僅僅是傳統的圖書館網站的服務，因為數位分館擁有真實的員工、真實的建築、真實的預算、真實的館藏，以及在其周圍發展的真實社區（King, 2009）。King 認為「數位分館」最酷的是可以讓圖書館的讀者選擇他們如何與圖書館互動。例如，當讀者走到參考諮詢臺詢問問題時，他們是在利用實體圖書館的功能；當讀者檢索圖書館網站就可以使用圖書館。或者，透過 RSS 或 Facebook 網站等工具，可以讓圖書館延伸到他們的所在。同時，在這個社區，人們可以透過社群媒體與社區其他成員互動，參加數位會議，並與圖書館工作人員互動。

2. 財政現況改變

公共圖書館的主要經費壓力來自電子資源的成本，包括不斷增加的資料庫的訂閱成本、系統的維護成本，以及營運和維護公用目錄的成本。此外，電子書的成本和空間的重新設計都增加了財務上的壓力。經費的壓力，也使得圖書館在政治和行銷上變得活躍，圖書館要得到上級單位支持，就必須得到民眾支持，必須參與社區活動，提供社區民眾重視的服務，並持續以各種績效評估方式，讓上級單位及社區瞭解他們的貢獻及價值。

3. 價值評估

雖然很少有人懷疑公共圖書館對他們的社區有很大的好處，但這些好處有時難以定義或量化。儘管如此，在納稅人不關心公共圖書館服務的情況下，圖書館如何解釋它們有所作為至關重要。根據社會行銷原則，使用的語言應該與社區關心的議題產生共鳴。例如，美國都會圖書館理事會（Urban Libraries Council, 2011）一份報告提到「公共圖書館的投資報酬率不僅有利於個人，還強化了社區解決與經濟發展有關之問題的能力」。該研究也提及「圖書館提供有助於長期經濟成功的早期素養服務；圖書館的職業和就業資源有助於培養對新技術工作場所的能力」。

隨著問責制壓力的增加，成本效益分析將變得更為普遍，圖書館評估應從投入及產出轉向成果（outcomes）導向，亦即將重點從圖書館業務評估轉向為社區提供

的實際利益（Holt & Elliott, 2003）。關鍵問題不是「如何獲得更多經費」，而是「圖書館要如何才能對社區更有價值」（Rodger, 2002, as cited in Rubin, 2016）。

4. 政治氛圍

　　公共圖書館經費，本質上是一個政治問題，公共圖書館存在於一個固有的政治環境中，這個事實經常被低估。隨著圖書館積極推動公民參與，圖書館在社區中的作用愈來愈具有政治性。圖書館在鼓勵人們投票；提供選民決定的問題的方案；或提供可能有助於改善具有挑戰性的經濟和社會條件的職業培訓。在館藏發展上，公共圖書館有義務確保圖書館館藏平衡，政治上不偏袒任何一方，而是代表雙方。在另一個層面上，圖書館是政治性的，圖書館管理者必須與社區建立並保持有效的工作關係，圖書館領導者必須對社區的政治力量有所瞭解且具備敏感性，圖書館與政治有著複雜的關係，平衡各方利益是一項具有挑戰性的任務（Rubin, 2016）。

5. 創客空間的成長

　　從 2011 年下半年開始，「創客空間」（makerspaces）這一概念開始影響到美國公共圖書館。圖書館愈來愈重視社區參與，也導致在公共圖書館中創建了創客空間融入自身經營理念，提供具特色的服務（李忠東，2017）。

　　創客空間是創客文化（maker culture）的一部分，強調透過親身實踐活動創造和學習的價值。創客空間有時被稱為「駭客空間」（hacker space），是人們聚集在一起的實體位置，用於共享資源和知識。圖書館或其他社區中心提供空間，工具，有時還提供專家協助。人們的製作取決於空間的設計方式，但一般來說，創客空間強調新技術，如：3D 列印機、工程，以及小組討論，非正式課程和自主學習中測試新思想。公共圖書館的創作空間有很多好處，因為他們（Britton, 2012）：
(1) 培養遊戲和探索。
(2) 促進非正式學習機會。
(3) 培養點對點培訓。
(4) 與社區成員合作，成為真正的合作夥伴，而不是使用者或贊助人。
(5) 培養創造而不是消費的文化。

　　創客空間的核心是人們可以共同探索、分享、創造和解決問題的社交場所。

人們不是單純地接受知識，而是透過實踐來學習。創客空間可以將學習行為轉變為點對點教學。

傳統上，圖書館知識傳播大部分是透過使用者閱覽圖書資料進行，是顯性而靜態的知識流動。而「創客空間」的核心內容是「動手製作」，由使用者親自動手設計、製造、驗證。將「動手製作」融入公共圖書館「動靜結合」的「讀書」服務。圖書館不再只是「你管著，我看著」的閱覽場所，而成為人與人、人與資訊自由交流的空間（李忠東，2017）。

6. 數位落差的持續存在

隨著圖書館服務和資源愈來愈依賴數位資源的使用，圖書館必須面對所有人都能使用圖書館服務和資源的根本問題。「數位落差」（digital divide）一詞，可以定義為在描述「那些有權使用網際網路也會的使用網際網路的人，與沒有權限使用或沒有技能使用的人之間的落差」（Rubin, 2016）。在 21 世紀，這種知識對於在教育、財政、健康、就業和參與民主社會的成功至關重要（Bertot et al., 2014；轉引自林豐正、李芊芊，2015）。數位素養（digital literacy）通常用於指個人找到資訊、評估資訊和使用數位資訊的能力，包括技術（例如計算機）和服務等（Jaeger, Bertot, Kodama, Katz, & DeCoster, 2012）。Hildreth（2013）估計，全世界約有三分之一的人口（超過 1 億人）是數位文盲。Horrigan（2014）報告說，29% 的美國人的數位技能水準較低，42% 的人具有中等水準的數位技能，29% 的人擁有高水準的數位技能。數位文盲的解決方案是數位包容（digital inclusion）。圖書館及相關機構是彌平數位落差的主要機構。

數位包容有三個面向：使用（access）、採用（adoption）和應用（application），這些面向顯示了創建數位包容性社區的最終目標（Digital Inclusion Survey, 2014）：

(1) 使用：可用性，可承受性，包含設計和公共使用。
(2) 採用：相關性，數位素養和消費者安全。
(3) 應用：經濟和勞動力發展，教育，醫療保健，公共安全和緊急服務，公民參與和社會關係。

為了實現這些目標，圖書館以四種重要方式促進數位包容（Digital Inclusion Survey, 2014）：

(1) 透過在社區中免費提供公共接入技術（軟硬體，高速網際網路連接）。

(2) 透過在其社區中提供的一系列數位內容。
(3) 透過提供數位素養服務，幫助個人使用一系列資訊和通信技術來瞭解，評估和創建數位內容。
(4) 圍繞主要的社區需求領域，提供計畫和服務，如：健康和保健、教育、就業和勞動力發展，以及公民參與。

事實上，包括臺灣在內的圖書館都已經開始在為數位包容性社會做出貢獻。但，即便數位落差減少，也會出現新的數位問題。Horrigan（2014）認為，下一代網際網路的應用，允許人們在政府和健康等領域使用，分析和重新利用大量數據，但多數人缺乏利用這些應用的知識和技能。Horrigan 認為公共圖書館應該從關注數位素養後，投入更多關注在「數位準備度」（digital readiness）。所謂數位準備度，他定義為「人們使用線上資源，參與服務屬性以及個人和家庭數據使用的完整資訊的能力。」

7. 審查議題

長久以來，公共圖書館常會受到個別團體或政府單位試圖限制其館藏資料，這種趨勢有增無減。審查議題（censorship issues）常見的是對青少年兒童以及某些書籍，或其他圖書館資源可能產生的影響。此外，關於同性戀的議題，也是受關注的焦點。美國的公共圖書館館員不僅被迫捍衛他們自己的圖書館，也不得不捍衛他們的專業學會及其宗旨。當然，讀者的抱怨，也會導致一些圖書館員以限制使用或將有爭議的資料下架，來降低他們的專業標準（Rubin, 2016）。

（二）學校圖書館

學校圖書館亦稱「教學資源中心」（learning resources center）、「圖書館媒體中心」（library media center）或「學校圖書館媒體中心」（school library media center）。依據聯合國教科文組織（United Nations Educational, Scientific and Cultural Organization，簡稱 UNESCO）的定義學校圖書館是「全員教學的學校圖書館」，提供的資訊和概念，是在參與當今資訊和知識社會的基礎；學校圖書館將終身學習技巧授予學生，發展想像力，讓他們能夠以負責的公民在社會行走。主要任務在「提供的服務、圖書及資源，讓學校社區成員學習成為各種

格式與媒體資訊的批判性思考者與有效果的使用者。依據〈聯合國教科文組織公共圖書館宣言〉的原則，「學校圖書館連結至更寬廣的圖書館及資訊網路」（International Federation of Library Associations and Institutions, 2006）。學校圖書館宣言，簡言之，學校圖書館目的在滿足校內學生資訊需求，以及協助教職員課程教學需求。根據我國《圖書館法》第4條第4款，「中小學圖書館」是指由高級中等學校以下各級學校所設立，以中小學師生為主要服務對象，供應教學及學習媒體資源，並實施圖書館利用教育之圖書館。

學校圖書館也是教育過程的一部分，下列事項是發展素養、資訊素養、教學、學習與文化的要項，也是學校圖書館的核心服務（International Federation of Library Associations and Institutions, 2006）：

1. 經由學校宣示的任務與課程，支援與強化教育目標。
2. 發展並支持學童的閱讀與學習的習慣和趣味，終其一生使用圖書館。
3. 提供建立與使用資料做為知識、理解、想像和享受的機會。
4. 支援學生評鑑與使用多種形式、格式與媒體的資訊，做為學習及實踐技術所需，包括社區內敏感的溝通模式。
5. 提供近用本地與全球資源的機會，讓學生接觸多元的理念、經驗與意見。
6. 組織鼓勵文化與社會化的覺察與敏感度之活動。
7. 與學生、教師、行政人員與家長攜手達成學校的任務，宣告智性自由與近用資訊是達成負責公民與參與民主的必要部分。
8. 推動閱讀，將學校圖書館的資源與服務，推向整個學校社區及其以外的地域。

學校圖書館發展已經從書架的書籍發展到新的數位資源，從實體到網路上的資訊，從特定資訊提供到促進批判性思維技能的中介者，這也意味著圖書館還創造新的空間，不再只是書架和桌椅，圖書館為課堂計畫，為促進溝通和自我表達，為部落格和使用其他社交媒體，提供表演和活動場所（Kimmel, 2014）。學校圖書館面臨許多挑戰，簡要敘述如下：

1. 實現學校教育使命

學校圖書館經常不被認為是教育過程不可或缺的部分，但許多研究顯示學生學業成績與學校圖書館相關，圖書館員和館藏規模是學業成績的最佳預測指標。

閱讀水準的高低與學校圖書館員之間也有相關性（as cited in Rubin, 2016）。這些研究結果強調了學校圖書館員需要定期與教師、校長和管理人員進行溝通和合作，展示圖書館能為學校使命做出貢獻，才有獲得政治與財政支持的可能。

2. 資訊技術和資訊素養

學校圖書館面臨與公共圖書館一樣的問題：試圖保留傳統服務，同時為新技術和數位內容提供預算，但能使用的資源與經費卻相當有限。

隨著資訊技術的使用性增加，需要教會學生如何查找並評估有效和可信的資訊。學校圖書館必須幫助學生發展 21 世紀所需要的技能，使他們能夠利用資訊技術作為學習工具，確保他們為參與數位社會做好準備。

3. 人力及經費資源減少

政府的教育預算日趨下降，加上技術設備的成本和一般營運費的增加，造成圖書館財政壓力日益增加，學校管理者不願意減少教學人員，因此，學校圖書館往往成為削減預算的目標。預算和考試的壓力導致了學校圖書館的非專業化或裁撤；但，對大學和職業準備的日益重視以及技術的融合，為學校圖書館管理者打開了一扇前所未有的大門（Stripling, 2014, p. 9）。在現實的政治和經濟環境下，圖書館需要在學校內發揮更積極的作用，定期向同事、家長及利益相關者傳達他們的價值。

（三）大學圖書館

大學圖書館（university library）與學院圖書館（college library）同屬於學術圖書館（academic library）的類型。不同於研究圖書館（research library）專為某些專家、學者在特定領域研究之目的而設，大學圖書館為大學所附屬的圖書館，其主要功能在於支援大學的教學與研究。在某些國家，大學圖書館亦為該國的國家圖書館，整合國家的圖書館事業發展。和學校圖書館一樣，大學圖書館通常沒有獨立的任務，其功能在反映母機構的使命和任務。

大學圖書館的大部分經費資源用於研究性期刊、專門館藏、珍貴資料、論文、資料庫、專著等。近年來，儘管大學圖書館一直活躍在圖書資訊的領域，但大學圖書館已經進入了一個不連續變化的時代，在這個時代，過去積累的資產並不能

保證未來的成功；加上 2010 年以來高等教育環境的轉變，繼續影響圖書館的館藏內容發展、新資源和傳統資源的使用和管理，以及為讀者所提供的服務。隨著母機構對自身的重新定義，圖書館必須不斷發展，並繼續證明其對母機構有所貢獻的價值。

　　正如前面討論其他類型圖書館時所指出的，影響大學圖書館的變化是資訊環境和整個高等教育中發生的廣泛變化。大學校圖書館不能再依賴過去的做法來保證未來的延續。以下說明了一些影響高等教育和大學圖書館的問題（Rubin, 2016）。

1. 學術出版物的成本不斷上升，人們對開放取用資源和本地數位圖書館的興趣日益濃厚。
2. 關注留住學生，以確保機構的財務穩定；包括提升學生學習成就的各種活動、重新設計空間（如學習共享空間）、豐富資訊素養課程、電腦介面和提供一站式檢索目錄。
3. 愈來愈重視利用數位館藏和資源，包括電子書和透過各種數位設備進行遠程載入，隨之而來的是，由於版權問題而增加的成本和法律糾紛將給圖書館帶來新的財政負擔。
4. 減少對實體圖書和期刊館藏的重視，同時擔心大量紙本館藏未得到充分利用，不具成本效益。
5. 傳統的案頭參考功能的使用愈來愈少。
6. 期望大學圖書館像學術機構的其他非創收部門一樣，證明其價值高於成本。
7. 線上課程的增長，創造了圖書館線上資源取得的新需求，同時也注意到版權和知識產權維護的重要性。
8. 對圖書館員角色的期望不斷變化，愈來愈強調為教師、院系和學生提供個人化服務。
9. 與外部機構加強合作，以提高生產力減少館藏與服務的冗餘。

　　學術圖書館面臨的複雜性和大量的問題，本書無法一一列舉，以下簡要討論其挑戰和機遇。

1. 學術出版的危機

　　為了確保教師及研究人員能在國際舞臺競爭，政府對高等教育的支持大幅增

加，但同時也出現了學術期刊的大幅成長。大多數學術研究期刊都歸商業出版商所有，特別是科學、醫學以及技術領域。此現象產生的壟斷導致訂購成本大幅增加，使學術圖書館的預算壓力很大，此一現象，被稱為學術出版危機。針對此議題，美國研究圖書館學會（Association of Research Libraries，簡稱 ARL）、約翰霍普金斯大學（Johns Hopkins University）、印地安那大學（Indiana University）、賓州州立大學（Pennsylvania State University）和多個學術研究機構在 2000 年 3 月討論，興起了知識的開放近用（open access，簡稱 OA）運動，借助數位技術與網際網路替學術社群建構了開放近用的傳播模式。OA 傳播可分為金色與綠色二種模式，前者指期刊典藏模式，後者指機構典藏（institutional repository，簡稱 IR）（Suber, 2012）。

2. 增加對學生學習成就和學生留校率的關注

圖書館有助於學校招生、增加學生留校率（student retention），以及對學生學業成就有所幫助，已成為美國高等教育共同關注的績效指標（Association of College and Research Libraries, 2015）。今天，大學如果不能證明它們的價值，生存就會受到威脅。滿足父母期望的需要更大，因為政府提供用於支持學術機構的收入比例愈來愈小，其結果是愈來愈需要依賴學生學費和學生留校率，來支持提供高等教育的成本。

3. 創建合作環境：資訊共享空間

創建合作的空間或客製化環境，提供學生討論、學習，愈來愈受到重視。一改過往圖書館只是安靜坐著自己一人讀書的模式，愈來愈多圖書館正在改建空間來提供學生合作學習的機會，包括從數位資源來提供這種環境的方式。

4. 嵌入式圖書館管理

嵌入式圖書館管理（embedded librarianship）通常是圖書館員將自己的技術和服務，嵌入實體或網路的學術環境之中，以成為使用者文化的一部分（Drewes & Hoffman, 2010）。亦即，讓圖書館員走出傳統圖書館環境，置身於現場，與研究者或教學人員密切配合（Carlson & Kneale, 2011）。

換言之，使圖書資訊專業成為學術部門教學功能的延伸，也是其社會結構的一部分，該教學部門甚至可以分攤或支付圖書館員薪資。嵌入式圖書館員可以使

用面對面或線上建構課程，提供學生或教師深入的研究協助。嵌入式館員必須具備卓越的溝通和人際關係技巧、強烈的服務倫理、靈活與創造力的性格，以及享受合作的傾向（Drewes & Hoffman, 2010）。

5. 數位保存與數位策展

　　許多學科仍然依賴傳統的實體資料，圖書館保留印刷與視聽資料等實體館藏仍然有其重要性與必要性。但是，與其他類型圖書館一樣，數位環境已改變了資訊保存的重點與技術。數位化帶來新的困難含挑戰，擴大了數位保存的內容與範圍。數位保存的挑戰可以從下列方面觀察（Meyer, 2009）：

(1) 學術圖書館已經深深地被數位科技影響並延伸到使用者的期望和行為中。
(2) 圖書館必須持續維持實體典藏與數位資訊保存之間的平衡。
(3) 資金不足以涵蓋學術圖書館所有的保存需求。
(4) 合作或創新的分享式資源，與其保存策略都非常重要，尤其是在數位內容的部分。

　　圖書館有非常多措施與服務來維護實體保存品，政府與大學都在加強印刷資料數位化的努力，但是，這些措施多半以取用為出發點而非保存，因數位化而增加的原件取用需求，反而會增加保存品的損壞（Smith, 1999）。

　　保存數位資源的需求衍伸出了一個新的領域——數位資源保存（digital preservation）。美國國會圖書館（Library of Congress，簡稱 LOC）在 2014 年定義數位資源保存是「隨著時間推移主動管理數位內容以確保未來的可取用性」數位資源保存有時被稱作為「數位策展」（curation），但有些人認為數位策展是一個更廣泛的概念，Meyer（2009）將數位資源保存稱為數位策展的一個子集，並定義數位策展為：關於創建、取得、描述、使用、保存和重新利用數位資源的所有行為，可以是一個簡單的數位物件，或是一組相關聯的數位資源。

　　另外一個挑戰是，雖然大學圖書館維護的任務增加了，但圖書館經費並未相對增加，圖書館必須面對如何在取得新數位資源的需求，與維護保存既有數位資源二者之間取得平衡。

（四）專門圖書館

　　專門圖書館源於 1777 年美國西點軍校（United States Military Academy at

West Point）設立的圖書館。美國專門圖書館學會（Special Library Association，簡稱 SLA）1909 年成立時，已有近百所專門圖書館（Rubin, 2016）。依照我國《圖書館法》第 4 條規定，「專門圖書館係指由政府機關（構）、個人、法人或團體所設立，以所屬人員或特定人士為主要服務對象，蒐集特定主題或類型圖書資訊，提供專門性資訊服務之圖書館。」

當一個人體認到在競爭的知識經濟社會中，快速取用最新資訊的重要性時，專門圖書館的功能就變得非常明確。所以，專門圖書館的快速成長，至少可歸因於三個因素：1. 不斷成長的資訊量；2. 資訊技術的持續發展；3. 意識到資訊對組織生存的重要角色（Christianson, King, & Ahrensfeld, 1991）。明顯的，專門圖書館大都存在具有創業精神的環境中。

專門圖書館與大多數其他類型的圖書館不同的是，很多專門圖書館存在於私人企業，而且是以利潤為導向的組織內，它們只為自己的特定顧客或贊助商提供服務，並將自己設定為知識服務或內容管理服務的角色。知識服務在建立社會共同體、在創造一種信任的社會基礎，在此種合作的環境下，所有利益相關者，都能成功實現上級組織的使命。

21 世紀的現代，取用知識是行動化的，人們可以從許多不同地方取用資訊，而不必親自到訪圖書館。所以，今天專門圖書館的經營，不再只是將圖書館作為儲存資訊的場所，而是在反映一個更加動態的過程；圖書館提供的是一個更加專注於滿足顧客資訊需求的活動。專門圖書館員減少了選擇和組織資料的工作，更多的工作是擔任協調和協作者（Felix & Dugdale, 2011）。

本節前面所討論的其他類型圖書館的發展趨勢，大致也適用於專門圖書館，主要還是與數位館藏的成長相關。例如，經費從印刷館藏轉移到電子館藏，以及電子資源使用權的技術等。因此，增加了使用入口網站蒐集資訊，也增加了對電子期刊和電子文獻傳遞。Zeeman、Jones 與 Dysart（2011）注意到在這個新環境，有幾個影響專門圖書館的重要改變。

1. 數位圖書館的出現

專門圖書館員視自己是數位時代的內容管家，他們既可以提供資訊，也能為使用者提供數位檢索。他們管理數位館藏，並和第三方機構簽約、協商以獲取資訊。在某些情況下，他們會對特定館藏進行數位化，甚至製作新的館藏提供使用。

2. 加值服務的增加

　　專門圖書館目前的發展較少強調傳統實體圖書館服務，而是著重在更多的資源傳遞服務。專門圖書館員利用各種工具和管道傳遞他們的服務，有時，圖書資訊專業人員會直接嵌入到工作流程中，成為工作團隊的成員，並提供客製化的服務，滿足團隊的特定需求。同樣的，因為顧客喜歡自己檢索資訊，所以，館員經常需要提供訓練，以及建置使用介面，來增加系統好用性。或許，專門圖書館員會感覺他們失去身為專家的地位；但是，透過網路和社群媒體等互動工具，資訊專業人員會發現，今天所擁有的影響比過去更廣泛（Ard and Livingston 2014, p. 527）。

3. 實體空間的變化

　　由於實體館藏日趨減少，專門圖書館的空間正被重新規劃作為訓練和協作的場域。包括：視訊會議，協作空間、舒適的閱讀區域，以及顧客使用新技術的場所。在幾乎完全連接到數位資源和以及結合資訊科技的應用下，實體圖書館可能會大大減小或消失。

4. 啟用電子服務的新技術

　　便利性是資訊檢索和資訊傳遞的重要元素，許多專門圖書館引人高速網路，以有效地傳輸數位文獻。同樣，電腦檢索系統正在改變，以便顧客只需要一次登錄即可檢索和接收所需資訊。

5. 授權內容增加

　　過去，大多數專門圖書館員使用組織內部的實體館藏滿足資訊查詢的時代已經過去，雖然大多數專門圖書館仍然在使用實體館藏，但可能大部分需要的資訊都是由第三方擁有和控制的。因此，專門圖書員還需要具有談判以及管理使用權與合約的技能。

　　以上提到的所有實體和專業變化，都是動態環境的證據。還有其他的挑戰，例如，下一代的專門圖書館員必須要管理電子和實體二種空間，亦即一個虛擬館藏和一個集中的協同空間。他們必須熟悉數位資源、整合性的視訊會議、網路會議的技術，和分析 3D 資料的先進技術；他們也需要具備資料分析、行銷策略、

專利研究，以及專案管理的技能（Swanson, 2014）；此外，專門圖書館員需要加強他們在資訊策展的知識。大部分專門圖書館的使用者重視立即取得需要的資訊。

過去，傳統的層級與職掌分配讓圖書館運行順暢。然而，如今面臨了環境上新的挑戰，有些是特定圖書館，但更多是共通的，包括經費縮減、知識暴增、新技術的發展，以及讀者期待的變化。圖書館必須明確其任務並適應其組織，以確保持續發揮其功效。

第二節　圖書館相關專業組織

圖書館相關的專業組織，多為圖書館事業人士所組成，並以致力於圖書資訊服務事業的倡導以及資訊服務專業和領導力發展為其主要宗旨。對圖書館事業的發展與圖書館員的職涯發展息息相關。但此種專業團體甚多，本節僅擇要介紹相關組織。

一、國內相關圖書資訊專業組織

本節圖書資訊專業組織，主要以學術團體為主軸，並以中華民國圖書館學會、中華圖書資訊館際合作協會、中華圖書資訊學教育學會、美國資訊科學暨科技學會臺北分會，以及臺灣醫學圖書館學會為主，學會之附屬組織以及學生團體，因篇幅所限，不在介紹之列。

（一）中華民國圖書館學會（LAROC）

中華民國圖書館學會（Library Association of the Republic of China [Taiwan]，簡稱 LAROC）係由圖書館從業人員及有興趣於圖書館事業人士所組成之學術團體。其前身為「中華圖書館協會」，1925 年 6 月創立於北京。1953 年 11 月在臺北市復會，改名為「中國圖書館學會」。2005 年 12 月，經過會員大會通過，又改名為「中華民國圖書館學會」。會址設於臺北市中山南路 20 號國家圖書館內。該會以宏揚我國文化，研究圖書館學術，團結圖書館從業人員，發展圖書館事業為宗旨。其任務有下列數項：
1. 研究圖書館學與資訊科學之理論與實務。

2. 倡導國民讀書風氣,建立書香社會。
3. 建立圖書資訊從業人員之倫理規範。
4. 研訂圖書資訊之相關標準。
5. 推展圖書資訊從業人員之繼續教育。
6. 促進全國圖書資訊資源之開發與利用。
7. 謀求圖書資訊事業之合作發展。
8. 促進全國圖書館資訊網路系統之發展。
9. 編印出版圖書館學與資訊科學書刊。
10. 辦理其他合乎本會宗旨之必要活動。

中華民國圖書館學會主要組織及職掌如下為:
1. 會員大會:是該會最高權力機構,由全體會員組成。
2. 理事會:會員大會閉幕期間,代行其職權,由會員大會選舉三十三人為理事。
3. 監事會:由會員大會選舉監事十一人,並互推常務監事一人代表監事會。
4. 常務理事會:理事互推常務理事十一人,並由理事就常務理事中選舉一人為理事長,負責日常會務推展。
5. 各委員會:該會為學術研究及會務處理需要,設有各種委員會,每屆設置之委員會數量及名稱有些微異動。

(二)中華圖書資訊館際合作協會(ILCA)

中華圖書資訊館際合作協會(Interlibrary Cooperation Association,簡稱ILCA)。是國內重要的圖書資訊單位館際合作組織。1972年由中山科學研究院、清華大學、交通大學、成功大學、聯合工業研究所、空軍航空工業發展中心、聯勤兵工發展中心及中正理工學院等單位策劃成立。1975年召開第一次會員大會,共有27個單位。1977年定名為「中華民國科技圖書館及資料單位館際合作組織」(Science & Technology Library Network, R.O.C.,簡稱SATLINE)。1991年內政部核准成立「中華民國科技館際合作協會」(Sci-tech Interlibrary Cooperation Association,簡稱STICA);1999年更名為現名「中華圖書資訊館際合作協會」。

該協會於1985年成立「財團法人中華民國科技圖書館及資料單位館際合作組織研究及發展基金會」;1995年基金會更名為「財團法人中華圖書資訊館際合作研究發展基金會」。

中華圖書資訊館際合作協會為圖書館及資料單位館際間合作性組織，以促進相互間資訊交流與服務為宗旨。主要任務如下：
1. 策劃有關圖書館館際合作業務及學術研討等活動。
2. 贊助會員單位館際合作各項實務活動，研究並規劃各館分科資訊蒐集要項，以有效運用國家資訊資源。
3. 出版有關館際合作之各種文獻，以提升專業館員水準及推廣科技資訊之利用。
4. 贊助我國圖書館及資訊教育單位培育科技資訊管理專才。
5. 贊助我國新設置之圖書館及資料單位充實圖書資料及設施。
6. 推展及參加國際間資訊合作交流等學術活動。
7. 其他合乎本會宗旨之活動事項。

（三）中華圖書資訊學教育學會（CALISE）

　　中華圖書資訊學教育學會（Chinese Association of Library & Information Science Education，簡稱CALISE）1992年5月30日成立，宗旨在研究、發揚與促進圖書資訊學教育。主要任務包括：
1. 研究與推廣圖書資訊學教育。
2. 研討圖書資訊學學制與課程。
3. 促進圖書資訊學教育方法與經驗之交流。
4. 推動學用合一以及專才專用制度。
5. 增進圖書資訊學教育之國際合作。
6. 其他符合本會宗旨之事項。

　　中華圖書資訊學教育學會之組織如下：
1. 會員大會：會員大會為最高權力機構。
2. 理事會：會員大會閉會期間，由理事會代行職權。由會員大會選舉理事九人，候補理事三人組織之。
3. 監事會：為監察機構。
4. 委員會：目前設有學術交流委員會、課程教學發展委員會、研究發展委員會，以及會員發展委員會，協助會務的運作。

（四）美國資訊科學暨科技學會臺北分會

我國資訊科學界人士為增進資訊科學各行業間專業知識之溝通，並加強國際資訊間之學術合作，由加入美國資訊科學學會之人士，共同於 1983 年 3 月 20 日組成美國資訊科學學會臺北分會。而在 1984 年 1 月由大學學生組成美國資訊科學學會臺北學生分會，為該學會在美國海外地區之第一個學生分會。

該分會主要宗旨在於聯合本區域之全體會員，共同參與並實現總會之宗旨與計畫，及對資訊科學教育、資訊發展和一切有關之活動的推展。分會的組織乃依照美國資訊科學學會的會章規定，設有會長、副會長各一人、執行秘書一人、會計一人，分會代表及副代表各一人；另設有執行委員會，又可視實際需要設各項委員會，各委員會得推舉召集人一名。

有關美國資訊科學會，另於本節國外相關專業組織說明。

（五）臺灣醫學圖書館學會（TMLA）

臺灣醫學圖書館學會（Taiwan Medical Library Association，簡稱 TMLA）是由臺灣各地的醫學圖書館所組成的非營利性社會團體，於 2015 年 9 月 3 日成立，以促進醫學圖書館發展與交流、推動醫學圖書館館員認證與繼續教育為宗旨。學會主要任務如下（臺灣醫學圖書館學會，n.d.）：
1. 研擬評鑑政策之建議，轉交相關組織或機構參考。
2. 促進醫學圖書館館員參與醫學人文教育之推動。
3. 規劃及推動醫學圖書館館員專業認證。
4. 舉辦醫學圖書資訊相關專題演講、研討會及學術活動。
5. 加強與國內外醫學圖書館、相關研究機構及廠商之聯繫、交流與合作。
6. 辦理醫學圖書館館員之繼續教育。
7. 組織醫學相關資源採購聯盟。
8. 辦理其他與章程所訂宗旨及任務相關事項。

學會組織以會員大會為最高權力機構，設理事會、監事會，並設有 5 個委員會，協助規劃並推動會務。

二、國外相關圖書資訊專業組織

（一）美國圖書館學會（ALA）

美國圖書館學會（American Library Association，簡稱 ALA）成立於 1876 年 10 月 6 日費城百年博覽會（Centennial Exposition in Philadelphia）期間，ALA 的使命是「領導圖書館與資訊服務以及圖書館事業的發展、推廣和改善，以促進學習並確保人人皆能取用資訊」，ALA 是世界上歷史最悠久，規模最大的圖書館學會。任何對圖書館感興趣的個人或組織都可以加入為會員（Rubin, 2016）。

組織方面，ALA 擁有 19 個圓桌會議，11 個部門，57 個州和地區分會，25 個附屬組織，以及約 270 名員工的總部員工（American Library Association [ALA], 2019）。ALA 由理事會、執行董事和執行董事會負責行政作業；ALA 成員組成的各種委員會，則扮演學會在專業和政治利益方面的重要角色。圓桌會議的重點是繼續教育、軍事圖書館、種族資料、圖書館歷史和政府文獻等領域；部門專注於為兒童和成人、公共圖書館和學術圖書館服務。常設委員會，包括圖書資訊研究課程認證、素養與推廣、薪酬公平、多元化、發展和招聘、研究和統計、女性圖書館員地位，以及會員委員會。2018 年 ALA（2019）確定四個策略方向：1. 倡導；2. 資訊政策；3. 專業和領導力發展；4. 公平、多元化和包容性。至於其核心價值則在：

1. 擴展美國和世界各地的圖書館服務。
2. 所有類型的圖書館：學術、公共、學校和專門圖書館。
3. 所有圖書館員、工作人員，以及其他致力於改善圖書館服務的個人和團體。
4. 會員服務。
5. 開放、包容和協作的環境。
6. 倫理、專業和誠信。
7. 卓越和創新。
8. 知識自由。
9. 社會責任和公共利益。
10. 永續發展。

ALA 在四個策略下，致力於八個關鍵行動領域作為資源投入的指導原則：

1. 對圖書館和專業的宣傳（advocacy for libraries and the profession）

該學會積極致力於提高公眾對圖書館和圖書館員的重要價值的認識，促進有利於圖書館和圖書館使用者的州和國家立法，並提供當地倡導者尋求增加對圖書館支持所需的資源，培訓和支持各種類型網路。

2. 多元化（diversity）

多元性是該學會及其成員的基本價值，並展現在其致力於招聘有色人種和身障人士，以及為所有人推廣和發展圖書館館藏和服務的承諾。

3. 教育與終身學習（education and lifelong learning）

為所有圖書館工作人員和受託人提供專業發展和教育的機會；透過各種類型的圖書館和資訊服務促進所有人的持續終身學習。

4. 公平獲取資訊和圖書館服務（equitable access to information and library services）

該學會倡導以經費和政策，支持圖書館作為民主機構，為各個年齡層、不同收入水準、不同居住地點、不同種族或體能的人提供服務，並提供生活、學習、治理和工作所需的全方位資訊資源。

5. 知識自由（intellectual freedom）

知識自由是民主社會的基本權利，是圖書館職業的核心價值。ALA 積極捍衛圖書館使用者在憲法第一修正案保證下閱讀，尋求資訊和自由發言的權利。

6. 素養能力（literacy）

ALA 協助和促進圖書館幫助兒童和成人發展他們所需的技能：閱讀和使用計算機的能力，以理解在全球資訊社會中尋求和有效利用資訊資源的能力至關重要。

7. 組織卓越（organizational excellence）

該學會具有包容性、有效性並能滿足 ALA 成員的需求。

8. 轉型圖書館（transforming libraries）

　　ALA 在動態且日益全球化的數位資訊環境中，為圖書館和圖書館服務的轉型提供領導。

　　出版品方面，ALA 出版了許多出版品，包括該專業各個領域的圖書和期刊。主要期刊出版品如下：

1. *Reference and User Services Quarterly*，由 Reference and User Services Association（RUSA）發行。
2. *Public Libraries*，由美國公共圖書館學會（Public Library Association，簡稱 PLA）發行。
3. *Library Administration and Management*，由 Library Leadership and Management Association（LLAMA）發行。
4. *Young Adult Library Services*，由 Young Adult Library Services Association（YALSA）發行。
5. *Children and Libraries*，由 Association for Library Service to Children（ALSC）發行。
6. *College and Research Libraries*，由大學與研究圖書館學會（Association of College and Research Libraries, ACRL）發行。
7. *American Libraries*，由 ALA 發行，是 ALA 的主要出版品。

（二）美國醫學圖書館學會（MLA）

　　美國醫學圖書館學會（Medical Library Association，簡稱 MLA）成立於 1898 年，原名是醫學圖書館員學會（Association of Medical Librarians），是美國第二古老的圖書館學會，也是美國和加拿大衛生科學圖書館員的主要專業組織，成立的主要目的在促進醫學圖書館的成長和發展，作為衛生資訊專業人員的倡導者，並支持其成員之間的醫學文獻交流。此外，學會另一個重點在促進健康科學圖書館員的教育和專業發展，並提供大量的繼續教育計畫以實現其目的（Medical Library Association [MLA], 2019）。

　　該學會有超過 3,600 名個人會員、1,100 個機構成員、地區分會和 24 個特殊興趣團體（SIG），包括：非洲裔美國醫學圖書館員、輔助及另類醫學、心理健康、分子生物學和基因組學、兒科圖書館員和視覺科學。還有 22 個部門，包括：癌

症圖書館員、館藏發展、企業資訊服務、醫院圖書館、醫學資訊學、公共衛生／公共管理、讀者服務和技術服務（MLA, 2019）。

與大多數其他形式的圖書館員相比，醫學圖書館員可以獲得認證。認證是透由健康醫學資訊專業人員學院（Academy of Health Information Professionals，簡稱 AHIP）進行。AHIP 是 MLA 的專業發展計畫，成立於 1949 年。資格認證不同於一般認證，因為它不僅僅是獲得職業和教育；資格認證包括三個方面：學術、專業經驗和專業成就。它是對知識、經驗和職業發展成就的認可。該學會主要版刊物，包括《醫學圖書館學會雜誌》（*Journal of the Medical Library Association*，簡稱 *JMLA*）和 *MLA News*《醫學圖書館學會會訊》。

（三）美國法律圖書館學會（AALL）

美國法律圖書館學會（American Association of Law Libraries，簡稱 AALL）（網址：https://www.aallnet.org/）成立於 1906 年，旨在支持法律圖書館和專業法律界。該學會的使命是「透過法律資訊和資訊政策領域的領導與倡導，推動法律圖書館管理專業，並促進其成員的專業發展。」目前大約有來自各類圖書館，包括：律師事務所、法律部門、地方、州和聯邦法院，其他政府機構和法學院的 5,000 名會員。其核心價值包括：
1. 終身學習和知識發展。
2. 致力於多元化。
3. 公平和永久地公開獲取法律資訊。
4. 持續改善公平取用。
5. 社區和合作。
6. 法律圖書館員在其組織內和民主社會中的重要角色。

並以「AALL 及其成員將成為法律資訊各方面的公認權威」為願景。

AALL 側重於三個關鍵領域：促進法律圖書館員作為法律專業的重要貢獻者的角色，倡導法律和政府資訊政策，推動私有和公共財，並為法律圖書館員和其他法律資訊專業人員提供高品質的教育（Rubin, 2016, p. 581）。

透過年度會議、網路研討會、領導人學會和管理學院提供繼續教育。除執行委員會外，AALL 的大部分工作由 30 個委員會執行、重點關注各個領域，包括持續專業教育、版權、多元化、法律圖書館的經濟價值，政府政策，領導力發展和

法律研究。該學會出版《法律圖書館雜誌》（*Law Library Journal*），這是自 1906 年創立以來的官方出版物。它還出版了月刊 *AALL Spectrum* 和 *AALL E-newsletter*。

（四）國際圖書館協會聯盟（IFLA）

國際圖書館協會聯盟（簡稱國際圖聯）（International Federation of Library Associations and Institutions，簡稱 IFLA）成立於 1927 年，成立之初主要目的，在為歐洲和美國的圖書館員創造一個可以討論共同感興趣之當代議題的場所，時至今日，它是代表圖書館利益的主要國際機構，是圖書館和資訊專業的全球代言人。擁有來自約 150 個國家的 1,500 多名成員。成員包括學（協）會和機構，還擁有 Online Computer Library Center（簡稱 OCLC）等企業合作夥伴，總部設在海牙。

IFLA 的核心價值為：
1. 贊同《世界人權宣言》（Universal Declaration of Human Rights）第 19 條所表達的獲取資訊、知識和想像力，以及言論自由的自由原則。
2. 相信人們、社區和組織需要普遍和公平地獲取資訊、知識和想像力，以實現其社會、教育、文化、民主和經濟福祉。
3. 堅信提供高品質的圖書資訊服務有助於使用保證。
4. 承諾使聯盟所有成員參與其活動並從中受益，而不考慮公民身分、殘疾、種族、性別、地理位置、語言、政治哲學、種族或宗教。

IFLA 分為五個部門：圖書館館藏、圖書館服務、圖書館類型、地區和專業支持。此外，IFLA 的大部分工作，由學術和研究圖書館、分類和索引、教育和培訓、政府圖書館、資訊政策等 43 個組負責，此外還有 15 個特殊興趣團體（Special Interest Groups，簡稱 SIGS）。IFLA 發行各種專著、專業報導、新聞通訊和期刊，主要官方出版品是 *IFLA Journal*。

（五）美國資訊科學暨科技學會（ASIS&T）

美國資訊科學暨科技學會（Association for Information Science and Technology，簡稱 ASIS&T）成立於 1937 年 3 月 13 日，最初名為美國文獻學會（American Documentation Institute），成員僅限於經推荐參加的個人、科學性和有專業性的

社團、基金會及政府機構。由於文獻處理與資訊服務領域，有愈來愈多投入發展新技術的行列中，所以原會章於1952年修訂成允許個人的加入，美國文獻學會也因而成了國際間有關資訊科學學科的專業性組織。

1950年代至1960年代，自動化設備在文獻檢索及資料存取方面的驚人潛力愈來愈受到重視，就連專業性興趣的變化性也愈來愈大，加上當時資訊科學的發展亟須建立起有紀律及肯定的制度，於是經過會員投票通過，將該會名稱改為「美國資訊科學學會」（American Society for Information Science，簡稱ASIS），並於1968年1月1日開始生效。此種改變的意義特別強調出，其會員和所有資訊轉換過程的關係。2000年變更為美國資訊科學暨科技學會（American Society for Information Science and Technology）。2012年經決議通過，現名為Association for Information Science and Technology，使學會能成為名符其實的國際化資訊科學暨科技學會（美國資訊科學暨科技學會臺北分會，2019）。

ASIS&T成立宗旨是致力研究資訊的生產、組織、傳播與應用，以促進社會整體之科學、文化與教育發展；另一目的是在提供多種學術交流管道，以推動資訊科學專業領域發展。ASIS&T目標與遠景如下：

1. 目標

ASIS&T期盼藉著提供一個能夠進行大量學術交流的環境，刺激會員的參與度及互動。它透過使會員擴展其知識與技能、發展與利用專業網路、追求生涯規劃目標、擔任學會以及資訊團體的領導者之機會，支持鼓勵個人及專業學術成長。

2. 遠景

藉著以下方法，ASIS&T期望在一個以資訊為主要推動個人、社會、政治，以及經濟進步的力量之世界裡，打造一個嶄新的資訊專家氣質。
(1) 不斷提供有關資訊的創造、屬性和使用等知識；
(2) 提供概念、實務和技術的分析；
(3) 評估理論、研究、應用和服務；
(4) 培養新的觀點、興趣和構想；
(5) 喚起大眾對於資訊科學、資訊科技，以及其所能帶給社會之利益的體認。

（六）專門圖書館學會（SLA）

專門圖書館學會（Special Libraries Association，簡稱 SLA）成立於 1990 年，是一個非營利性組織，也是一個國際性的圖書館員學會，成員包括服務於商業、工業、研究、政府、大學和文化等領域之專門圖書館工作人員。他們專注於資訊的策略使用。該學會有超過 9,000 名以上成員。SLA 有 56 個區域性分會和 26 個代表各個專業領域和興趣的部門，包括生物醫學和生命科學、商業和金融、競爭情報、工程、政府資訊、法律、石油和能源資源、製藥、社會科學和運輸等。還有許多核心小組，這些小組是促進具有共同利益的成員之間的討論和互動的資訊小組。核心小組區域包括檔案和保存、資訊未來學家、自然歷史和用戶體驗。SLA 的核心價值包括：領導力、服務、創新和持續學習、成果與問責，以及協作和夥伴等五個核心價值。

SLA 致力於推動各種活動以支持專門圖書館，包括為專門圖書館內的專門圖書館員提供繼續及倡導教育計畫。該學會還致力於全國性以及國際性資訊政策的宣導。SLA 的官方出版品是《資訊展望月刊》（*Information Outlook*），是專門圖書館員專業繼續教育的工具

第三節　現代圖書館員與管理技能

管理的挑戰性，從杜威（Melvil Dewey）至今一直保持不變。工作的本質、所使用的技術、完成任務的速度、工作人員的互動，以及溝通和提供服務的方式都有極大的變化。然而，21 世紀初的管理者仍然面臨著許多與以往管理者相同的挑戰，包括：如何激勵員工？如何能使預算切實、合理的成長？組織如何能更有效率和效能？圖書館組織如何讓員工得到更好的教育、參與更多的決策，以及致力於與顧客進行互動？如本書第一章所述，管理實務和程序多年來不斷發展，借鑑了過去開發的理論來應對發展趨勢。管理和用於實踐它的技術已然變化，但對管理者而言，需求保持不變。過去管理者成功的許多人際關係和組織技能對於現代管理者來說仍然很重要。此外，21 世紀組織的管理者需要瞭解更多的技能和才智來領導新型組織。

一、新世代管理人員

　　嬰兒潮一代之後出生於 1965 年到 1978 年的通常稱為 X 世代，最近進入圖書館的工作人員是出生於 1979 至 2000 年的千禧世代（也稱為 Y 世代），X 世代和千禧年圖書館員將成為 21 世紀圖書館的管理者。由於經濟條件的限制，許多預計在 21 世紀前十年退休的嬰兒潮一代圖書管理者延後退休，圖書館管理人員的代際變化比預期來得慢。但不論如何，這些圖書館員現在正在退休，各類型圖書館都會留下管理職缺。

　　圖書館已經存在了幾個世紀，不同世代人一起在這類機構工作，已經不是第一次（Gordon, 2006）。只是，雖然圖書館員已經習慣於迎來送往，但他們仍然需要瞭解現在進入職場新一代人的特徵。來自千禧世代的圖書館員，可以說是第一代的數位原住民（digital native）。他們偏好團隊合作，體驗活動和使用技術。他們善於多任務處理、目標導向、積極態度和協作風格。這些圖書館員在工作場所具有技術頭腦、靈活自信，並且不願意成為傳統刻板印象的圖書館員（Emanuel, 2011）。

　　當然，太專注於代際間的差異是沒有必要的，代際差異也非本書想要強調的重點，但管理者需要瞭解，年輕的圖書館員對於一些傳統職場做法，會有不同的態度，對工作的價值觀，以及對生活與工作間的平衡也會有所改變；對所謂員工與雇主間的忠誠、甚至對接受挑戰和終身學習的傾向，也會有不同看法。所以，當圖書館員希望能夠從現在的管理者成功邁入未來管理者的角色時，這些新的管理者，必須考慮到上述這些特點和優勢。

二、管理者需要的技能

　　不同層級的管理者需要不同的管理技能。一般管理者所需的技能，本書已於第一章說明，不再贅述。管理者需要許多不同的技能，包括概念，人際關係和技術技能。2016 年《圖書館雜誌》（Library Journal）一項針對美國學術和公共圖書館館長所做的調查報告顯示，未來 20 年的新圖書館員所需的技能。

　　儘管這些技能是受訪者希望所有新圖書館員都具備的技能，但其中許多技能對於管理階層來說尤其重要。維護一個機構、行銷其活動（計畫）、提供創造力和領導力是主要的管理任務。大部分圖書資訊學系畢業生都具備這些技能的基本

知識。有些技能他們是從過往的工作經驗得到，有些是從學校學得，其他，如創意和人際關係能力，也許是與生俱來或者是從生活經驗得到。但無論如何，很少有人畢業後就具備足夠成為高層管理人員得能力。

　　Giesecke 與 McNeil（2010）二位學術圖書館的館長認為：「管理人員和主管需要發展超越技術專長的各種能力，才能成功地成為一位管理者或主管。」他們認為，人力資源、團隊建設和領導力的「軟技能」是所有管理者成功的基礎，他們認為下列技能尤其重要。
1. 人際關係能力。
2. 溝通能力。
3. 解決問題及決策能力。
4. 積極主動的能力。
5. 授權的能力。
6. 時間管裡的能力。
7. 會議管理能力。
8. 顧客服務的能力。

　　他們也認為，這些軟技能對於管理者而言，通常比擁有技術能力更重要。此外，所有管理者都需要具備數字的能力。Doucett（2011）建議圖書館員應具備下列基本的基本技能：
1. 熟練使用 Microsoft Excel。
2. 知道如何計算百分比差異（也就是要瞭解什麼時候用，以及為什麼要用）。
3. 熟悉幾種使用評量。
4. 瞭解基本的圖書館預算。
5. 瞭解損益表，包括如何讀取餘額。

　　熟悉一些管理工具，對成為一位成功的管理者也有所助益。Katopol（2016）提醒，「如果你不能對你的環境做一個簡單的 SWOT 分析（優勢〔strengths〕、劣勢〔weaknesses〕、機會〔opportunities〕和威脅〔threats〕）；如果你不知道如何編列預算；如果你不能說明為什麼有限的資源對你的部門、你的團隊或者你的圖書館是有用的，你將不會得到資源。」

　　還有許多來源文獻提供新管理者所需的知識和技能清單，而這些不同來源所推薦的知識和技能都難免有所重疊。有經驗的管理者能體會到，從一個沒有管理

經驗到管理者的第一個過渡是最困難的，因為突然之間，從被告訴如何去做事的員工，變成告訴別人如何去做事的新管理者。一個新的管理者必須接受一個新的視野，並透過不同的視野觀察工作場域；當然，也不能再以其個人能夠獨自完成之工作，做為衡量績效的標準，而是要透由其他人所取得的績效來衡量管理者的績效。對於新的管理人，最重要的課程之一，就是不怕去尋求幫助，沒有人會期望，也沒有人會認為新管理者到職第一天就能全盤瞭解每一件事。

三、取得管理技能的管道

　　學習管理相關技能的第一個機會，通常是進入該行業專業教育。幾乎所有圖書資訊學系所，管理都是課程的一部分，且大多數學校提供不止一門管理課程，各個學校開課名稱和數量不同。

　　雖然所有圖書資訊學領域的學校都提供管理課程，但在為個人準備第一個專業職位而設計的課程中，難免存在一些問題。因為，大多數課程的時間僅為一年左右。在一年間，學生必須掌握與圖書館管理相關的技能，但隨著該領域知識基礎的擴展，這些技能的數量也會增長。當然，有些學生不認為或不想自己未來當一位管理者，所以除非是必修，他們不會選修更多學校所提供的管理課程。重要的是要記住，獲得圖書資訊專業學位只是一個開始，不要錯誤地認為，一旦取得圖書館學學位，就完成了個人的教育；因此，有抱負的圖書館管理人員可以透過參加各種各樣的教育產品來提升他們的知識。正如 Doucett（2011）為新圖書館員提供的建議：

> 從你作為圖書管理員的第一份工作的第一天起，你應該掌握自己的職業生涯。這意味著你應該積極尋求並尋找培訓機會……如果你的圖書館無法將您送到研討會或培訓課程，那麼你要自行找到訓練的方法。

也就是說：取得管理技能，除了學校教育外，在職訓練以及繼續教育是重要的。

（一）在職訓練

　　以學習理論或個人的角度來看，訓練是由有經驗的人，以某種方式將某種

內涵傳授或是讓學習者學會，而產生預期目標所要達成的某種改變。而從企業策略或組織的角度來看，訓練乃是一種系統化的安排，目的在於透過許多的教學活動，使成員獲得工作所需要的知識、技術與態度，以符合組織的要求，協助組織達成目標（鄭晉昌，2006）。

儘管有些一些畢業生的第一份工作就獲得了小型圖書館的主管職缺；但多數畢業生到大型組織工作，在這些組織中，他們有機會在成為中層或高級管理人員前學習一些管理技能。所有管理者都從做中學習，當一個人學習管理時，通常會犯錯誤，但犯錯也是學習的一種方式。新的管理人員還可以從組織中的其他管理者學習，也可以透過網路和師長向組織外的專業同仁學習。觀察和在職訓練都是發展成管理者的重要方向。我們可以從組織內較高層的管理者以及同層級的管理者那裡學到管理技能。

（二）繼續教育

繼續教育（continuing education）是每個職業發展的重要組成部分。大多數大型圖書館都提供員工職涯發展課程，以教育組織內管理人員所需的管理技能。各類圖書館學會提也提供學習管理技能的機會，如中華民國圖書館學會、中華圖書資訊學教育學會、臺灣醫學圖書館學會等，這些組織經常在年度大會時提供特定的管理主題；國家圖書館也經常辦理各種教育訓練，包括高階管理人員訓練課程。中華民國圖書館學會每年暑期則廣泛的辦理各種基礎、進階及主題式課程。還有愈來愈多的網路課程，一如國家圖書館的遠距學園，提供圖書館員的專業訓練課程，以便管理人員可以在不離開家的情況下學習新的技術和技能。此外，以網路研討會（webinars）作為提供繼續教育的方式，也廣受歡迎。

每一個管理者在他自己繼續教育的管道組合中，一個重要組成部分是必須透過閱讀圖書資訊學和其他的管理文獻，讓自己在該領域與時俱進，這是快速瞭解當前趨勢的重要方法。

總之，優秀的管理人才，對圖書資訊服務組織至關重要。一個成功組織的管理，從高階主管到基層團隊領導人，所有管理者都扮演著重要角色。想像當年，作為一名管理者的杜威，對他那個時代的圖書館的影響。由於他的努力，圖書館的專業得以在19世紀後期有成熟發展。

由於杜威等管理人員的努力，我們的圖書館和資訊服務機構擁有一個從過去

以來一直運作良好的組織和結構。但是，目前這些機構的管理人員正面臨從傳統到數位化組織的重大變革，面臨著日益激烈的競爭和新的挑戰。圖書館管理者需要將圖書館妥善準備以滿足明天的需求。為了確保圖書館的永續發展，圖書館需要能成為 21 世紀杜威的管理者。

技能練習一

採訪你認識的館長並詢問他的問題，這些問題將幫助你深入瞭解管理者的實際行動，以及你現在應該做些什麼來為將來做好準備。首先提出以下問題：
1. 您是怎麼成為館長的？
2. 身為一位館長最困難的部分是什麼？最有意義的是什麼？
3. 您從成為一位館長學到了什麼？
4. 您如何讓自己保持最新狀態？
5. 您如何做出決策？您必須做出哪些艱難的決策？
6. 您的管理風格是什麼？
7. 您能為我提供什麼就業建議？

技能練習二

回想一下，在你印象中，最好的一位管理者以及最差的一位管理者，你從他們身上學到什麼？請各列舉三項你所看到的或學到的事情。你認為管理者應如何塑造現在為他們工作的這批未來管理者的行為？

關鍵詞彙

創客空間 Makerspaces	數位策展 Curation
數位落差 Digital Divide	審查議題 Censorship Issues
數位包容 Digital Inclusion	嵌入式圖書館管理 Embedded Librarianship
數位準備度 Digital Readiness	

自我評量

- 試述學校圖書館的核心任務為何？
- 試述現代公共圖書館面臨的挑戰為何？
- 何謂數位包容？圖書館如何促進數位包容？
- 何謂專門圖書館，其特性為何？
- 試述現代圖書館館員應具備哪些管理技能？
- 試述圖書館館員取得專業管理知能的途徑有哪些？

參考文獻

International Federation of Library Associations and Institutions（2006）。學校圖書館宣言（毛慶禎譯）。檢索自 http://lins.fju.edu.tw/mao/works/slmanifesto.htm

李忠東（2017）。公共圖書館開辦「創客空間」。圖書館報。檢索自 http://www.sohu.com/a/209315047_748548

林豐正、李芊芊（2015）。數位落差、數位機會與數位包容之關聯性研究。圖書資訊學研究，9(2)，1-38

美國資訊科學暨科技學會臺北分會（2019）。分會簡介。檢索自 http://www.asist-w.org/?q=%E5%88%86%E6%9C%83%E7%B0%A1%E4%BB%8B

臺灣醫學圖書館學會（n.d.）。臺灣醫學圖書館學會章程。檢索自 https://www.taiwanmla.org/?page_id=150&lang=zh

鄭晉昌（2006）。企業教育訓練的意義與功能。在人力資源e化管理：理論、策略與方法。檢索自 http://www.cyberlink.com/stat/ehrd/cht/article/2007/Mar.pdf

American Association of Law Libraries. (2019). *Core organizational values*. Retrieved from https://www.aallnet.org/about-us/what-we-do/strategic-directions/

American Library Association. (2019). *About ALA*. Retrieved from http://www.ala.org/aboutala/

Ard, C., & Livingston, S. (2014). Reference and research services in special libraries: Navigating the evolving riches of information. *Journal of Library Administration, 54*(6), 518-528. doi:10.1080/01930826.2014.953395

Association of College and Research Libraries. (2013). *Environment scan 2013*. Retrieved from http://www.ala.org/acrl/sites/ala.org.acrl/files/content/publications/whitepapers/EnvironmentalScan13.pdf

Association of College and Research Libraries. (2015). *Academic library contributions to student success: Documented practices from the field*. Retrieved from http://www.ala.org/acrl/sites/ala.org.acrl/files/content/issues/value/contributions_report.pdf

Association of College and Research Libraries. (2018). *Standards for libraries in higher education*. Chicago, IL: Association of College and Research Libraries.

Bertot, J. C., Jaeger, P. T., Lee, J., Dubbels, K., McDermott, A. J., & Real, B. (2014). *2013 digital inclusion survey: Survey findings and results executive summary*. Retrieved from https://digitalinclusion.umd.edu/sites/default/files/uploads/2013DigitalInclusionExecutiveSummary.pdf

Britton, L. (2012). The makings of maker spaces. *Library Journal, 137*(17), 20-23.

Carlson, J., & Kneale, R. (2011). Embedded librarianship in the research context: Navigating new waters. *College & Research Libraries News, 72*(3), 167-170. Retrieved from http://crln.acrl.org/content/72/3/167.full

Christianson, E. B., King, D. E., & Ahrensfeld, J. L. (1991). *Special libraries: A guide for management* (3rd ed.). Washington, DC: Special Libraries Association.

Digital Inclusion Survey. (2014). *Digital inclusion builds communities today (and tomorrow)*. Retrieved from https://digitalinclusion.umd.edu/

Doucett, E. (2011). *What they don't teach you in library school*. Chicago, IL: American Library Association.

Drewes, K. & Hoffman, N. (2010). Academic embedded librarianship: An introduction. *Public Services Quarterly, 6*(2-3), 75-82. doi:10.1080/15228959.2010.498773

Emanuel, J. (2011). Millennial librarians: Who they are and how they are different from the rest of us. In D. M. Mueller (Ed.), *Declaration of interdependence : Proceedings of the ACRL 2011 conference, March 30-April 2, 2011, Philadelphia, PA* (pp. 321-329). Chicago, IL : Association of College and Research Libraries.

Evans, G. E., Intner, S. S., & Weihs, J. (2011). *Introduction to technical services* (8th ed.). Santa Barbara, CA: Libraries Unlimited.

Felix, E., & Dugdale, S. (2011). Libraries as hubs in the new workplace. In S. E. Kelsey & M. J. Porter (Eds.), *Best practices for corporate libraries* (pp. 25-46). Santa Barbara, CA: ABC-CLIO.

Giesecke, J., & McNeil, B. (2010). *Fundamentals of library supervision*. Chicago, IL: American Library Association.

Gordon, R. S. (2006). Next generational librarianship. *American Libraries*, *37*(3), 36-38.

Hildreth, S. (2013). Inspiring libraries as community anchors. *National Civic Review*, *101*(4), 44-47. doi:10.1002/ncr.21093

Holt, G. E., & Elliott, D. (2003). Measuring outcomes: Applying cost-benefit analysis to middle-sized and smaller public libraries. *Library Trends*, *51*(3), 420-444.

Horrigan, J. B. (2014). *Digital readiness: Nearly one-third of Americans lack the skills to use next-generation "Internet of things" applications*. Retrieved from https://jbhorrigan.weebly.com/uploads/3/0/8/0/30809311/digital_readiness.horrigan.june2014.pdf

Horrigan, J. B. (2016). Digital readiness gaps. *Pew Research Center*. Retrieved from https://www.pewinternet.org/2016/09/20/digital-readiness-gaps/

Jaeger, P. T., Bertot, J. C., Kodama, S. M., Katz, S. M., & DeCoster, E. J. (2012). Describing and measuring the value of public libraries: The growth of the Internet and the evolution of library value. *First Monday*, *16*(11). Retrieved from https://firstmonday.org/ojs/index.php/fm/article/view/3765/3074Sarah

Katopol, P. (2016). Putting up roadblocks on your path toward management. *Library Leadership & Management*, *30*(4), 1-5.

Kimmel, S. C. (2014). *Developing collections to empower learners*. Chicago, IL: American Association of School Librarians.

King, D. L. (2009). Chapter 4: Building the Branch. *Library Technology Reports*, *6*(August-September), 16-22.

Kranich, N. (2012). Libraries and civic engagement. In D. Bogart (Ed.), *Library and Book Trade Almanac* (57th ed., pp. 75-97). Medford, NJ: Information Today.

Leffler, J. J., & Newberg, P. (2010). Re-visioning technical services: A unique opportunity to examine the past, access the present, and create a better future. *Cataloging & Classification Quarterly*, *48*(6-7), 561-571. doi:10.1080/01639374.2010.496306

Mackenzie, C., & Aulich, M. (2009). Technical services—Gone (and forgotten). In B. L. Eden (Ed.), *More innovative redesign and reorganization of library technical services* (pp. 1-9). Westport, CT: Libraries Unlimited.

Medical Library Association. (2019). *About MLA*. Retrieved from https://www.mlanet.org/p/cm/ld/fid=21

Meyer, L. (2009). *Safeguarding collections at the dawn of the 21st century: Describing roles & measuring contemporary preservation activities in ARL libraries*. Washington,

DC: Association of Research Libraries. Retrieved from https://www.arl.org/wp-content/uploads/2009/05/safeguarding-collections.pdf

Nelson, S. (2008). *Strategic planning for results*. Chicago, IL: American Library Association.

Reference and User Service Association. (2008). Guidelines for libraries and information services to older adults. *Reference & User Services Quarterly, 48*(2), 209-212. doi:10.5860/rusq.48n2.209

Rodger, E. J. (2002). Values & vision. *American Libraries, 33*(10), 50-52, 54.

Rubin, R. E. (2016). *Foundations of library and information science* (4th ed.). Chicago, IL: American Library Association.

Schwartz, M. (2016). Top skills for tomorrow's librarians. *Library Journal, 141*(4), 38-39. Retrieved from http://lj.libraryjournal.com/2016/03/careers/top-skills-for-tomorrows-librarians-careers-2016/

Smith, A. (1999). *The future of the past: Preservation in American research libraries*. Washington, DC: Council on Library and Information Resources.

Stripling, B. K. (2014). Advocating for school librarian: The peril and promise of school libraries. *American Libraries, 45*(1/2), 9.

Suber, P. (2012). *Open access*. Cambridge, MA: MIT Press.

Swanson, J. (2014). The future of the corporate library: Changing technologies and information needs will all but eliminate the traditional corporate library, but the mission of the corporate information professional will remain the same. *Information Outlook, 18*(4), 10-24.

Urban Libraries Council. (2011). *Library priority: Community-civil engagement*. Retrieved from https://www.webjunction.org/content/dam/WebJunction/Documents/webJunction/ULC_Leadership_Brief_II_Full_4Pages.pdf

Zeeman, D., Jones, R., & Dysart, J. (2011). Assessing innovation in corporate and government libraries. *Computers in Libraries, 31*(5), 6-15.

中文索引

西文

Likert 的管理系統 —— 130, 150

ㄅ

保密 —— 256, 261, 265-266, 269, 272

標竿管理 —— 154, 165-177

ㄆ

品牌 —— 37-38, 50-51, 57, 59, 60, 66-67, 69, 109

平等存取 —— 270, 275

平衡計分卡 —— 154, 159, 169-170, 178-179

普通預算或經常預算 —— 188, 210

ㄇ

美國圖書館學會──44, 58, 60, 112, 157, 161, 200, 264-265, 276, 284, 304

美國公共圖書館星級計畫──174, 177

美國公共圖書館學會──174, 306

美國研究圖書館學會──171, 296

明茲伯格（Mintzberg, Henry）──8-10

目標對象──59, 67

目標管理──24, 47, 67-68, 112, 120

目標市場──37-38, 57, 59, 66-67

募款──11, 14, 58, 64, 181-182, 195, 205-211

ㄈ

法律──9, 19, 44, 66, 79, 99, 161, 188, 213-220, 224, 243-243, 257, 259, 261, 267-269, 275-276, 287, 295, 307-308, 310

法規命令──215-216, 218-220, 242

佛萊特（Follett, Mary P.）──5, 21-22

費堯（Fayol, Henri）──20-21, 33, 77

費用項目預算──189-190, 210

分析的技能──13, 33

複式預算──188-189, 210

賦能──106, 120

ㄉ

導師法 —— 106-107, 120

道德哲學 —— 260-261, 274

單一預算 —— 188-189, 210

第四次工業革命 —— 3, 12, 14-15, 33

杜拉克（Drucker, Peter）—— 24, 47, 141

多年預算制度 —— 189, 191, 210

ㄊ

特色取向的領導研究 —— 128, 150

圖書館法 —— 161, 200, 211, 213-214, 220-226, 242-244, 248, 252, 293, 298

圖書館績效指標 —— 159, 170, 178

圖書館權利宣言 —— 264, 275

圖書館倡導 —— 58-59, 67

圖書館事業發展白皮書 —— 214, 232, 239-243

圖書館設立及營運標準 —— 157, 161, 194, 211, 213-214, 218, 224, 227-229, 231, 239, 242-243

圖書資訊學碩士學位 —— 96-97, 120

統一指揮 —— 74, 90

ㄋ

內部環境 —— 2, 30, 33, 163, 288

內部行銷 —— 60, 66-67

ㄌ

量化學派 —— 24, 27, 33

零基預算 —— 189, 191, 210

領導 —— 5-7, 9, 12, 22, 27, 39, 46, 51, 65, 75, 78, 80, 84, 86, 88-89, 106, 112-113, 123-136, 138-139, 143, 146, 149-151, 222, 283, 290, 300, 304, 306-307, 309-312, 314

領導格 —— 130-131, 150

領導交易／轉型模式 —— 130, 133, 150

路徑目標式領導 —— 150

倫理守則 —— 157, 257-258, 261-262, 268, 272, 274-277, 279

ㄍ

概念化技能 —— 11, 33

溝通 —— 7, 9, 12-13, 38, 41, 48, 57-58, 60, 65, 74-76, 98, 104, 106, 112, 118-119, 123-125, 130-131, 139-150, 162-163, 175, 251, 273, 287, 293-294, 297, 303, 310, 312

古典管理學派 —— 17-18, 22-33

國際圖書館協會聯盟 —— 45, 95, 200, 308

關懷 —— 118, 272, 275

關係行銷 —— 60, 67

管理格 —— 131, 150

管理角色 —— 8-10, 33

館員發展 —— 93-94, 117-118, 120-121, 264

工作特性模式 —— 100-101, 120-121

工作輪調 —— 106-107, 109, 120

工作說明書 —— 94, 97-98, 101-102, 120

公平 —— 20-21, 45, 50, 184, 240, 245, 250, 261, 264-265, 268-272, 275, 304-305, 307-308

公民責任 —— 272, 275

ㄎ

科特勒（Kotler, Philip） —— 57

控制 —— 5, 7-8, 10-12, 19-22, 24, 28, 30, 39-40, 47, 75, 83, 87, 90, 126, 129-131, 135, 142, 146, 153-164, 167-169, 171-172, 175, 177-178, 184-186, 188-190, 198, 204, 272, 274, 287, 299

控制幅度 —— 75, 90

中文索引

ㄏ

好用性研究 —— 154, 173, 177

環境掃描 —— 38, 43, 44, 67

ㄐ

基準 —— 166, 214, 216, 218, 224-227, 229-231, 234, 239, 241-243, 248, 253-255

績效管理 —— 109-110, 120

績效行銷 —— 60, 67

績效預算 —— 189, 191-192, 196, 210

技術技能 —— 11, 33, 311

計畫評核技術 —— 167-168, 177

繼續教育 —— 93-94, 107-109, 117, 120-122, 161, 241, 301, 303-304, 306-307, 310, 313-314

解決問題的技能 —— 10, 13, 33

交叉訓練 —— 106, 117, 120

教練法 —— 106, 120

焦點團體 —— 154, 173, 175, 177

經費流用 —— 186, 201, 203, 210

經常門 —— 188-189, 197, 199-200, 210

競值架構 —— 88, 90

競爭優勢 —— 3-5, 43, 59, 67

矩陣式組織 —— 80-82, 90

具體目標 —— 38, 43, 47, 66-67

ㄑ

企業化預算 —— 195, 210

嵌入式圖書館管理 —— 296, 315

情境學派 —— 25, 33

取用權 —— 258, 263, 269-271, 275

權力與權威 —— 82, 90

ㄒ

系統技能 —— 14, 33

系統學派 —— 24, 33

行銷組合 —— 62, 65, 67

行政規則 —— 214-215, 218, 220, 225, 242

行為取向的領導研究 —— 128, 150

學習型組織 —— 25, 27, 33, 93, 117, 119-121

學位授予法 —— 213-214, 232, 234, 237, 242-243

ㄓ

職前訓練──107, 120

職涯停滯──117, 120

智慧財產權──161, 268, 275

著作權法──28, 213-214, 232-235, 237, 242-243, 245, 268

招募──31, 93-96, 98, 104, 120

整體目標──37, 47, 66-67

整體行銷──37-38, 60-61, 66-67

整合行銷──60, 67

正確性──159, 258, 263-264, 271, 275

政治技能──13, 33

專業分工──19, 20, 74-75, 90

專業倫理──241, 257-258, 261-263, 268, 270-277, 279

專業館員──79, 96-97, 113, 120, 302

ㄔ

成本效益分析──158, 160, 164-165, 177, 191, 289

創客空間──290-291, 315-316

ㄕ

時間動作研究──16, 157-158

使命 —— 38, 40-41, 43, 45-48, 50, 59, 66, 68, 73, 76, 83, 117, 137, 164, 172, 176, 270, 272, 274, 284, 287-288, 293-294, 298, 304, 307

社交技能 —— 13, 33

設計計畫預算 —— 191, 193, 210

授權 —— 11-12, 16, 30, 83, 89-90, 95, 117, 156, 169, 196, 216, 218-220, 232, 235-237, 239, 268-269, 273, 288, 299, 312

審查制度 —— 264-266, 275-276

審查議題 —— 292, 315

聖吉（Senge, Peter M.）—— 25, 119

數位包容 —— 291-292, 315-316

數位落差 —— 291-292, 315-316

數位準備度 —— 292, 315

數位策展 —— 297, 315

ㄖ

人際關係技能 —— 33

人際關係學派 —— 22-23, 27, 33

ㄗ

資本門 —— 188-189, 197-199, 210

資本預算或投資預算 —— 189, 209

資訊倫理 —— 260, 273-274

責任──4, 6, 11, 14, 18, 20, 23, 33, 45-46, 48-49, 60, 66, 79, 82-83, 98, 100, 102, 107-108, 126, 129, 131, 139, 145, 161, 176-178, 196, 203, 210, 262-263, 267, 272, 275, 279, 283, 304

責任績效預算分配──196, 210

責任中心預算──196, 210

在職訓練──7, 107, 120, 249, 313-314

走動式管理──147-150

組織設計──72, 76-77, 79, 82, 90-91, 162

最佳、樂觀和悲觀假定──196, 210

尊重──46, 82, 87, 104, 112, 118, 144, 234, 265, 272-273, 275

ㄘ

策略計畫──38, 40-41, 46, 48-52, 66, 68-69, 175, 240

財產權──161, 234, 236, 258, 263, 268-269, 271, 275

財務技能──14, 33

層級原則──75, 90

一

業務外包──30, 96, 97, 120

優勢、劣勢、機會、威脅──41, 66, 312

隱私──11, 105, 143, 258, 260-261, 263, 267-268, 271-273, 275-277, 279

營運計畫──38, 40, 49, 53-54, 66, 68

X

外部環境 —— 2-3, 19, 28, 30, 32-33, 38-41, 43-44, 95, 98, 117, 163, 260-261, 270

韋伯（Weber, Max）—— 19, 20

問責 —— 46-47, 153-154, 160, 172, 175-178, 272, 289, 310

U

預算保留 —— 186, 201, 203, 210

預算法 —— 182, 186-189, 198, 203-204, 210-211

閱讀自由宣言 —— 265, 274, 276

員工流失率 —— 105, 120

願景 —— 13, 25, 31, 38, 40, 41, 43, 45-47, 50-51, 59, 66, 68-89, 117, 120, 148, 170, 177, 205, 240, 288, 307

用途別科目 —— 198, 203, 210

英文索引

A

accessibility —— 263, 275

accountability —— 46, 160, 176, 178, 196, 210, 272

accuracy —— 263, 275

ACRL (Association of College & Research Libraries) —— 44, 69, 142, 179, 306, 317

Act, Code —— 210, 217, 220-223, 242

ADAP (Allocation Decision Accountability Performance) —— 196, 210

ALA (American Library Association) —— 44, 142, 161, 200, 264-267, 276-277, 304-306, 316

analytical skills —— 13, 33

ARL (Association of Research Libraries) —— 142, 171-172, 177, 179, 211, 296, 318-319

B

behavioral approach to the study of leadership —— 128, 150

benchmarking —— 165, 177, 179-180

BOP (Best, Optimistic, and Pessimists) —— 196, 210

brand —— 59, 67

BSC(Balanced Scorecard) —— 169-170, 178-180

Budget Act —— 210

budget reservation —— 210

C

capital account —— 209

capital or investment budget —— 189, 209

career plateau —— 117, 120

caring —— 272, 275

censorship —— 264, 275-277, 292, 315

censorship issues —— 292, 315

citizenship —— 272, 275

classical perspective —— 17, 33

coaching —— 106, 120

code of ethics —— 262, 275

communication —— 62, 65, 100, 118, 150

competitive advantage ____ 34, 43, 67

conceptual skills ____ 11, 33

confidentiality ____ 263, 274

contingency approach ____ 25, 33

continuing education ____ 108, 120, 314

controlling ____ 7, 155, 177

Copyright Act ____ 240

cost-benefit analysis ____ 158, 164, 177, 318

cross-training ____ 106, 120

curation ____ 61, 297, 315

current account ____ 210

CVF (Competing Values Framework) ____ 88, 90-91

D

Degree Conferral Law ____ 240

delegation ____ 83, 90

digital divide ____ 291, 315

digital inclusion ____ 291, 315

digital readiness ____ 292, 315

directions ____ 220, 242, 316

double or multiple budget ____ 188, 209

Drucker, Peter ____ 24, 47, 141

E

embedded librarianship —— 296, 315, 317

empowerment —— 106, 120

entrepreneurial budgeting —— 195, 210

environmental scanning —— 67

equity of access —— 270, 275

external environment —— 28, 33

F

fairness —— 272, 275

Fayol, Henri —— 20, 75, 91

financial skills —— 14, 33

focus group —— 173, 177

Follett, Mary P. —— 5, 21-22, 34

Fourth Industrial Revolution —— 3, 33-35

Freedom to Read Statement —— 265, 274, 276-277

fund-raising —— 206, 210

H

holistic marketing —— 60, 67

human skills —— 12, 33

humanistic approach —— 22, 33

I

IFLA (International Federation of Library Associations and Institutions) —— 45-46, 58-59, 69, 95, 122, 177, 200, 308

information ethics —— 262, 275, 278

integrated marketing —— 60, 67

Intellectual Property Right —— 268, 275

internal environment —— 33

internal marketing —— 60, 67

J

job characteristic mode —— 100, 120

job description —— 98, 120

job rotation —— 106, 120

K

Kotler, Philip —— 56-57, 59-61, 66, 68

L

leadership —— 69, 91, 122, 126, 128, 130, 132-133, 135-136, 150-151, 304, 316-317

leadership grid —— 130, 132, 150

learning organizations —— 25, 33 117, 120

LibQUAL+ —— 154, 171-173, 177-179

Library Act —— 221-222, 242

library advocacy —— 58-59, 67, 69

Library Bill of Rights —— 264, 275, 277

Library Development White Paper —— 242

Library Performance Indicators —— 159, 178

Library Standards —— 242

Likert's Systems of Management —— 130, 150

line-item budget —— 189, 210

LJ Index of Public Library Service —— 174, 177

M

makerspaces —— 290, 315

management grid —— 131, 150

managerial role —— 8, 33

marketing mix —— 62, 67

matrix organization —— 80, 90

Mayo, Elton —— 22-23

MBO (Management by Objectives) —— 24, 47, 67, 112, 120

MBWA (Managing by Walking Around) —— 148, 150

McGregor, Douglas —— 23-24, 35, 131, 150

mentoring —— 106, 120

Mintzberg, Henry —— 8, 35, 125, 151

mission —— 40-41, 46, 66, 126, 319

MLIS (Master of Library Science) —— 97, 120

moral philosophy —— 260, 274

multi-year budgeting system —— 191, 210

O

objectives —— 24, 47, 66-67, 112, 120, 210

objectives accounts —— 209

OJT (on-the-job training) —— 107, 120

operational plan —— 40, 66

ordinary or operating budget —— 189, 210

Organization Design —— 76, 90

orientation training —— 107, 120

outsourcing —— 97, 120

P

path-goal theory of leadership —— 135, 150

PBS (Performance Budgeting System) —— 191, 210

performance management —— 109, 120

Performance Marketing —— 60, 67

PERT (Program Evaluation and Review Techniques) —— 167-169, 177

PLA (Public Library Association) —— 173, 306

political skills —— 13, 33

power and authority —— 90

PPBS (Planning Programming Budgeting System) —— 191, 210

privacy —— 263, 267, 275, 277

problem-solving skills —— 13, 33

professional ethics —— 262, 274

professional librarians —— 10, 97, 120

property —— 161, 263, 268, 275

Q

quantitative perspective —— 24, 33

R

RCM (Responsibility Centered Budgeting) —— 196, 210

recruiting —— 95, 120

regulations —— 219, 242

relationship marketing —— 60, 67

respect —— 118, 272, 275

responsibility —— 176, 196, 210, 272, 275

S

scalar principle or chain of command —— 20, 75, 90

Senge, Peter M. —— 25, 27, 35, 119, 121

social skills —— 13, 33

span of control —— 75, 90

specialization of division of labor —— 90

staff development —— 117, 120, 122

staff turnover rate —— 105, 120

standards —— 159, 179, 219, 242, 317

strategic plan —— 40, 66, 69, 179, 240, 319

SWOT (Strengths, Weakness, Opportunities, Threats) —— 41, 44, 66-67, 312

system skills —— 14, 33

systems approach —— 24, 33

T

target audiences —— 59, 67

target market —— 59, 67

technical skills —— 11, 33

time and motion studies —— 16, 157

trait approach to the study of leadership —— 128, 150

transactional/transformational model of leadership —— 130, 150

trustworthiness —— 272, 275

U

unitary budget —— 188, 210

unity of command —— 20, 74, 90

usability studies —— 173, 177

V

virement system —— 210

vision —— 16, 20, 25, 40, 45, 66, 74, 90, 120, 126, 157, 318-319

W

Weber, Max —— 19

Z

ZBBS (Zero-Based Budgeting System)——191, 210

國家圖書館出版品預行編目（CIP）資料

圖書資訊服務機構管理 / 張慧銖等著 -- 初版 . -- 新北市：華藝學術出版：華藝數位發行, 2019.12
　面；　公分 . -- (圖書資訊學系列；4)
ISBN 978-986-437-173-0(平裝)
1.圖書資訊學 2.資訊服務
020　　　　　　　　　　　　　　　　108018307

圖書資訊服務機構管理

主　　　編／張慧銖
作　　　者／張慧銖、林呈潢、邱子恒、黃元鶴
責任編輯／黃于庭
封面設計／林淇琛
版面編排／王凱倫

發 行 人／常效宇
總 編 輯／張慧銖
業　　務／吳怡慧
出　　版／華藝數位股份有限公司學術出版部（Ainosco Press）
　　　　　地址：234 新北市永和區成功路一段 80 號 18 樓
　　　　　電話：(02)2926-6006　　傳真：(02)2923-5151
　　　　　服務信箱：press@airiti.com
發　　行／華藝數位股份有限公司
　　　　　戶名（郵局／銀行）：華藝數位股份有限公司
　　　　　郵政劃撥帳號：50027465
　　　　　銀行匯款帳號：0174440019696（玉山商業銀行 埔墘分行）
法律顧問／立暘法律事務所　歐宇倫律師
　　ISBN／978-986-437-173-0
　　DOI／10.978.986437/1730
出版日期／2019 年 12 月初版
定　　價／新台幣 600 元

版權所有‧翻印必究　　Printed in Taiwan
（如有缺頁或破損，請寄回本社更換，謝謝）